AF546665

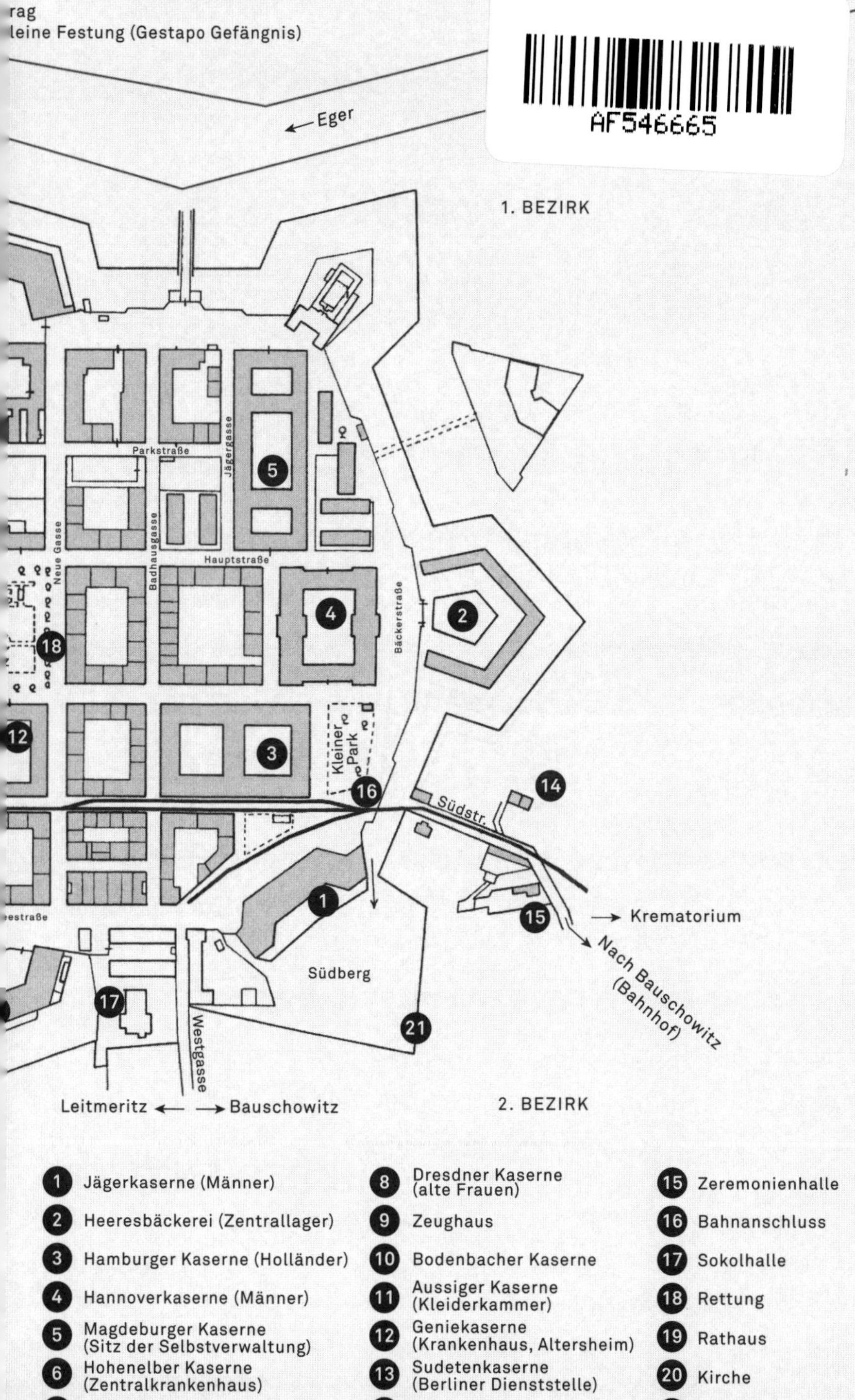
rag
leine Festung (Gestapo Gefängnis)
Eger
1. BEZIRK
Parkstraße
Jägergasse
5
Neue Gasse
Badhausgasse
Hauptstraße
Bäckerstraße
4
2
18
12
3
Kleiner Park
16
14
Südstr.
1
15
Krematorium
Nach Bauschowitz (Bahnhof)
estraße
Südberg
17
21
Westgasse
Leitmeritz
Bauschowitz
2. BEZIRK
1 Jägerkaserne (Männer)
2 Heeresbäckerei (Zentrallager)
3 Hamburger Kaserne (Holländer)
4 Hannoverkaserne (Männer)
5 Magdeburger Kaserne (Sitz der Selbstverwaltung)
6 Hohenelber Kaserne (Zentralkrankenhaus)
7 Kavalier Kaserne (Altersheim)
8 Dresdner Kaserne (alte Frauen)
9 Zeughaus
10 Bodenbacher Kaserne
11 Aussiger Kaserne (Kleiderkammer)
12 Geniekaserne (Krankenhaus, Altersheim)
13 Sudetenkaserne (Berliner Dienststelle)
14 Urnenhain
15 Zeremonienhalle
16 Bahnanschluss
17 Sokolhalle
18 Rettung
19 Rathaus
20 Kirche
21 Bastei

Benjamin Murmelstein

THERESIENSTADT

Eichmanns Vorzeige-Ghetto

Mit einem Nachwort von Wolf Murmelstein

Aus dem Italienischen von Karin Fleischanderl

Herausgegeben von Ruth Pleyer und Alfred J. Noll

Benjamin Murmelstein

THERESIENSTADT

Eichmanns Vorzeige-Ghetto

Mit einem Nachwort von Wolf Murmelstein

Aus dem Italienischen von Karin Fleischanderl

Herausgegeben von Ruth Pleyer und Alfred J. Noll

Czernin Verlag, Wien

Gedruckt mit Unterstützung des Nationalfonds der Republik Österreich für Opfer des Nationalsozialismus, des Zukunftsfonds der Republik Österreich

ZukunftsFonds
der Republik Österreich

Murmelstein, Benjamin: Theresienstadt.
Eichmanns Vorzeige-Ghetto / Benjamin Murmelstein
Wien: Czernin Verlag 2014
ISBN: 978-3-7076-0510-5

© 2014 Czernin Verlags GmbH, Wien
Titel der Originalausgabe: Benjamin Murmelstein, Terezin. Il ghetto-modello di Eichmann, © Editrice La Scuola 2013; © der Erstausgabe: Cappelli 1961
Umschlaggestaltung: sensomatic
Coverfoto: Benjamin Murmelstein
Nachsatz: »Haupt Plan der Festung Theresienstadt«, 1790, © Österreichisches Staatsarchiv, Abteilung Kriegsarchiv
Lektorat: Sabine Edith Braun
Satz: Burghard List
Druck: Druckerei Theiss GmbH, A-9431 St. Stefan
ISBN Print: 978-3-7076-0510-5
ISBN E-Book: 978-3-7076-0511-2

Alle Rechte vorbehalten, auch das der auszugsweisen Wiedergabe
in Print- oder elektronischen Medien

INHALT

EDITORISCHE VORBEMERKUNG

Benjamin Murmelstein (1905 bis 1989) hat seinen persönlichen Erfahrungsbericht „Terezin – Il ghetto-modello di Eichmann" im Jahr 1961 (bei Cappelli, Bologna) veröffentlicht. Eine zweite Auflage, Vorlage dieser Übersetzung, ausschließlich ergänzt um ein Nachwort seines Sohnes Wolf Murmelstein, ist im Jahr 2013 (in der Editrice La Scuola, Brescia) erschienen. Der Text von Benjamin Murmelstein aus dem Jahr 1961 wird in der vorliegenden Übersetzung aus dem Italienischen von Karin Fleischanderl – dem dokumentarischen Anliegen der Edition entsprechend – unkorrigiert wiedergegeben. Informationen zur Person Benjamin Murmelsteins finden sich in den Nachbemerkungen.

Die Herausgeber

VORWORT

Das ist die Geschichte des Ghettos Theresienstadt. Mehr als 300 Aufsätze und Bücher befassen sich mittlerweile zur Gänze oder teilweise mit den Geschehnissen, die sich zwischen 24. November 1941 und 5. Mai 1945 in den Mauern der alten Festung ereignet haben.

Gibt es noch unbekannte Details, die es wert sind, dass man über sie berichtet?

Erfährt man aufgrund des vorliegenden Berichts etwas Neues?

Das Ghetto Theresienstadt entstand nicht aus dem Wunsch, eine lokale Maßnahme der Nazis zu verwirklichen, etwa die Juden aus einer Stadt, einem Bezirk oder einer Provinz auf engem Raum einzusperren. Theresienstadt brachte vielmehr die elende Wirklichkeit der größenwahnsinnigen Pläne, die ganze Kontinente umfassten, auf den Punkt. Die hochtrabenden Worte waren schnell verflogen, übrig blieb eine höhnische und grausame Farce.

Ein jüdisches Protektorat auf Madagaskar, das Juden aus allen europäischen Ländern aufnehmen sollte; von deutschen Streitkräften besetzte Luft- und Marinestützpunkte; ein ohnmächtiges Frankreich, das die Insel Madagaskar dem Sieger überlässt: Dieser Traum verführte Militärs, Diplomaten und sogar den Präsidenten der Reichsbank. In Wirklichkeit jedoch rückten Sieg und Frieden in immer weitere Ferne, während nach der Besetzung Polens die Zahl der Juden im Reich auf drei Millionen anstieg.

Madagaskar ist außer Reichweite, doch das polnische Generalgouvernement stellt eine Möglichkeit dar. Das Gebiet zwischen den Flüssen San und Bug, mit der Hauptstadt Lublin im Norden, soll ein jüdisches Siedlungsgebiet mit autonomer Verwaltung werden. Die Idee, ein Protektorat zu schaffen, und zwar nicht mehr an den Stränden Madagaskars, sondern in den sandigen Ebenen Zentralpolens, versinkt jedoch in Blut und Schlamm, sie ist zynisch und nachlässig geplant und mit fahrlässiger Gleichgültigkeit in die Tat umgesetzt worden.

Die Endlösung wird in die Konzentrationslager verlegt. Nicht das Grauen, so tief gesunken zu sein, verhinderte die Entscheidung, sondern der verletzte Stolz angesichts der Tatsache, dass man das Vorhaben hatte aufgeben müssen. Das Ghetto Theresienstadt wurde gegründet, um die Illusion aufrechtzuhalten, dass das Dritte Reich sich nicht geschlagen gab, und um die Weltöffentlichkeit von Blutbädern und Massakern abzulenken.

An der Mündung der Elbe in die Eger entstand eine riesige Arena, in der das Schauspiel »Die menschliche Lösung der Judenfrage« aufgeführt werden sollte, auf der Grundlage der für Madagaskar entworfenen Pläne. Diesmal sah es gut aus, denn man hatte es nicht mehr mit einer harten und unerbittlichen Realität zu tun; man führte einfach eine Komödie auf. Die Klippe, an der das Vorhaben zerschellte, hieß: »Menschliche Lösung«. Alle wissenschaftlichen Möglichkeiten reichen nicht aus, um einen Menschen zu erschaffen; selbst mit Kniffen und Tricks gelingt es nicht, Menschlichkeit vorzutäuschen, sie muss echt empfunden sein.

Dieses Buch schildert die makabre Farce; als der Vorhang fiel, stand der Autor als Einziger noch auf der Bühne. Ich habe viele Jahre lang geschwiegen, um nur nicht in den Verdacht zu geraten, ich wolle mein Tun rechtfertigen. Nun stehe ich jedoch an der Schwelle zum Alter und glaube, nicht länger warten zu können, denn die Würfel sind bereits gefallen. Das Gericht, vor dem sich die Akteure von Theresienstadt verantworten mussten, hat die Anklage gegen mich fallen gelassen, und bevor ich vor den Höchsten Richter hintrete, habe ich beschlossen, auf meinem verbleibenden Lebensweg einen Seitenpfad einzuschlagen, auf dem ich keine Erklärungen und keine Rechtfertigungen abgeben muss.

Nicht aus Gründen der Rechtfertigung oder der Polemik möchte ich also meine Version der Geschichte erzählen, sondern weil ich in

Theresienstadt im Vordergrund stand und deshalb mehr gesehen und erfahren habe als die, die hinter den Kulissen tätig waren.

»Die größte List des Teufels«, sagt Baudelaire, »besteht darin, uns zu überzeugen, dass es ihn gar nicht gibt.« Seit mehr als fünfzehn Jahren versucht man uns einzureden, dass es den Teufel, der zuletzt unter der Maske der Nazis aufgetreten ist, nicht mehr gibt, und aufgrund unseres angeborenen Optimismus sind wir versucht, daran zu glauben. Für den Fall aber, dass das nur eine List sein sollte, um uns zu überrumpeln, sollten wir versuchen, die Ränke des Teufels zu durchschauen, um die Menschheit zu beschützen.

Vielleicht bin ich aufgrund eines absurden Zufalls, von denen es in Theresienstadt so viele gab, nicht umgebracht worden – als Einziger der vielen, die verdammt sind »zu wissen«. Für den Fall, dass es einen Sinn haben sollte, dass ich überlebt habe ... das ist die Geschichte des Ghettos Theresienstadt.

Theresienstadt

Du verkaufst dein Volk um ein Spottgeld und verlangst nicht viel dafür!
Du setzest uns der Beschimpfung unserer Nachbarn aus, dem Hohn und Spott derer, die uns umgeben.
Du machst uns zum Sprichwort unter den Heiden,
dass die Völker den Kopf über uns schütteln.
Alle Tage ist meine Schmach vor mir, und Scham bedeckt mein Angesicht wegen der Stimme des Spötters und Lästerers, wegen des Feindes, des Rachgierigen.
Dieses alles ist über uns gekommen; und doch haben wir deiner nicht vergessen, noch deinen Bund gebrochen.

(Psalm 44, 12–17)

Kapitel I

»SONST HEISST ES EBEN STERBEN«

»Heute gehört uns Deutschland, morgen die ganze Welt.« – Im Rhythmus dieses Refrains dröhnte der martialische Schritt der Nazitruppen nach der Machtergreifung am 30. Januar 1933. Die Judenhetze in Deutschland hatte eben erst begonnen, doch ein extra dafür geschaffener Stab diskutierte bereits die Ausrottung des Judentums in allen europäischen Staaten, denn niemand zweifelte daran, dass Hitler nach dem Endsieg die Geschicke des Kontinents leiten würde.

Die von untergeordneten Behörden vorgeschlagene Auswanderung der deutschen Juden wurde von maßgeblichen Stellen nicht als mögliche Lösung akzeptiert. Die Auswanderung wäre zwar vordergründig ein Erfolg der Partei gewesen, weil dadurch ein wesentlicher Punkt des Parteiprogramms, nämlich die Entfernung der semitischen Rasse, verwirklicht worden wäre, hätte im Ausland allerdings die antinazistische Propaganda verstärkt und letzten Endes den Feind in absehbarer Zeit gestärkt. Außerdem sahen die maßgeblichen Stellen in der Auswanderung der Juden in andere Länder, deren Besetzung durch deutsche Truppen schon geplant war, nur eine Verlagerung des Problems vom augenblicklichen in den zukünftigen Machtbereich.

Die Armut des aus Deutschland emigrierten Juden macht seine Aufnahme im Gastland beschwerlich und ruft in der Bevölkerung eine für die Interessen der deutschen Propaganda günstige Reaktion hervor. Es ist Aufgabe unserer Außenpolitik, überall eine antisemitische Bewegung fortschreiten zu lassen.[1]

Absurderweise stimmten in dieser Situation die Überlegungen der Nazis mit den Zielen des internationalen Zionismus überein, der die Deklaration des britischen Außenministers James Balfour (1917), eine Heimstätte für das jüdische Volk zu errichten und die verfolgten

Juden dort aufzunehmen, in die Tat umsetzen wollte. Aber die hasserfüllte Verachtung der jüdischen Rasse, die den Nazis zufolge nicht würdig war, einen eigenen Staat zu gründen, war nicht der einzige Grund dafür, dass die Berliner Regierung die zionistischen Ziele entschieden ablehnte. Ein Judenstaat im Nahen Osten, auf der Achse Berlin–Bagdad, wie ihn bereits Kaiser Wilhelm II. erträumt hatte, den manche noch immer für sehr wichtig für Deutschland hielten, kam nicht infrage.

Die Eroberung Europas war die unumgängliche Voraussetzung für die endgültige Lösung der heiklen Judenfrage. In einem dünn besiedelten Landstrich, einer ehemaligen Kolonie der Mächte, die man allerdings erst besiegen musste, sollte eine Art Reservat, ein Super-Ghetto entstehen, wo – natürlich unter deutscher Bewachung – Millionen Juden untergebracht werden sollten. Über die Finanzierung dieses Vorhabens machte man sich keine Gedanken, denn den Nazis zufolge befand sich der ganze Reichtum der Welt in den Händen der Juden. Dieses Vermögen sollte zur Verwirklichung des Vorhabens beschlagnahmt werden. Blieb nur noch zu klären, ob es innerhalb der Stacheldrahtzäune, auf die man in diesem Reservat zweifellos nicht verzichten konnte, Voraussetzungen für ein, wenn auch bescheidenes Leben gab. Aber das stand auf einem anderen Blatt. Wenn die Juden überleben wollten, mussten sie ihre Fähigkeiten unter Beweis stellen.

Stabspläne bleiben immer geheim, bis der Augenblick kommt, sie zu verwirklichen. In der Zeit, in der Hitler jeden Militärschlag mit der feierlichen Erklärung besiegelte, er habe nun sein Ziel erreicht, Deutschland gebe sich zufrieden und stelle keine weiteren Ansprüche, war Geheimhaltung oberste Pflicht, denn die Pläne, die darauf abzielten, ganz Europa zu erobern, hätten die wahren Ziele der deutschen Expansionspolitik offenbart. Weniger zurückhaltend waren hingegen die faschistischen Bewegungen im Ausland; deren Deklarationen konnten die Regierung in Berlin nämlich nicht kompromittieren.

Das 1938 veröffentlichte Programm der faschistischen Partei Großbritanniens forderte die Entfernung aller Juden, schloss jedoch in Übereinstimmung mit der deutschen Politik die Gründung eines Judenstaats in Palästina aus.

Nach der Machtübernahme durch die Nazis versuchten die von der *Action française* unterstützten polnischen Nationalisten, von der französischen Regierung die Zustimmung zur mehr oder weniger offenen Deportation der Juden auf die Insel Madagaskar zu erhalten. Ein derartiges Vorhaben passte schlecht zu einem Staat, der gerade mal zwei Jahrzehnte alt war, über keinerlei Kolonialerfahrung verfügte und damals auch so gut wie keinen Zugang zum Meer hatte. Allerdings bestanden einige Jahre lang hervorragende Beziehungen zwischen Warschau und Berlin: Josef Beck, der polnische Außenminister, stattete seinem deutschen Kollegen häufig Besuche ab. Seine Ideen finden sich in Dokumenten, die erst 1940 verfasst wurden, als der Endsieg und die Eroberung Madagaskars zum Greifen nah schienen; doch zweifellos waren diese Pläne auch in den Jahren vor dem Krieg eingehend geprüft worden.

Der Krieg bietet Deutschland die Möglichkeit – und zugleich die Pflicht – die jüdische Frage in Europa zu lösen ... Das Referat D III schlägt vor, alle Juden aus Europa zu entfernen, sobald man von Frankreich die Insel Madagaskar erhält, um die Juden dort anzusiedeln. [2]

Gelegentlich einer Besprechung mit Herrn Botschafter Abetz in Paris erzählte mir dieser, daß der Führer ihm bei seinem vor zirka 2 Wochen stattgefundenen Vortrag über Frankreich erzählt habe, daß er beabsichtige, nach dem Kriege sämtliche Juden aus Europa zu evakuieren.[3]

Abetz war Botschafter beim Vichy-Regime.

Frankreich müsse die rund 25 000 Madagaskar-Franzosen aussiedeln und entschädigen. Die Insel wird Deutschland als Mandat übertragen. Die seestrategisch wichtige Diego-Suarez-Bai sowie der Hafen von Antsiranana werden deutsche Marinestützpunkte ... Neben diesen Marinestützpunkten werden geeignete Teile des Landes zur Anlage von

Flugstützpunkten aus dem Judenterritorium herausgeschnitten … Diese Regelung vermeidet, daß die Juden sich etwa in Palästina einen eigenen Vatikanstaat gründen (…) Außerdem bleiben die Juden als Faustpfand in deutscher Hand für ein zukünftiges Wohlverhalten ihrer Rassegenossen in Amerika …[4]

Auch die Araber in Palästina waren feurige Befürworter der Pläne des Nazistabs, denn sie hatten Interesse an jedweder Lösung, die angetan war, den weiteren Zufluss von Juden zu stoppen, selbst auf die Gefahr hin, dass diese im Ghetto von Madagaskar eingesperrt wurden. In diese Richtung wurden Kontakte geknüpft, und die Nazis gaben die strenge Geheimhaltung auf. Strenge Geheimhaltung war wahrscheinlich nur in Bezug auf die europäischen Staaten notwendig, nicht jedoch, wenn es sich um Gebiete handelte, die von den Eroberungsplänen nicht betroffen waren.

Adolf Eichmann, ein subalterner SS-Mann, wurde damit beauftragt, sich mit den Palästinensern in Verbindung zu setzen. Diese waren gegen die Pläne der britischen Regierung und deshalb potenzielle Verbündete bei dem Vorhaben, die Juden nicht nur aus Europa, sondern auch aus dem Nahen Osten zu vertreiben.

Eichmanns Aufenthalt in Palästina war nur von kurzer Dauer, denn es war nicht gelungen, der britischen Spionageabwehr den wahren Grund seines Aufenthalts zu verheimlichen, weshalb er umgehend abreisen musste. Als ich 1938 versuchte, für eine Gruppe polnischer Juden einen Aufschub zu erwirken, gewährte Eichmann zwar den Aufschub, fühlte sich jedoch bemüßigt, mir vorzuhalten, dass er seinerzeit, als er aus Palästina ausgewiesen worden war, keinen Aufschub bewirken hatte können. Ist es möglich, dass er den Unterschied zwischen der Ausweisung eines ausländischen Aufwieglers aus einem unruhigen Land und der unvermittelten Ausweisung von Alten, Frauen und Kindern, die jahrzehntelang friedlich und im Schutz internationaler Normen gelebt hatten, gar nicht bemerkte? Die Antwort liegt nur scheinbar auf der Hand. Es ist nicht einfach, die Mentalität eines Mannes zu verstehen, der 1939 noch versucht hatte, die jüdischen Organisationen zu einer Intervention bei den zionistischen Organisationen zu bewegen, um ein Einreisevisum für Palästina zu bekommen, unter dem Vorwand, er wolle dort Einreisemöglichkeiten prüfen.

Dieser Vorwand schien berechtigt, denn Eichmann, der 1938 Untersturmführer und Leiter des für die Vertreibung zuständigen Referats des Sicherheitsdienstes (SD) in Wien war, gelang es in der Folge, seine Tätigkeit auf das Gebiet Böhmen–Mähren auszudehnen. 1939 wurde er mit der Gründung einer Auswanderungsbehörde in Prag beauftragt, und 1940 – bereits als Obersturmbannführer – übernahm er die Leitung der Reichszentrale für jüdische Auswanderung, des Referats IV B4 beim Reichssicherheitshauptamt in Berlin.

Eichmanns rascher Aufstieg beweist, wie naiv die Annahme ist, der nur wenige Stunden währende Aufenthalt in Palästina und seine angeblichen Hebräischkenntnisse hätten die Grundlage seiner Karriere gebildet. Plausibler ist vielmehr, dass ihm 1937 sein Rang als Untersturmführer zupasskam, um sich in der Zeit der illegalen Tätigkeit nicht allzu sehr zu kompromittieren. Die Tatsache, dass man ihn an einen wichtigen Ort wie Palästina geschickt hatte, stellt jedoch unter Beweis, dass er bereits eine wichtige Rolle bei der Lösung der Judenfrage spielte.

Nach Ausbruch des Krieges war weiteres Versteckspielen nutzlos, im Gegenteil, es wurde notwendig, die Karten auf den Tisch zu legen. Mit der Eroberung Westpolens stieg die Anzahl der Juden im Reich auf mehr als drei Millionen. Die Pläne bezüglich einer Umsiedelung nach Übersee hätten erst nach der Unterzeichnung eines Friedensvertrages verwirklicht werden können, den man den Besiegten aber erst diktieren musste. Die Situation erforderte jedoch eine sofortige Lösung. Am 15. Oktober 1939 wurde ich mit einer Gruppe von jüdischen Funktionären aus Wien und Mährisch-Ostrau nach

Nisko geschickt, wo tausend Juden selektiert und mit ungewissem Ziel deportiert hätten werden sollen.

Am 19. Oktober blieb der Zug im Bahnhof von Nisko am San in Südpolen stehen. Über eine teilweise zerstörte Brücke setzten wir uns in Bewegung, unter Bewachung, auf einer Straße mit knietiefem Schlamm und bei strömendem Regen. Ein verlassenes Dorf, ein trostloser Hügel, eine Wiese, die ein einziger Sumpf ist – wir sind an unserem Ziel angekommen. Am nächsten Tag hält Eichmann eine Rede. Unsere ersten Aufgaben bestehen darin, Baracken zu bauen, eine Verwaltung zu gründen und Sanitäranlagen zu errichten. Wir müssen Baumaterial, Proviant und Medikamente aus Güterzügen laden und mit ungenügenden Transportmitteln über eine Strecke von zirka zwölf Kilometern schleppen. Am Ende der Rede blickt er uns mit spöttischem Blick an und fügt leise hinzu: »Sonst heißt es eben sterben.« Die Worte waren eisig, der Ton jedoch weich, fast freundschaftlich.

Auf diese Rede vor jüdischen Funktionären, Facharbeitern und Ärzten folgten Gespräche im engen Kreis und unter vier Augen. Zu Beginn wirkte alles geheimnisvoll und zusammenhanglos, doch allmählich wurde klar, wie die Dinge standen. Das für Madagaskar ausgearbeitete Szenario sollte auf dem von den Flüssen San und Bug begrenzten Gebiet probeweise durchgespielt werden, in der Nähe von Lublin, der zukünftigen Hauptstadt eines jüdischen Reservats unter deutscher Aufsicht. Endlich konnte ich fragen, welche Mittel zur Verwirklichung dieses ambitionierten Projekts zur Verfügung standen. Doch die auserwählten Söhne des deutschen Volkes, das in aller Welt für seine organisatorischen Fähigkeiten geschätzt wird, hatten sich nicht die Mühe gemacht, darüber nachzudenken, wie man die Massen an Juden, die aus Wien, Mährisch-Ostrau und Kattowitz vertrieben worden waren, in einem Gebiet ansiedeln sollte, das vom Krieg verwüstet war, Eindringlingen gegenüber feindlich gesinnt und darüber hinaus militärisch besetzt war. Darum sollten sich die Juden kümmern, *sonst heißt es eben sterben.*

»Vertreibt die polnischen Bauern mit Fußtritten aus ihren Häusern und richtet euch dort ein«, war alles, was Eichmann zu mir sagte. Hinter seinen hochtrabenden Worten gähnte die Leere.

Noch vor der Fertigstellung des Auffanglagers trafen ungefähr fünftausend Personen ein, bewacht von Eichmanns Schergen. Die jungen Elemente mussten bleiben, um anfallende Arbeiten zu verrichten; die anderen, alle bereits in vorgerücktem Alter, sollten sich auf dem dafür bestimmten Gebiet »zerstreuen«. Für gewöhnlich begleitete eine bewaffnete Streife die Gruppen, die Gepäck und Proviant schleppten, einige Kilometer lang. Dann gebrüllte Befehle, Schüsse in die Luft, wilde Flucht; die Koffer landeten auf dem Boden, die Menschen fielen bäuchlings in den Schlamm, versteckten sich hinter Bäumen.

Das Werk der Besiedelung schritt voran. Eine dieser Truppen verirrte sich in einen Sumpf. Trotzdem lief alles wie gewohnt ab; umzingelt von SS-Männern und zu Tode erschreckt von den Schüssen, stürmten die Juden in den Sumpf. Die Kräftigen liefen davon, der Gefahr zum Trotz, von Deserteuren, die das Gelände unsicher machten, überfallen und ausgeraubt zu werden. Bauern nahmen Verletzte und Kranke auf. Glücklich durften sich die schätzen, die sich über die sowjetische Demarkationslinie retten konnten. Die russischen Wachen hatten Befehl, die Leute passieren zu lassen. In der Falle, die man den Juden gestellt hatte, hatte sich eine kleine, allerdings *sehr* kleine Lücke aufgetan. Die Pläne Eichmanns und seiner Spießgesellen drohten buchstäblich im Schlamm und im Blut zu versinken.

Auf mein Beharren hin durfte ich das Lager verlassen, um gemeinsam mit Judenräten aus Wien und Prag das Gebiet zu erkunden und Besiedelungsmöglichkeiten zu finden. Insgeheim hatten wir jedoch die Absicht, Kontakt mit der Gemeinde Lublin aufzunehmen und sie zu bitten, die Verletzten aufzunehmen.

Nach einer eintägigen Fahrt auf einem Viehwagen die erste Pause: Janów Lubelski. Eine kleine Stadt, die ein paar Stunden lang Sitz des polnischen Generalstabs gewesen war und dafür mit einem Flächenbombardement bezahlt hatte. In einem der beiden unversehrten Gebäude befand sich der Sitz des Landrats. Ich musste Eichmann Bericht erstatten und beschloss daher, den Landrat zu bitten, jenen Personen, die das Lager hatten verlassen müssen, Unterkunft in einem der leeren Häuser zu gewähren. Wieder in Nisko, hätte ich mich Eichmann gegenüber auf eine offizielle Aussage berufen können, zum Beweis meiner erfolgreichen Bemühungen. Die Audienz, die mir spät am Abend gewährt wurde, hatte einen überraschenden Ausgang. Der Landrat erklärte, er wisse nichts von dem Vorhaben, das Eichmann zufolge von der Regierung bewilligt worden war. Daher scheint es plausibel, dass Eichmanns Vorgehen, das von Himmler am 8. Oktober 1939 genehmigt worden war, nur eine interne Maßnahme der SS war. Unter diesen Umständen konnte die Aussicht auf ein Judenreservat den Landrat nur in Staunen versetzen: »Ich bin doch gerade die Juden aus Janów losgeworden.«

Es war nicht völlig ausgeschlossen, dass die deutschen Behörden gegen Eichmann vorgehen würden. Ich gab also vor, auf Anweisung Eichmanns zu handeln, blieb beharrlich und erwähnte schließlich Eichmanns Ratschlag, die polnischen Bauern mit Fußtritten aus ihren Häusern zu verjagen. Das reichte dem Landrat. Anfangs hatte er noch in Erwägung gezogen, mich festzunehmen und nach Krakau zu einem Verhör überführen zu lassen, aber da ich gewissermaßen einen Geleitbrief Eichmanns besaß, beschränkte er sich darauf zu verlangen, dass unsere Gruppe sich umgehend nach Lublin begab, um dort die Befehle zu erwarten, die er vom Generalgouverneur erbitten wollte.

Die Leiter der Kultusgemeinde Lublin waren nicht weniger entsetzt über die Nachrichten, die wir brachten. Lublin war nicht weit vom Lager entfernt, dennoch wusste man nichts von den Vorgängen in Nisko, niemand wollte das glauben. Die ansässigen Juden trauten uns nicht. Sie hielten uns für Spitzel, deshalb wurde unser Besuch dem Kommandanten von Lublin, Obersturmbannführer Strauch, ordnungsgemäß angezeigt. Wieder ein Rapport. Verhöre, Einschüchterungen, Drohungen, Beleidigungen – »Lügner, Betrüger, Verrückte« – und schließlich der Befehl zu warten. Eichmanns Geleitbrief verhinderte den Einsatz der Peitsche, die deutlich sichtbar auf dem Schreibtisch lag.

Nachdem wir zehn Tage gewartet hatten, wurden wir dringend zu Strauch beordert: »Geht ins Lager Nisko zurück und nehmt dort die Befehle entgegen.« Eichmann war blamiert, es blieb ihm nicht anderes übrig, als den Rückzug anzuordnen. Die Hilfsorganisationen im Ausland hatten es nach zwei Monaten Krieg ermöglicht, dass von neutralen Häfen aus langsam wieder die Emigration nach Übersee anlief. Die italienische Regierung hatte erlaubt, dass in Triest die konsularischen Angelegenheiten der in Deutschland ansässigen Juden abgewickelt wurden, die das Recht auf ein Visum für Palästina hatten. Die Möglichkeiten waren sehr beschränkt, dennoch konnte Eichmann die Judenräte nach Wien und Prag zurückschicken, ohne das Gesicht zu verlieren: »Es wird keine weiteren Ankömmlinge in Nisko geben.« Die Handwerker und Arbeiter, die im Lager geblieben waren, etwa vierhundertfünfzig Personen, kehrten nach einem halben Jahr zurück. Die Baracken, die in Nisko gebaut worden waren und in denen die aus Deutschland ausgewiesenen Juden hätten wohnen sollen, wurden von in Polen geborenen und dort ansässigen Deutschen in Besitz genommen, die darauf warteten, ins Reich überführt zu werden.

Hans Frank hielt folgende Abschlussrede: »Im Generalgouvernement gibt es keine ranghöhere, einflussreichere, autoritätsstärkere Macht als die des Generalgouverneurs ... Das gilt auch für die Polizei und die SS. Es gibt keinen Staat im Staat, und wir persönlich sind da, um den Führer und das Reich zu repräsentieren.«[5]

Das Scheitern dieses ersten Versuches hatte unter Beweis gestellt, wie absurd es war, von einem jüdischen »Protektorat« zu sprechen.

In Wirklichkeit machte sich nämlich niemand Illusionen über die wahren Absichten der Gründung eines Judenreservats; es ging dabei überhaupt nicht darum, Überlebensmöglichkeiten in einer neuen Umgebung zu schaffen. *Sonst heißt es eben sterben*, hatte man uns gesagt; eine Alternative zu dieser Endlösung war nicht vorgesehen.

Nach dem Kriegseintritt Italiens und der Besetzung Hollands war es nicht mehr möglich, über diese Staaten auszureisen. Nur vereinzelte Gruppen erreichten spanische oder portugiesische Häfen. Andere durchquerten über Moskau Sibirien und schifften sich in Yokohama ein. Das alles hatte jedoch hauptsächlich symbolischen Charakter, es sollte unter Beweis stellen, dass Juden ausreisten und es sich bei ihrem Verschwinden aus dem deutschen Lebensraum nur um eine Frage der Zeit handelte. Ein verzweifelter Versuch, der niemanden zu täuschen vermochte. In Berlin machte man sich keine Illusionen bezüglich des Kriegseintritts der Vereinigten Staaten, man wusste sehr gut, dass auch die Sibirienroute bald nicht mehr infrage kam; der Angriff auf die Sowjetunion stand unmittelbar bevor. Über den Wiener Juden hingegen hing das Damoklesschwert eines Versprechens, das Göring in der Euphorie des »Anschlusses« gegeben hatte. Nach zwei Jahren deutscher Verwaltung sollte die Stadt endgültig von zweihunderttausend Bewohnern jüdischer Herkunft befreit sein; die Frist lief im Frühjahr 1940 ab. Auch Böhmen musste schnell von den Juden befreit werden, denn auf diese Weise entzog man dem slawischen Widerstand einen gefährlichen Verbündeten und schaffte den Raum, der zur Stärkung des deutschen Elements notwendig war.

Zwischen dem 15. Februar und dem 15. März 1941 wurden fünf Gruppen zu jeweils tausend Personen von Wien nach Polen deportiert. Die Organisation war nach wie vor dilettantisch. Nur der zweite Transport erreichte das vorgesehene Ziel, während alle anderen von den lokalen Behörden zurückgeschickt wurden. Die Weigerung darf jedoch nicht als Widerstand gegen die Deportationen aufgefasst werden. Die deutschen Verwaltungsbeamten im besetzten Polen waren ordentliche Leute, sie waren es gewohnt, sauber zu arbeiten. Eichmanns Improvisationen waren nicht nach ihrem Geschmack. Diese Herrschaften waren der Meinung, dass erst das Problem der polnischen Juden gelöst werden musste, bevor man sich um die anderen kümmern konnte. Mithilfe des in Nisko erfundenen Zerstreuungssystems war es jedenfalls nicht schwierig, die Wiener Juden in abgelegenen Dörfern unterzubringen. Egal, wenn es vor Ort keinen Platz und keine Lebensmittel gab. Die Juden mussten sich unter allen Bedingungen niederlassen, ohne jemandem zur Last zu fallen, sonst ...

Die Entscheidung, Russland im Sommer 1941 anzugreifen, hatte zur Folge, dass die Naziideologie über alle Bedenken strategischer oder politischer Art siegte. In diesem Augenblick wurde jeglicher Widerstand gegen die Massendeportation der Juden nach Ostpolen oder sogar hinter die sowjetische Grenze aufgegeben. Anfangs argumentierte Eichmann noch unter dem Vorwand, in den besetzten Gebieten gäbe es Arbeit zu verrichten. Zum Aufbau des neuen Europa bräuchte man eben auch jüdische Arbeitskraft. So wurden Alte, Kriegsversehrte, Frauen und Kinder in Güterwagen verfrachtet und weggeschickt.

Den Juden blieb nichts anderes übrig als so zu tun, als würden sie die Argumente der Kriegswirtschaft ernst nehmen, allerdings führten sie ins Treffen, dass die Einbindung der Juden vor Ort, unter Umständen in eigenen Stadtvierteln, profitabler wäre. Um das Schlimmste zu verhindern, baten sie um die Errichtung eines Ghettos. Ein naiver Versuch, denn genau das – das Schlimmste – hatte Eichmann im Sinn. Doch auch diesmal triumphierte das Gesetz des Absurden. Der Vorschlag, ein Ghetto zu errichten, wurde ernsthaft in Erwägung gezogen.

Die Juden verlangten eigene Stadtviertel und Arbeitsmöglichkeiten innerhalb der Grenzen Deutschlands. Die deutsche Bevölkerung in Berlin, Hamburg und anderswo war von der wahllosen Deportation nicht angetan. Zumindest am Anfang wurde der Ruf laut,

Kriegsversehrte, Inhaber von Kriegsauszeichnungen und Personen zu verschonen, die mit arischen Familien oder sogar mit Parteifunktionären versippt waren. Ein anonymer Brief, von dem sich später herausstellte, dass er von schwedischen Missionaren stammte, forderte die diplomatischen Vertreter der neutralen Staaten auf, die von der SS entfesselte Menschenjagd im Auge zu behalten, und gab Zeit und Ort der geplanten Aktionen an.

Aus all diesen Gründen wurden die Instanzen der jüdischen Organisationen mit einbezogen und umgeformt, um ein Propagandamittel in der Hand zu haben, mit dem man einerseits den Missmut im Land und andererseits die Vorwürfe aus dem Ausland beschwichtigen konnte, ohne die Endlösung aus den Augen zu verlieren.

Die elfte Verordnung zum Reichsbürgergesetz im November 1941 verfügte, dass das Vermögen eines Juden, der ins Ausland gelangte, automatisch beschlagnahmt und dem von Eichmann geleiteten Referat IV B4 zur Verfügung gestellt werden musste, zum Zweck der Endlösung der Judenfrage.

Bisher hatte Eichmann lediglich die Möglichkeit gehabt, eine Auswanderungsabgabe zu verlangen, während der Großteil des in Deutschland verbliebenen Vermögens formell auf einem Sperrkonto dem Inhaber gutgeschrieben wurde. Als im Sommer 1941 die Auswanderung stockte, flossen keine Gelder mehr auf Eichmanns Konto, es bestand die Gefahr, dass dieses aufgelöst und unter Aufsicht gestellt wurde. Mit Inkrafttreten der neuen Verordnung hingegen war es möglich, nicht nur einen Teil, sondern das ganze Vermögen eines Juden zu konfiszieren, selbst wenn er nicht auswandern konnte. Man musste ihn nur jenseits der Reichsgrenzen bringen. Außerdem wurde Eichmanns Aktion, eine Endlösung für die Judenfrage zu finden, von offizieller Seite gebilligt. Die unsichtbaren und anonymen Instanzen hatten ein Gesicht und einen Namen.

Bezüglich der wahren Bedeutung des Begriffs »Endlösung« gibt es heute keine Zweifel mehr, er bedeutete Ausrottung. Im offiziellen

Dokument vom November 1941 bezog sich der Begriff jedoch zweifellos auf das ursprüngliche Vorhaben, einen Judenstaat außerhalb des europäischen Kontinents zu schaffen. Es mag merkwürdig erscheinen, aber Ende des Jahres 1941 tat man noch so, als würde man den Madagaskarplan ernsthaft in Erwägung ziehen.

Einige Monate davor hatte ich von Eichmann den Auftrag erhalten, eine wissenschaftliche Abhandlung über die Entwicklung des Begriffs eines Judenstaats und über seine Bedeutung für die Judenfrage zu schreiben. Ich war mir bewusst, dass ich mir dabei die Finger verbrannte, denn ich konnte keine Lösung aufzeigen, die nicht mit dem Heiligen Land verbunden war. Nach Vollendung des Werkes war die Kritik, die mir von einem Vertrauensmann Eichmanns übermittelt wurde, jedoch schärfer als erwartet. Ich hatte geschrieben, nach dem Krieg, nach Unterzeichnung des Friedensvertrages, hinge die Lösung von jener Macht ab, die dann einen entscheidenden Faktor im Mittelmeerraum darstellen würde. Eichmann zufolge hätte ich einfach »Deutschland« schreiben sollen, denn »ist es denn so schwierig zu erraten, dass Deutschland den Krieg gewinnen und ein entscheidender Faktor in der ganzen Welt werden wird?«. Nach diesem Vorfall wurde ich einige Jahre lang nicht mehr zu Eichmann vorgelassen – ein eindeutiger Beweis, dass die Beobachtungen, die man mir mitteilte, glaubhaft waren.

Seit 1940, d. h. nach der Niederlage Frankreichs, fuhren wir fort, die Massenemigration der Juden nach Madagaskar zu planen. Meine Rechtsexperten arbeiteten ein Gesetzeskorpus aus, um die Ansiedlung der Juden auf der Insel auf einem Gebiet zu koordinieren, das für jüdisch erklärt werden sollte. Sie hätten dort – natürlich abgesehen vom deutschen Protektorat – ohne jegliche Einschränkung gelebt. Leider verliefen, nachdem schon die ersten bürokratischen Hürden dieses Programms überwunden waren, die Geschicke des Krieges so, dass sich Madagaskar für uns außer Reichweite befand.[6]

Die Tatsache, dass Eichmann oder irgendein Mittelsmann sich 1941 über das Konzept eines Judenstaates und die Möglichkeiten seiner Verwirklichung informierte, stellt jedoch unter Beweis, dass man – um von der Massenvernichtung abzulenken – nach wie vor von einer großzügigen Lösung sprach und dass diese sogar in der offiziellen Presse erwähnt wurde. Die Realität wurde derweil immer schrecklicher; gleichzeitig musste jedoch das Vorhaben eines Judenreservats dem Schein nach verwirklicht werden. Der Vorschlag, ein Ghetto zu gründen, der noch dazu von den Juden selbst stammte, bot die Möglichkeit, das Vorhaben im Kleinen zu verwirklichen – als sichtbarer Beweis, dass man nur das Ende des Krieges abwartete, um die Sache im großen Stil in Angriff zu nehmen.

Si duo dicunt idem non est idem. Wenn die Juden von Ghettos sprachen, meinten sie eigene Stadtviertel in Wien, Böhmen oder größeren deutschen Städten, um weitere Deportationen zu verhindern. Eichmann und seine Getreuen hingegen hatten beschlossen, ein Ghetto zu errichten, um dort eine gewisse Anzahl von Juden unterzubringen, die man aus gewissen Gründen nicht nach Polen deportieren konnte. Das reichte für ihre Zwecke.

Bevor man einen geeigneten Ort fand, hatte man aus verschiedenen Gründen beschlossen, die Suche auf Böhmen und Mähren zu beschränken. Das Verbot, Judenansammlungen zu schaffen, galt innerhalb der Reichsgrenzen, aber nicht in Böhmen. Die Verwaltung oblag dem sogenannten Reichsprotektor, ein Amt, das nach der Absetzung Neuraths ausschließlich hohe SS-Männer innehatten. Außerdem war es den tschechischen Juden, die Hitler am 15. März 1939 in die Hände gefallen waren, nicht gelungen, vor dem Krieg massenweise zu emigrieren. Unter ihnen gab es deshalb viele junge und gut ausgebildete Männer, die man für etwaige Bauarbeiten einsetzen konnte.

Die endgültige Wahl fiel auf Theresienstadt, eine Festungsstadt an der Eger-Elbe-Mündung, die von Joseph II. erbaut und zu Ehren seiner Mutter Theresienstadt, Terezin auf Tschechisch, genannt worden war. Die Wälle und Festungsgräben ringsum boten gute Bewachungsmöglichkeiten ohne allzu großen Aufwand an technischen Mitteln und Personal. Die großen Kasernen, die nach der Intervention des Kameraden Heydrich sofort geräumt werden mussten, boten genug Platz, um augenblicklich eine so große Anzahl von Menschen aufzunehmen; die meisten davon aus Böhmen und Mähren. Derweil konnte man über die totale Absiedelung nachdenken, ohne Rücksichten nehmen zu müssen. Das Militärgefängnis in der Kleinen Festung neben Theresienstadt war 1940 in ein Konzentrationslager umgewandelt worden, »um die Gegner des Reichs zu vernichten«. Aus Eichmanns Sicht der Dinge konnte diese Nähe für das Ghetto nützlich sein. Man brauchte ja nur die Elbbrücke überschreiten und befand sich schon auf deutschem Boden, was in Kriegszeiten kein Nachteil war. Immerhin konnte der tschechische Widerstand jederzeit einen Aufstand anzetteln.

Der Lauf der Dinge brachte uns nach Theresienstadt, wir können jedoch nicht behaupten, dass wir zufällig dort gelandet sind. Die Dinge entwickeln sich entlang einer Linie, die trotz aller Absurdität streng logisch ist. Alle Schritte Eichmanns waren sorgfältig geplant. Die Improvisationen begannen mit der Ankunft der Juden.

Kapitel II

»DAS WOLLTE ICH NICHT!«

In der letzten Novemberwoche 1941 verkündete das Organ der Antisemiten in Prag, *Arischer Kampf*, bald würde der letzte Jude Theresienstadt verlassen. Doch noch in derselben Woche zog ein Aufbaukommando, das aus dreihundertzweiundvierzig Handwerkern und Facharbeitern aus der jüdischen Gemeinde in Prag bestand, in die sogenannte Sudetenkaserne ein. Zum ersten Mal in ihrer hundertsechzigjährigen Geschichte wurde die Festung Theresienstadt im Sturm erobert. Eine Abordnung ehrbarer Bürger eilte nach Prag mit der Bitte, man möge ihre eben von den Juden gereinigte Stadt nicht wieder besudeln; doch das Argument, das seinerzeit beim Landrat von Janów Lubelski mit Erfolg verwendet worden war, verfehlte im Amt des Reichsprotektors von Böhmen–Mähren seine Wirkung.

Etwas später sollte ein zweites Aufbaukommando mit tausend Arbeitern folgen, unter der Führung der Leiter der jüdischen Gemeinden in Prag (Jacob Edelstein) und Brünn (Otto Zucker). Sie sollten Unterkünfte für die späteren Ghettoinsassen schaffen, Sanitäranlagen bauen, für Verpflegung sorgen und eine rudimentäre Verwaltung aufbauen.

Die, die Theresienstadt als Erste erobert hatten, litten derweil unter dem strengen Winter, schliefen auf Betonböden, mit ein paar spärlichen Decken, ohne Matratzen, während Betten nur in der Fantasie des Innenarchitekten existierten. Siegfried Seidl, SS-Obersturmführer und nominierter Kommandant des Ghettos, war noch nicht eingetroffen; in seiner Abwesenheit blieben die Juden in Haft, durften weder die Kasernen verlassen noch die Arbeiten in Angriff nehmen. Eine Gruppe von tausend Arbeitern, Verwaltungsbeamten und Ärzten schloss derweil in Prag die Reihen und wartete auf die

Abreise. Alles stand bereit. Aber Eichmanns Stab hatte keinen Sinn für Realität. Auf dem Papier schienen die Pläne perfekt; das reichte, um das Ghetto bereits für eine vollendete Tatsache zu halten. Kein Wunder also, dass noch vor Ankunft des zweiten Aufbaukommandos zweitausend Alte, Frauen und Kinder zur Eröffnung nach Theresienstadt geschickt wurden. Einen Monat später vegetierten ungefähr achttausend Juden in den dunklen Kasernen. Das Chaos lähmte alle Versuche, Ordnung in die Sache zu bringen, alle Bemühungen, die Selbstorganisation des Ghettos in Angriff zu nehmen.

Nur die Tatsache, dass Frauen und Kinder getrennt von den Männern untergebracht wurden, schien unter diesen Umständen für etwas Ordnung sorgen zu können. Die Verlegung fand jedoch auf derart brutale und unmenschliche Weise statt, dass sie nicht zu einer Verbesserung führte, sondern Panik in der zerstreuten und verwirrten Menge auslöste. Für Familienmitglieder, die versuchten, einige Worte miteinander zu wechseln, war die Todesstrafe vorgesehen. Allerdings wurde die Strafe in fünfundzwanzig Stockhiebe umgewandelt. Als konstituierende Satzung für die noch zu gründende Gemeinde galt eine Gefängnisordnung, die von Eichmann oder Seidl erstellt worden war.

Ohne Sondergenehmigung durfte man die Kasernen nicht verlassen. Das Betreten der Gehsteige war lange verboten. Die arbeitsunfähigen Alten durften nur hin und wieder an die frische Luft, in geschlossenen Reihen und unter Bewachung. Ab 18 Uhr (im Sommer ab 20 Uhr) herrschte Ausgangssperre. Juden durften Deutsche nicht ansprechen, mussten sie jedoch von Weitem grüßen. Wenn Männer einem Uniformträger begegneten, mussten sie die Kopfbedeckung abnehmen, die Frauen sich tief verneigen. Ein ehemaliger Oberlandesgerichtsrat aus Brünn erhielt eine Prügelstrafe, weil er es übersehen hatte, einen karrenziehenden Hitlerjungen zu grüßen. Am Anfang hatten sowohl Männer als auch Frauen geschorene Köpfe, später durfte das schöne Geschlecht einen sogenannten Herrenschnitt tragen. In der halb verlassenen Stadt gab es ein paar kleine Läden, die noch offen waren, Juden durften dort jedoch nicht einkaufen. So weit, so gut, so sah das normale Leben in einem Ghetto aus, das Eichmann als Musterghetto für die großzügige Lösung der Judenfrage geplant hatte. Aber warum durfte man kein Pferd streicheln? Auch das war verboten.

Nachdem die Frauen gesondert untergebracht und Arbeitskommandos zusammengestellt worden waren, wurde ein Verwaltungsapparat für das Ghetto gegründet: ein Ältestenrat unter dem Vorsitz des Judenältesten Edelstein und seines Stellvertreters Zucker.

Am 23. Dezember 1941 wurde angeordnet, verbotene Gegenstände, die auf einer eigenen Liste angeführt wurden, abzuliefern: Banknoten, Schmuck, Arzneimittel, Fotoapparate, technische Geräte und Musikinstrumente, Schlafmittel, Parfums, Zahnpasta, Tabak, Zündhölzer und Kunstgegenstände. Allerdings war das Vermögen der Juden bereits zur Gänze konfisziert und ihr Gepäck bei der Abreise nach Theresienstadt sorgfältig durchsucht worden. Das Datum der Konfiszierung stellt wohl am besten unter Beweis, dass es bei dieser Maßnahme nur darum ging, den SS-Männern und ihren Angehörigen ein paar Weihnachtsgeschenke zu beschaffen.

Das Fest ist vorbei, die Juden sind reingelegt worden. Immer wenn sie es am wenigsten erwarteten, mussten sie Durchsuchungen über sich ergehen lassen. Glücklich durften sich die schätzen, die bei ihrer Rückkehr in den Schlafsaal in dem Durcheinander wenigstens ihre Wäsche wiederfanden, die Nahrungsmittel waren ohnehin verdorben, weshalb sie auch nicht konfisziert wurden. Niemand hatte den Mut, den Diebstahl anzuzeigen, wenn man nach der Durchsuchung feststellen musste, dass auch erlaubte Gegenstände fehlten. Wurde man jedoch dabei ertappt, Konterbande zu besitzen, folgten Stunden der Angst. Jede Anzeige hatte Stockhiebe, Arrest, Verlegung ins Konzentrationslager Kleine Festung oder gar Deportation nach Polen zur Folge.

Der Versuch, mit Verwandten oder Freunden außerhalb des Ghettos Kontakt aufzunehmen, galt als schweres Vergehen. Offiziell war erlaubt, eine zensierte Karte pro Monat abzuschicken, doch hin und wieder blieb die Post liegen. Deshalb war die Versuchung groß, Nachrichten und Hilferufe in Form von Kassibern hinauszuschmuggeln; die Einwohner Theresienstadts halfen, aus Menschlichkeit oder gegen Bezahlung. Die Bestrafung dafür lautete: Strom- und Heizsperre, Entzug von warmen Mahlzeiten, Ausgehverbot untertags, und schließlich wurden sogar sechzehn Jugendliche gehängt, von einem spontan bestellten Henker auf einem improvisierten Galgen, in Gegenwart des Ältestenrates. Als Eichmann in Berlin einen Hinweis erhielt, dass es in Theresienstadt zu einem unvorhergesehenen Vorfall gekommen war, sagte er zum Leiter der Wiener Kultusgemeinde: »Das wollte ich nicht!«

Tatsächlich passen die Exekutionen nicht wirklich zum Konzept des Ghettos Theresienstadt. Hier wüteten Krankheiten, die Menschen begingen reihenweise Selbstmord, man starb an Unterernährung, hin und wieder ging einer bei einem Verhör in der SS-Zentrale drauf; Verurteilte wurden in die Kleine Festung gebracht oder nach Polen deportiert, wo ihr Schicksal besiegelt war. Selbst ernannte Richter waren jedoch im Konzept von Theresienstadt nicht vorgesehen. Die Erklärung für diesen unvorhergesehenen Vorfall liegt im Charakter des Lagerkommandanten Seidl und seines Stellvertreters, Untersturmführer Karl Bergl. Der Erste war ein Schwächling, der den Mangel an Energie fallweise mit Grausamkeit zu ersetzen versuchte, der Zweite war feige und grausam zugleich und schlief mit dem schussbereiten Maschinengewehr neben dem Bett. Als der Befehl einlangte, tausend Juden aus Theresienstadt nach Riga zu deportieren, befanden sich die beiden verantwortungslosen Verantwortlichen plötzlich in einer Zwickmühle.

Angesichts der Tatsache, dass die Prager Juden Eichmann die Errichtung eines Ghettos gerade deshalb vorgeschlagen hatten, weil sie Deportationen verhindern wollten und sich damit abgefunden hatten, die Hölle Theresienstadt zu erdulden, nur um auf Heimatboden bleiben zu können, lag es natürlich auf der Hand, dass die Nachricht der bevorstehenden Deportation eine katastrophale Wirkung auf die Stimmung der Enttäuschten hatte. Den beiden Helden war klar, dass ein eventueller, wenn auch rasch unterdrückter Aufruhr das Ende ihres Dolce Vita und ihre Versetzung von der jüdischen an die russische Front bedeutete, wo es ein wenig anders zuging. Es war also kein Zufall, dass die Exekutionen (10. Januar) einen Tag nach der ersten Judendeportation aus Theresienstadt (9. Januar) stattfanden. Man wollte ein Klima des Schreckens schaffen und die Massen einschüchtern, um jeglichen Widerstand im Keim zu ersticken.

Mehr als 2000 Personen wurden im Januar, 3600 im März, 7000 im April deportiert, das war die Theresienstädter Realität.

In Prag hatte Seidl zu Edelstein gesagt: »Wir werden aus Theresienstadt ein Paradies-Ghetto machen.« Die Juden leisteten keinen Widerstand, als sie aus dem Paradies vertrieben wurden, doch die Arbeit stand still. Angesichts der Tatsache, dass man unter Umständen von einem Tag auf den anderen deportiert werden konnte, hatte niemand Lust sich zu verausgaben. Der Ältestenrat hatte die Aufgabe, die Deportationslisten zu erstellen. Endlose Sitzungen, hitzige Debatten; idealistische Motive, Rücksicht aus Gründen der Arbeitsfähigkeit und der Parteizugehörigkeit, Familienbande, Freundschaftsbeziehungen, geheime Empfehlungen der SS und der tschechischen Gendarmerie, heimliche Liebesbeziehungen – auf all das musste Rücksicht genommen werden. Natürlich war es unmöglich, eine menschliche Lösung für eine unmenschliche Aufgabe zu finden. So konnte es geschehen, dass Gruppen, die gerade angekommen waren, in abfahrende Züge verfrachtet wurden; dass sie das Ghetto, in das sie in der Hoffnung gefahren waren, hier auf bessere Zeiten zu warten, nicht einmal aus der Ferne sahen.

Kapitel III

DER PROPHET OHNE BART

Ich erinnere mich an eine Erzählung über eine Prinzessin am St. Petersburger Hof, der ein Missgeschick zugestoßen war. Die Prinzessin, eine Amateurmalerin, hatte auf einer Reise in die polnische Provinz das Modell ihrer Träume gefunden: einen Juden mit einem Heiligenschein aus weißem Haar und wallendem Prophetenbart, das ideale Modell für ein Bild, das Johannes den Täufer darstellen sollte. Zutiefst beeindruckt teilte die Prinzessin nach ihrer Rückkehr dem Hofmarschall mit, wie sehr sie sich über einen Besuch des Juden in St. Petersburg freuen würde; natürlich wurde ihr der Wunsch erfüllt. Der Wunsch des hochwohlgeborenen Mädchens wurde vom Minister an den Gouverneur weitergegeben, an den Präfekten, den Bürgermeister und den lokalen Polizeiposten, doch leider wurde er auf diesem Weg völlig entstellt. Der Jude, der, von der Polizei eskortiert, in der Hauptstadt ankam, war kahl geschoren, rasiert, trug Handschellen und Häftlingskleidung.

Vielleicht hatte Eichmann ursprünglich tatsächlich die Absicht gehabt, in Theresienstadt ein Musterghetto zu errichten, um dort Juden mit Sonderstatus unterzubringen, die eine Sonderbehandlung erforderten; und außerdem als Täuschungsmanöver, um die Aufmerksamkeit der Öffentlichkeit von den Massakern abzulenken, die anderswo begangen wurden. Tatsache ist, dass die Idee nach ihrer Verwirklichung nicht mehr wiederzuerkennen war. Weit davon entfernt, ein Altersheim zu sein, wie es sich vielleicht so mancher jüdische Funktionär erträumt hatte, oder ein Täuschungsmanöver im Sinne Eichmanns, war Theresienstadt ein Konzentrationslager geworden, in dem es jede Menge Verbote gab, Stockschläge ausgeteilt wurden, Hinrichtungen und Massendeportationen an der Tagesordnung standen.

Der alte kahl geschorene Jude ist zwar als Modell für das Heiligenporträt nicht mehr zu gebrauchen, doch er ist nach wie vor ein Sohn des Volkes, das Propheten und Heilige hervorgebracht hat. Die Menschen, die in den Kasernen von Theresienstadt eingesperrt, ihrer Menschenwürde beraubt, in all ihren Gefühlen beleidigt, geschmäht und mit Füßen getreten wurden, gehörten demselben Stamm an.

Hier die Beschreibung eines der ersten Abende im Ghetto: *In einem Winkel erschöpfte Arbeiter, in einem anderen Mütter mit Kindern im Arm. An einem kaputten Tisch wird die Arbeit für den nächsten Tag vorbereitet; Handwerker diskutieren über Wassermengen und Durchmesser von Rohren. Auf dem Gang liegen Kranke und Sieche, im Keller gönnen sich Frauen und Mädchen eine Zigarette, und unter einem Torbogen lesen Jugendliche Gedichte.*

Ein Jude aus Prag, der in Schlafsaal III der Sudetenkaserne untergebracht war, erinnert sich: *Fast vierhundert Männer, Berge von Gepäck, Stimmengewirr, schwaches Licht, von der Decke tropft Wasser auf die kahl geschorenen Köpfe. Rabbi Unger unterhält sich mit einem zum Christentum konvertierten Juden über die Messiasfrage. Andere versuchen die Genealogie Jesu' zu klären, sprechen über die Bedeutung der Zahl 666 in der Offenbarung des Johannes und über den Einfluss Schopenhauers auf Nietzsche, man versucht, das körperliche Leiden mit einem intensiven Geistesleben zu kompensieren.*

Der erste Gottesdienst, der im Judenghetto Theresienstadt genehmigt wurde, eine katholische Messe, wurde am Weihnachtsabend in einer Kaserne gefeiert, die Juden durften nämlich keine Kirche betreten. Wenn sich die Israeliten hingegen zu einem gemeinsamen Gebet versammelten, liefen sie Gefahr, bestraft zu werden.

Bereits in den ersten Wochen des Ghettos wurden zu Feierabend wissenschaftliche Vorträge gehalten und Auftritte von Künstlern organisiert. Dieser Bereich war den Juden vorbehalten und den SS-Männern verboten. Die gewaltsame und absurde Unterdrückung war allgegenwärtig – doch die Brutalität wurde durch innere Werte wettgemacht, durch die hohe Qualität des Menschenmaterials, durch Überlebenswillen und Organisationstalent. Das Zusammenwirken all dieser Faktoren äußerte sich in der Selbstverwaltung des Ghettos.

Diese Verwaltung war ein Zwitter, der nicht aus einem Liebesakt hervorgegangen war, sondern aus der Vereinigung zweier Wesen, die von Hass und gegenseitiger Verachtung getrieben waren; manchmal scheint sie von hohen Idealen beseelt, opferbereit und zu Heldentaten fähig zu sein, im nächsten Augenblick wirkt sie wieder kleinlich und feig, von Angst und Egoismus vergiftet.

Im Rahmen von Eichmanns Plänen war Theresienstadt als Vorstufe zu Madagaskar geplant gewesen. Deshalb wurden im Ghetto Einrichtungen gegründet, die trotz der Überbelegung auf 42 Hektar keine Daseinsberechtigung hatten; eine Bank, die wertlose Banknoten herausgab; eine Post, die Poststücke über Entfernungen von nicht mehr als 900 Meter transportierte; ein Amt, das die Produktionskosten einer inexistenten Industrie berechnete; Zivil- und Strafgerichte mit Berufungsinstanzen, die Brot- und Margarinediebstähle zu verhandeln hatten – und bei Urteilen das Wort Hunger vermeiden mussten –, und die immer einen Angeklagten bereithalten mussten, um im Falle von etwaigen Inspektionen einen Schauprozess durchführen zu können, auf die Gefahr hin, dass der arme Teufel monatelang in seiner Zelle dunstete, in Erwartung eines Urteils. Das waren die Überreste des allzu ambitionierten Plans für Theresienstadt.

Die Juden hatten sich ein Ghetto gewünscht, ein Refugium, ein Obdach, ein Altersheim; Bürger der tschechischen Republik hatten alles darangesetzt, um in der Heimat bleiben zu können. Zionistische Jugendgruppen, die sich nicht am Ufer des Jordan ansiedeln konnten, versuchten an der Mündung der Eger Lebensumstände zu schaffen, die jenen in den Kibbuzim Palästinas ähnlich waren. Aus diesem Grund entstanden im Ghetto Traktate über die Abschaffung von Privateigentum und darüber, dass das Erbrecht nicht mehr zeitgemäß war, und aus diesem Grund war man geneigt, das Leben in

Theresienstadt als Probelauf für die zukünftige Arbeit im Land der Väter zu betrachten.

Drei unterschiedliche Haltungen, keine davon wurde der Realität gerecht. Die Wirklichkeit war viel zu erbärmlich, um ein Probelauf zu sein, viel zu verzweifelt, um Hoffnung auf Obdach aufkeimen zu lassen, und viel zu schmutzig, um jugendlichen Enthusiasmus zu rechtfertigen. Unter diesen Umständen war die Selbstverwaltung von Theresienstadt ein grotesk geschnittener Anzug, der keinerlei Maß entsprach und aus vielen verschiedenfarbigen Teilen bestand. Kasperlgewand und Zwangsjacke in einem.

Der erste Judenälteste, Jacob Edelstein, gab sich der Hoffnung hin, dass man eine Übereinkunft mit dem Lagerkommandanten Seidl treffen und die vielen widerstrebenden Tendenzen versöhnen müsste, um ein Problem zu lösen, das so unlösbar war wie die Quadratur des Kreises. Der idealistische Wunsch, dem eigenen Volk zu dienen, wurde von der Notwendigkeit, die Befehle der SS zu befolgen, hart auf die Probe gestellt. Aber auch Edelsteins Mitarbeiter befanden sich in keiner besseren Lage. Der Ältestenrat war Druck und Schmeicheleien von allen Seiten ausgesetzt.

Seidl hatte immer die Peitsche parat, teilte jedoch auch Zuckerbrot aus. Mitglieder des Ältestenrats wurden misshandelt, inhaftiert und deportiert, doch es gab auch Extralebensmittelrationen für Prominente; diese erhielten außerdem die Möglichkeit, in eigenen Zimmern ein Familienleben zu führen. Der Grund für diese Vergünstigungen, von denen einige wenige Privilegierte auf Kosten der breiten Masse profitierten, bestand darin, einen Keil zwischen das Ghetto und die Judenältesten zu treiben, den Ältestenrat zum Verrat anzustiften.

Intern waren Edelstein und den anderen die Hände jedoch in jeder erdenklichen Weise gebunden; ihr Handeln wurde durch Rücksichtnahme auf Freundschaften und Feindschaften blockiert, die in den Jahren davor in einer ganz anderen Umgebung entstanden waren, im Ghetto jedoch keine Gültigkeit mehr hatten. Köche, Lagerarbeiter und Materialverwalter versuchten die Sympathie der Judenältesten zu gewinnen, sie zu kompromittieren, um sie später zu erpressen. Diese Leute ließen sich alles Mögliche einfallen: Zucker, der eigentlich für Kaffee vorgesehen war, und Margarine, die man für Gemüsesuppe gebraucht hätte, wurden für eine Torte verwendet, die ein Funktionär als Geburtstagsgeschenk bekam. Wer hingegen nicht das Glück hatte, zu essen zu haben und anderen etwas zum Essen geben zu können, beschränkte sich darauf, die Judenältesten zu bewundern und zu umschmeicheln. Aber auch intern mangelte es nicht an Drohungen und Einschüchterungen. Freunde deuteten vage an, man könne der SS eine Unregelmäßigkeit oder ungehorsames Verhalten gegenüber den deutschen Organen hinterbringen. Anständige Leute, die unter anderen Umständen niemals jemanden angezeigt oder denunziert hätten, erpressten aber auch, indem sie auf die Zeit nach dem Krieg anspielten, wenn man nämlich Rechenschaft darüber ablegen würde müssen, was man unter dem Naziregime getan oder nicht getan hatte.

Das alles, um eine Arbeit zu finden, bei der man sich nicht zu Tode schindete, einen Posten bei einer Stelle zu erhalten, die Lebensmittel ausgab, um eine Eitelkeit zu befriedigen, die man noch immer pflegte, obgleich sie unter solchen Umständen absurd war, und vor allem, um der Deportation zu entgehen.

Die Angst, deportiert zu werden, zerrüttete die Seelen, lähmte die Arbeit und vereitelte jegliche Planung, ausgerechnet in einem Augenblick, in dem nur eine übermenschliche Anstrengung den Schlag hätte abfangen können, der bald auf das Ghetto niedergehen sollte.

Kapitel IV

BAD THERESIENSTADT

Am 28. Februar 1942 verfügte Heydrich die Auflösung der Theresienstädter Stadtverwaltung und die Absiedelung aller arischen Bewohner; ihre Rechte und Verbindlichkeiten wurden nunmehr von der Landesbehörde in Prag abgewickelt. Eichmanns Zentralstelle für jüdische Auswanderung, die das Vermögen der deportierten Juden beschlagnahmt hatte, erwarb die verlassenen Häuser. Im Mai 1942 durften die jüdischen Eroberer die Festung endgültig in Besitz nehmen. Nun, da keine Gefahr mehr bestand, einen Arier zu treffen, durften sie auch die Gehsteige benutzen.

Der Ältestenrat diskutierte die Stadtplanung. Ärzte und Fachkräfte schlugen die Anlegung von getrennten Quartieren, Arbeiterunterkünften, Altersheimen, Kindergärten vor. Dem widersetzten sich die Prominenten, die es gar nicht erwarten konnten, mit ihren Freunden in eigene Räume, natürlich in den besseren Gebäuden, zu ziehen. Edelstein, der es sich mit niemandem verscherzen wollte, suchte einen Kompromiss; er wollte sich um die Jugend kümmern, das Problem der Alten wurde aufgeschoben, sie waren ja für das biologische Überleben der Gruppe nicht so wichtig.

In der Festungsstadt Theresienstadt entbrannte ein Kampf um jedes einzelne Haus, doch die Häuser waren heruntergekommen und desolat. Die ursprünglichen Eigentümer waren zwar großzügig entlohnt worden, hatten jedoch bei dem Gedanken, ihre Häuser Juden überlassen zu müssen, Höllenqualen ausgestanden. Deshalb hatten sie alles, was nicht niet- und nagelfest war, mitgenommen: Türen, Fenster, Elektroinstallationen, Sanitäranlagen. Mauern und Böden waren geblieben, zeugten jedoch von der Zerstörungswut der ehemaligen Besitzer.

In der Magdeburger Kaserne, dem Sitz des Ältestenrats, diskutierte man die zu verwirklichenden Städtebaupläne, in Eichmanns Amt hingegen lief alles wie am Schnürchen.

In Deutschland hatte man das Gerücht verbreitet, man habe den Juden eine Stadt geschenkt, einen Kurort mit Hotels und Pensionen. Dieser idyllische Ort sollte diejenigen aufnehmen, die aus Altersgründen oder weil sie Kriegsversehrte waren, arbeitsunfähig waren. Die Kultusgemeinden waren ermächtigt worden, Verträge aufzusetzen, die Unterkunft und Verpflegung in der Kurstadt Theresienstadt in Aussicht stellten, unter der Bedingung, dass man zugunsten von Eichmanns Auswanderungsfonds auf das gesamte Vermögen verzichtete. Die deutschen Juden hatten immer eine tiefe Ehrfurcht vor Obrigkeiten besessen, deshalb kam niemand auf den Gedanken, das Geschenk des Führers infrage zu stellen. Die Wohlhabenden kamen gern der Aufforderung nach, ihr ganzes Vermögen zu »spenden«, auf diese Weise stellten sie Mittel für die Unterbringung ihrer Glaubensgenossen bereit, die im Laufe der zehnjährigen Naziherrschaft verarmt waren.

Die Alten, Kranken, Blinden, Schwachsinnigen, die in Wien mit Fußtritten in Viehwagen verfrachtet worden waren, trugen bei ihrer Ankunft noch immer die Abdrücke der genagelten Stiefel. Die Juden aus Hamburg hingegen nahmen staunend zur Kenntnis, wie großzügig sie, die Reichsschädlinge, behandelt wurden. Waggons zweiter Klasse, gepolsterte Sitzplätze, jede Menge Gepäck, Nahrungs- und Heilmittelvorräte und sonstiges Material, um den Aufenthalt im Kurort Theresienstadt so angenehm wie möglich zu machen. Am Bahnhof Bauschowitz war die Reise allerdings zu Ende, und auch die Illusion. Das Empfangskomitee bestand aus SS-Männern, ein paar zitternden jüdischen Knaben und ein paar tschechischen Gendarmen, die so taten, als ginge sie das alles gar nichts an. Blumen gab es keine.

Weißhaarige Köpfe beugten sich aus den Fenstern, auf der Suche nach einem Kofferträger. Ihr Ausdruck ging rasch von Neugier in

Zweifel und Schrecken über. Befehle wurden gebrüllt. Die Alten, die versuchten, vom Trittbrett herunterzusteigen, trugen ihren Sonntagsstaat, sie hatten sich für die Pension fein gemacht, in der sie Zimmer mit Seeblick und Aussichtsterrasse reserviert hatten. Niemand reichte den Neuankömmlingen die Hand, ein paar stürzten, Hüte kollerten über den Boden; sie wurden geschubst, geohrfeigt, mit dem Stock geschlagen; Schreie, Stöhnen, die Frauen weinten; ein Durcheinander von Leibern, Krücken und Koffern, ein apokalyptischer Anblick.

Erst nach ein paar Stunden konnte dem Chaos Einhalt geboten werden. Die Alten, die sich gerade noch aufrecht halten konnten, machten sich in Reih und Glied und von Gendarmen eskortiert auf den Weg nach Theresienstadt. Die anderen folgten, wie Holzscheite auf Lastwagen geworfen. Erst jetzt traten die jüdischen Kofferträger auf den Plan, unter Aufsicht der SS-Männer verluden sie sorgfältig die zurückgelassenen Koffer, offiziell, um sie zu durchsuchen – in Wirklichkeit waren sie längst konfisziert.

Im Ghetto war man eben damit fertig geworden, den von den abgesiedelten Ariern zurückgelassenen Schutt wegzuräumen. Ein Drittel der einundzwanzigtausend Juden in Theresienstadt schlief noch immer auf Betonböden in den Kasernen, und die anderen waren nicht bereit, ihren Schlafplatz abzutreten.

In Berlin hingegen lief alles bestens. Die Juden stellten sich an, um Heimeinkaufsverträge[7] zu unterzeichnen. Bei der Reichsbahn hatten die von Eichmann organisierten Transporte absoluten Vorrang. Innerhalb weniger Wochen kamen vierzigtausend Alte im Ghetto an.

Auf der Suche nach einer Lösung entdeckte die Lagerverwaltung die großen Dachböden unter den aufgeheizten Dächern der Kasernen. Sobald die Alten einmal auf den Ziegelböden lagen, standen sie nicht mehr auf. Um einen Wasserhahn, ein Lavoir oder eine Latrine zu finden, hätten sie zahllose Stufen hinunter- und wieder hinaufsteigen müssen, ein Ding der Unmöglichkeit. Keiner der Alten war imstande, seine Habseligkeiten zu bewachen, sein Recht auf tägliche Lebensmittelration zu verteidigen, und natürlich gab es Insassen, die das ausnutzten. Universitätsprofessoren, Kriegsversehrte, Träger von Kriegsauszeichnungen, bekannte Industrielle und viele andere, die Dokumente bei sich hatten, die unter Beweis stellten, dass sie Schulen gegründet, Krankenhäuser finanziert, Stipendien vergeben oder Ehrenämter innegehabt hatten, solange die Gesellschaft die Einmischung der Juden noch duldete, lagen am Boden des Dachbodens, in der Gluthitze, in unerträglichem Gestank, von Läusen gequält, im Staub und im eigenen Kot. Die Koffer waren verschwunden, die Dokumente waren zu nichts mehr nütze, die Gesellschaft hatte sich verändert.

Manche der wenigen Glücklichen, die eine Unterkunft in einem der leeren Häuser gefunden hatten, versuchten die Stadt zu erkunden; sie gingen hinaus und kamen nicht mehr zurück. Verwirrt und benommen irrten die Alten über die Straßen, erkannten das Tor des Hauses nicht wieder, in dem sie geschlafen hatten, und waren nicht einmal mehr imstande, ihre Personalien anzugeben. Ein eigener Orientierungsdienst wurde eingerichtet mit der Aufgabe, die herumirrenden Juden aufzugreifen und ihre Identität festzustellen.

In Berlin ahnte man, wie ernst die Lage war. Im Ghetto gab es keinen Platz für so viele Menschen. Deshalb wurden im Juni zweitausend Personen deportiert, im Juli weitere zweitausend und im August dreitausend, auf diese Weise wurden ein paar Schlafstellen frei. Im Mai gab es 155 Tote und im August 2327. Der perfekten deutschen Organisation war es gelungen, den Bau von drei Verbrennungsöfen in einer Senke außerhalb der Mauern rechtzeitig fertigzustellen. Begräbnisse, immer gleichzeitig für dreißig bis vierzig Tote, fanden viermal am Tag statt, in einer Kasematte in der Nähe des Schranken. Die Särge waren nicht geschlossen, sie waren so gebaut, dass man den Deckel und die Seitenteile weiterverwenden konnte, die Leiche wurde auf einem Brett, das unter anderem das Feuer anheizte, in den

Ofen geschoben. Die Organisation des Todes machte Fortschritte, wurde immer perfekter; den Lebenden stand das Schlimmste noch bevor.

Die Alten hatten Läuse nach Theresienstadt mitgebracht, Epidemien und Niedergeschlagenheit. Die »Ansässigen« wollten die Schicksalsgemeinschaft mit den »Deutschen« nicht akzeptieren. Die Transporte aus Prag hatten Verwandte und Freunde gebracht; aus den Zügen, die nunmehr aus Deutschland ankamen, stiegen Unbekannte aus. Die Versuchung, sich den Inhalt eines Brotbeutels anzueignen, eine Essensration verschwinden zu lassen, war groß. Die Alten aus Deutschland konnten sich nicht wehren; sie wurden nicht von ihren Kindern oder von jungen Verwandten begleitet, die sie hätten beschützen können, sie waren Fremde, die sich nur in der verhassten Nazisprache ausdrücken konnten. Kein Wunder also, dass das Gewissen zum Schweigen gebracht und Langfingern nicht Einhalt geboten wurde. Bei der Ankunft im Lager war der Großteil des Gepäcks der Alten konfisziert worden, deshalb galt alles, was die »Deutschen« vom Bahnhof mit ins Lager hatten nehmen können, als Konterbande.

Die Lausplage, die die deutschsprachigen Juden mit ins Lager gebracht hatten, beschränkte sich nicht auf die Dachböden der Kasernen. Nach ein paar Wochen standen die kleinen Diebstähle im ganzen Ghetto an der Tagesordnung. Die Moral hatte sich gelockert und trat nicht wieder in Kraft. Sogar der Spruch »In Theresienstadt kann man nur eine Leiche unbeaufsichtigt lassen« wurde Lügen gestraft: Unbekannte holten die Leiche eines Landsmanns aus dem Leichenschauhaus, um die Obduktion zu verhindern, die vom Standpunkt der jüdischen Religion aus verwerflich war.

In seiner Neujahrsbotschaft vom 11. September 1942 brachte der Judenälteste den Wunsch zum Ausdruck, die erzwungene Schicksalsgemeinschaft möge sich in eine auf Freundschaft und Kameradschaft beruhende Gemeinschaft verwandeln. Doch das waren nur leere

Worte. Aus den kleinen Funken der Antipathie wurden Flammen tiefen Hasses. Aufgrund der unablässigen Deportationen war mittlerweile allen klar, was Eichmann vorhatte. Die böhmischen Juden, die über junges und gut ausgebildetes Menschenmaterial verfügten, hatten mit ihrer Arbeitskraft das Ghetto aufbauen müssen, kaum waren sie damit fertig, wurden sie deportiert. Das Refugium, von dem sie geglaubt hatten, es sei für sie bestimmt, sollte nun deutschsprachige Juden aufnehmen. Sie mussten den Platz räumen und anderen weichen; die blühende Jugend musste den verlausten Alten Platz machen. Junge Köche schütteten in der Küche die Suppe weg, während an der Tür die vor Hunger halb ohnmächtigen Eindringlinge standen. Eine Person hatte nicht einmal zwei Quadratmeter zur Verfügung. Im September gab es 3931 Tote.

In einer Sondersitzung des Ältestenrats in der Magdeburger Kaserne brachte Edelstein die Situation zur Sprache: Die Juden mit tschechischer Staatsbürgerschaft hätten nicht nur das Recht, sondern auch die Pflicht, in der Heimat zu bleiben. Die Dinge laufen zu lassen, nichts zu tun, hätte bedeutet, eine schwere Verantwortung zu tragen, hätte bedeutet, sich nach Ende des Krieges in einer freien tschechoslowakischen Republik gegen schwere Vorwürfe verteidigen zu müssen. Die Alten würden ohnehin nicht überleben, selbst wenn sie in Theresienstadt bleiben durften, die Jugend hingegen war, sofern sie ihre Haut rettete, Voraussetzung für eine nationale Wiedergeburt. Leider ließen sich die Befehle der SS nicht diskutieren. Wenn der Befehl lautete, tausend Juden zu deportieren, mussten es tausend sein, doch über ihr Alter und ihre Herkunft ließ sich diskutieren, oder? So konnte es durchaus sein, dass ein Greis auf der Deportationsliste plötzlich zehn Jahre weniger auf dem Buckel hatte und in einen Transport von Männern unter 65 Jahren eingereiht wurde. So etwas kam immer wieder vor, doch auch auf diese Weise konnte man das Problem nicht lösen. Also begannen Edelstein und seine Freunde wieder zu diskutieren.

Bei einer dieser Sitzungen wurde beschlossen, die Karten auf den Tisch zu legen. In einem der Tagesbefehle, die dem Zweck dienten, die Mitglieder des Ältestenrats vom Ausgang des Morgenrapports beim Lagerkommandanten Seidl zu unterrichten, berichtete der Judenälteste, er habe darauf hingewiesen, dass es immer schwieriger wurde, die Arbeiten fortzuführen, denn es gäbe immer mehr Alte und die Zahl der Jungen nähme ab. Seit einiger Zeit wusste man, dass Eichmann sich den umliegenden Stadtgemeinden gegenüber verpflichtet hatte, jede Gefahr einer Epidemie im Keim zu ersticken. Edelstein wies darauf hin, dass die Gefahr einer Epidemie nicht völlig gebannt werden konnte, solange sich die Situation nicht änderte; er wusste sehr gut, dass er damit eine Lunte gelegt hatte, die zwar langsam glimmte, aber sicher zur Explosion führen würde.

Als Eichmann Seidls Bericht erhielt, musste er Konsequenzen ziehen. Er hatte den Bewohnern der deutschen Stadt Leitmeritz sein Wort gegeben, das durfte er nicht brechen. Den alten Juden waren zwar als Gegenleistung für das konfiszierte Vermögen Unterkunft und Unterhalt in Theresienstadt versprochen worden, doch das stand auf einem anderen Blatt. Vielleicht sollte man einmal kontrollieren, ob die Alten gültige Dokumente hatten, die Juden waren ja schon immer geschickte Betrüger gewesen. Deshalb kam extra eine Kommission aus Prag und ließ sich alle Personen aus Reichsdeutschland vorführen und teilte sie in T(heresienstadt) und O(sten) ein. Letztere waren bestimmt, in ein anderes Ghetto »verlegt zu werden«. Eigentlich waren sie nach Theresienstadt gekommen, weil ihre unmittelbare Deportation Empörung bei der ansässigen Bevölkerung in Deutschland ausgelöst hätte, jetzt konnten sie verlegt werden, weil im Ghetto die ansässige Bevölkerung nicht zählte.

Ungefähr zwanzigtausend Personen aus Deutschland und Wien, alle älter als 65 und alle im Besitz eines Vertrags, der ihnen Unterkunft und Unterhalt in Theresienstadt zusicherte, wurden mit dem fatalen O gekennzeichnet und zwischen 10. September und 31.

Oktober nach Polen deportiert. Gleichzeitig starben in Theresienstadt ungefähr achttausend Juden mit einem Durchschnittsalter von 74 Jahren. Mit ihnen wurde das Vorhaben, in der Kurstadt Theresienstadt ein Altersheim zu errichten, zu Grabe getragen.

Eichmann war sich völlig im Klaren, dass wieder eines seiner Vorhaben gescheitert war, aber er war felsenfest davon überzeugt, dass die Juden aus politischen Motiven die Entwicklung seines Ghettos sabotiert hatten. Das Attentat auf Heydrich im Juni 1942 und die brutale Vergeltungsaktion der Deutschen hatten die Konflikte der Deutschen und der Slawen in Böhmen verstärkt. Der Leiter des Referats IV B4 war davon überzeugt, dass der Ältestenrat unter dem Vorsitz Edelsteins versucht hatte, mit dem tschechischen Widerstand zusammenzuarbeiten, um die Pläne Berlins zu vereiteln. Das Schicksal des ersten Judenältesten war damit besiegelt, aber auch Seidls Versetzung war beschlossene Sache. In der Tasche eines Soldatenmantels, der im Vorzimmer der Lagerkommandantur hing, hatte er einmal den Bericht eines Kameraden gefunden, der für die Zentralstelle in Prag bestimmt gewesen war und in dem von einer unzulässigen Beziehung zwischen dem Lagerkommandanten und dem Judenältesten die Rede gewesen war. Diesen Bericht hatte er abfangen können, doch andere waren gewiss an ihr Ziel gelangt. Es musste nur noch der richtige Moment gefunden werden, um den Lagerkommandanten abzusetzen und den Judenältesten zu beseitigen.

Die Behörden in Berlin zogen derweil nach wie vor eine imaginäre Trennlinie, ohne die Veränderungen zu berücksichtigen, die sich mittlerweile ergeben hatten. Ende 1942, als nur noch ein Drittel der jüdischen Bevölkerung im Ghetto in vorgerücktem Alter war, wurden rasch hintereinander lange geplante Schritte gesetzt, die beweisen sollten, dass die wahre Funktion Theresienstadts darin bestand, ein Altersghetto zu sein. Die Läden wurden mit Gegenständen aus den konfiszierten Koffern der Alten bestückt, ein Kaffeehaus, in dem die Alten ein heißes Getränk zu sich nehmen und außerdem Musik hören konnten, wurde gegründet.

Läden, eine Bank, ein Kaffeehaus, ein Orchester, ein spektakulärer Feuerwehreinsatz und eine Sitzung des Judenrats: Das alles ist in einem Dokumentarfilm zu sehen, der Ende 1942 auf Initiative des Reichssicherheitshauptamts in Theresienstadt gedreht wurde, einem Film über die Stadt, die der Führer den Juden geschenkt hatte. Später wurden in den Kinos die Aufnahmen der deutschen Soldaten, die unter dem strengen russischen Winter litten, mit Sequenzen quergeschnitten, auf denen lächelnde Juden an Kaffeetischen saßen.

Der Ältestenrat, der sehr gut wusste, dass die Altenfürsorge ein Problem war, das mit spektakulären Maßnahmen allein nicht gelöst werden konnte, hätte gern eine Möglichkeit einer entsprechenden Altenversorgung gefunden. Es gab jedoch eine Schwierigkeit: Edelstein zufolge sollte das Sozialsystem im Ghetto Theresienstadt wie in einem Kibbuz in Palästina funktionieren. Da Privateigentum abgeschafft war, waren Spenden ausgeschlossen, man musste eine neue Formel finden.

Gleichzeitig suchte auch Eichmann eine neue Formel für Theresienstadt.

Kapitel V

WACHABLÖSE

Einen Mann finden, der fähig war, den Judenältesten abzulösen ... Tatsächlich gab es bereits jemanden in Theresienstadt, der sich für eine Aufgabe an vorderster Front eignete, er saß im Gefängnis in der Dresdener Kaserne: Dr. Karl Loewenstein, ein ehemaliger Marineoffizier, protestantisch, mit ein paar Tropfen jüdischen Bluts in den Adern. Wenn er sich damit zufriedengegeben hätte, seine bescheidene Firma zu leiten, hätte er wahrscheinlich in Berlin bleiben können, wie viele andere jüdische Mischlinge auch. Da er jedoch dem deutschen Kronprinzen nahestand und Freikorpskämpfer gewesen war, 1919 in Schlesien gegen die Polen gekämpft hatte, war er zu exponiert, um in Ruhe gelassen zu werden, hatte aber andererseits zu viele prominente Freunde, um liquidiert zu werden. Der Freund des Kronprinzen war nach Minsk deportiert worden, hatte jedoch dank der Hilfe seiner prominenten Freunde das Ghetto vor der totalen Liquidierung verlassen können und war nach Theresienstadt verlegt worden, wo er später Leiter des Sicherheitswesens wurde. Bei seiner Ankunft im Ghetto war er vom SS-Kommando in Gewahrsam genommen worden, denn zweifellos hatte er zu viel gesehen, auch wenn er die Ermordung der Juden in Minsk nicht miterlebt hatte.

Der seltsame Umstand, dass ein Häftling in Gewahrsam genommen wurde, auf Anordnung Seidls eine doppelte Nahrungsration erhielt und oft Besuch vom Lagerkommandanten und von auswärtigen SS-Männern bekam, blieb nicht unbemerkt, noch dazu in einer Umgebung, wo jeder jeden argwöhnisch beobachtete. Kaum zu glauben, dass Edelstein bei seinem täglichen Rapport beim Kommandanten nichts über ihn erfuhr. Aber selbst wenn der Judenälteste etwas wusste, zog er es vor, in dieser äußerst heiklen Angelegenheit zu schweigen.

Irgendwann beschloss Eichmann, die Loewenstein-Karte auszuspielen. Nach vier Monaten in Haft tauchte der Häftling höchstpersönlich beim Ältestenrat auf; er war von Seidl beauftragt worden, den Sicherheitsdienst im Ghetto neu zu gestalten: Detektivabteilung, Wirtschaftsprüfstelle, Ghettowache, Feuerwehr, Luftabwehr. Dieses im Grunde allzu ambitionierte Projekt war ein Überrest des Madagaskarplans, der in Theresienstadt ausprobiert werden sollte. Doch wenn in einem Labor gefährliche Experimente gemacht werden, müssen Vorsichtsmaßnahmen ergriffen werden. Die Erlaubnis, eine Truppe von jungen Wachmännern zu gründen, die alle den Militärdienst absolviert hatten, war von der SS nur unter dem Vorbehalt erteilt worden, dass sie den Versuch überwachte und dem Experiment ein Ende setzte, bevor etwas schiefging. Das Risiko war gering; doch selbst bei Experimenten überlebt das Versuchskaninchen nur selten den Einschnitt des Skalpells. Die Ghettowache, die in Vergangenheit mehrmals gebildet und wieder aufgelöst worden war, spielte unter Loewenstein eine wichtige Rolle. Paramilitärische Übungen, Mützen, Abzeichen, Koppel, vollständige Uniform, die nach zwei Tagen wieder beschlagnahmt wurde, eine Parade am Jahrestag der Gründung der Truppe. Das waren die Eckpunkte der neuen Ära.

Die Tatsache, dass der neue Mitarbeiter des Ältestenrats von der SS eingesetzt worden war, war für alle besorgniserregend und gebot Vorsicht. Niemand hatte den Mut, sich gegen den neuen Mann zu stellen. Loewenstein machte sich diesen Umstand zunutze und erhielt für seine Männer eine Reihe von Privilegien. Gemeinsame Unterkunft in einem neu errichteten Haus, Spezialkost in einer selbst verwalteten Küche, angenehme Dienstzeiten und die Zusage, nicht deportiert zu werden.

So hatte Edelstein plötzlich einen Widersacher, der nicht nur mächtige Unterstützer außerhalb des Ghettos hatte, sondern auch intern auf die Loyalität von fünfhundert disziplinierten Gefolgsleuten zählen konnte. Als erfahrener Stratege vermied Loewenstein die direkte Auseinandersetzung mit dem Judenältesten, er nahm vielmehr die Wirtschaftsabteilung aufs Korn; diese verwaltete Lebensmittelvorräte, sorgte für die Brotausgabe und das Funktionieren der Küchen. Seit der Gründung des Ghettos war diese Stelle von Leuten aus Prag besetzt, von Leuten mit unbestrittenen Fähigkeiten und heftigen nationalistischen Gefühlen.

Die Lebensumstände in Theresienstadt hatten die Seelen verformt. Eine Art Hofstaat war entstanden, der versuchte, alles und alle mit den zur Verfügung stehenden Mitteln zu korrumpieren, Erlaubnis für Extrarationen, Einzelunterkünfte und in den kritischen Augenblicken der Deportationen sogar Schutz für Parteifreunde und Familienangehörige sowie für Personen zu erhalten, die nach Kriegsende bei der Rückkehr nach Prag nützlich sein konnten. Wenn man einem mehr Brot geben will, muss man es den anderen wegnehmen; um Favoriten eine Extraportion Suppe zu verschaffen, muss die Suppe für die anderen gestreckt werden. Natürlich zahlten die reichsdeutschen Juden drauf. Um die errungene Position zu verteidigen, bestachen die Leiter der Wirtschaftsabteilung sogar SS-Männer, versuchten ihnen mithilfe korrupter Lieferanten Vorteile zu verschaffen. Das ging natürlich auf Kosten des Ghettos.

Loewenstein wurde zwar von der Dienststellenleitung unterstützt, dennoch bestand wenig Hoffnung, einen entscheidenden Sieg über einen derart starken Gegner zu erringen. Der Versuch, die Wirtschaftsabteilung unter Kontrolle zu bringen, führte immerhin dazu, dass die Korruption eingedämmt und viele Verbesserungen für die Alten erreicht wurden. Der Ältestenrat, mit dem Judenältesten an der Spitze, war schachmatt gesetzt.

Eichmann, der die Entwicklungen in Theresienstadt von außen betrachtete, konnte zufrieden sein, denn im Ghetto war eine Strömung entstanden, die die Interessen der deutschsprachigen

Gruppe verteidigte und Edelsteins Aktionen durchkreuzte. Doch Loewenstein, ein ehemaliger Offizier, ein Protestant und eingefleischter Deutscher, eignete sich nicht als Nachfolger des augenblicklichen Judenältesten. Um die Juden in einem Musterghetto zu vertreten, war eine andere Art Mensch vonnöten. Dieser wurde bald gefunden.

Als Sturmbannführer Günther eines Tages über den Hauptplatz von Theresienstadt ging, fiel ihm ein bekanntes Gesicht auf: Heinrich Stahl, Ex-Direktor einer bedeutenden Versicherungsgesellschaft und Ex-Vorsitzender der jüdischen Gemeinde in Berlin, war 1939 aufgrund seines aufmüpfigen Charakters seines Amtes enthoben und nach Theresienstadt deportiert worden. Günther sprach Stahl an, doch der antwortete mürrisch und verheimlichte seine Meinung zur Kurstadt Theresienstadt nicht; er sagte, Theresienstadt habe mit einem Betrug begonnen und ende mit Deportation. Günther erzählte Eichmann von der Begegnung und stellte fest, dass der schreckliche Alte noch immer streitlustig und imstande sei, einen Kampf auszufechten. Die Wachablöse konnte in Angriff genommen werden.

Im Rahmen der von Eichmann angeordneten Umbildung am 3. Oktober 1942 sollte die Hälfte der Posten des Ältestenrats von reichsdeutschen Juden eingenommen und Stahl zum stellvertretenden Judenältesten ernannt werden. Die Auseinandersetzungen zwischen Edelstein und Stahl bei den ersten Sitzungen des neuen Ältestenrats überraschten niemanden, sie waren geplant und gewollt. Eine echte Überraschung war hingegen der Tagesbefehl vom 4. November 1942, er enthielt einen Nachruf auf den plötzlich verstorbenen Stahl.

Rein formal blieb die Situation nach Stahls Tod unverändert. Das Amt des Stellvertreters war nach wie vor einem reichsdeutschen Mitglied des Ältestenrats vorbehalten, Dr. Desider Friedmann, einem ehemals bekannten Anwalt, Ex-Vorsitzenden der Wiener Kultusgemeinde und Ex-Staatsrat des Bundesstaates Österreich. Friedmann war bereits in den Konzentrationslagern Dachau und Buchenwald gewesen, war in Wien unter Aufsicht gestanden und schließlich nach Theresienstadt deportiert worden. Er war in Böhmen zur Welt gekommen und aufgrund seiner Nähe zum Zionismus ein Seelenverwandter Edelsteins. Deshalb herrschte Ende des Jahres keine Kampfstimmung mehr; der neue Stellvertreter besaß weder die Konstitution noch die Mentalität zum Streiten. Auf die angeregten Diskussionen folgte eine Phase freundschaftlicher Zugeständnisse.

Wir befinden uns mitten im Winter – Dezember 1942 –, 3000 Alte hausen noch immer auf den Dachböden der Kasernen, schlafen auf Ziegelböden, in eisiger Zugluft. Die Mitglieder des Ältestenrats, die mit ihren Angehörigen in Einzelunterkünften wohnen, richten einen Appell an die Ghettoinsassen, die nicht einmal über zwei Quadratmeter verfügen, sie mögen noch mehr zusammenrücken, um Platz zu schaffen. Diese unübliche Maßnahme hatte zur Folge, dass die SS auf das Problem der Überbelegung und auf die Gefahr von Epidemien aufmerksam wurde. Eichmann löste das Raumproblem auf seine Art und Weise, er befahl am 10. Januar die Deportation von siebentausend Personen.

Um die Deportationsliste zu erstellen, beschloss der Ältestenrat, dass alle Gruppen im Ghetto Opfer bringen mussten, in Relation zu ihrer Anzahl. Ein naiver Versuch, eine gerechte Lösung für eine Aufgabe zu finden, die im Widerspruch zu jeglicher Gerechtigkeit stand. In allerletzter Minute gelang es einigen untergeordneten Mitarbeitern, dreihundert Personen aus Prag zu retten, an ihrer Stelle wurden dreihundert Juden aus Wien deportiert. Das beweist: Die Arglosen versuchten zu verhandeln, doch die Entscheidungen wurden immer von den Gewitzten getroffen.

Eichmanns Machtbereich erstreckte sich mittlerweile auf alle von Hitler besetzten europäischen Länder, trotzdem behielt er die Vorgänge in Theresienstadt im Auge. Es konnte ihm nicht entgehen, dass die hitzigen Debatten im Ältestenrat nach Stahls Tod ein Ende genommen hatten. Der Leiter der IV B4 hatte aufs Neue das Gefühl, vom Judenältesten betrogen worden zu sein. Die Harmonie zwischen den unterschiedlichen Gruppen im Ghetto, egal ob arglos oder gewitzt, gefiel Eichmann gar nicht, er wollte die Juden gegeneinander aufhetzen, zu einem Kampf anstacheln, aus dem nur er als Sieger hervorgehen konnte.

Am 30. Januar 1933 hatte Hitler in Deutschland die Macht ergriffen. Um den zehnten Jahrestag dieses Ereignisses gebührend zu feiern, beschloss der Stab, dem Führer feierlich mitzuteilen, dass die Judenfrage im ganzen Reich erfolgreich gelöst sei. Die Deportation der Leiter aller jüdischen Gemeinden nach Theresienstadt sollte das Ende der Juden in Deutschland besiegeln. Dr. Leo Baeck und Dr. Paul Eppstein aus Berlin, Dr. František Weidmann und Dr. Franz Kahn aus Prag, Dr. Josef Loewenherz und Dr. Benjamin Murmelstein aus Wien machten sich in Begleitung ihrer engsten Mitarbeiter auf den Weg nach Theresienstadt.

Im Ghetto erhielt Edelstein von Seidl die Nachricht, Eppstein würde ihn ablösen und er solle anderswo ein ähnliches Ghetto wie Theresienstadt aufbauen, in der Zwischenzeit solle er sich damit begnügen, gemeinsam mit Loewenherz Eppsteins Anweisungen zu befolgen. Mit einem Gewaltstreich hatte Eichmann die Machtverhältnisse in Theresienstadt umgekrempelt, er legte die Verwaltung in die Hände deutschsprachiger Juden, um die Gefahr eines Einverständnisses zwischen Ghetto und tschechischem Widerstand ein für alle Mal zu bannen. Den Leitern der Kultusgemeinden war nicht bewusst, dass sie nur Hampelmänner waren, dass sie sich nicht aus eigenem Willen in die eine oder andere Richtung bewegten, sondern an Eichmanns Fäden zappelten.

Am 27. Januar 1943 traten Eppstein und Edelstein vor der Lagerleitung an, um den Modus der Wachablöse festzulegen. Die Befehle wurden von Hauptsturmführer Ernst Möhs gegeben, einem Gesandten Eichmanns, während Seidl sich darauf beschränkte, Drohungen gegen nicht näher bestimmte Unruhestifter auszustoßen.

Das Protokoll dieses Rapports ist besonders interessant, denn es gibt Aufschluss über den Umgang mit den einzelnen Funktionären aus Berlin, Wien und Prag. Es enthält genaue Anweisungen bezüglich ihrer Unterbringung und Sonderstellung. Ebenso eindeutig ist, dass Murmelstein keine Privilegien gewährt wurden, dass er untergebracht wurde wie jeder andere Ghettoinsasse auch und für den Arbeitseinsatz vorgesehen war.[8]

Kein Wunder, Eichmann hatte ja nicht mehr mit mir gesprochen, seitdem ich die Möglichkeit einer Lösung der Judenfrage außerhalb von Palästina in Abrede gestellt hatte. Besonders schwer wog der Ausschluss von jeglicher verantwortungsvollen Tätigkeit, das kam der Ankündigung der Deportation gleich.

Die Funktionäre der Kultusgemeinde aus Wien kamen in den Abendstunden des 29. Januar 1943 an und wurden am Bahnhof von Seidl höchstpersönlich in Empfang genommen. Zuerst wurde das Gepäck beschlagnahmt, das später durchsucht werden sollte, dann wurden sie in einem Schlafsaal mit achtzehn Betten untergebracht. Hier erhielten sie Seidls Befehl, Dr. Loewenherz möge am Morgen darauf zum Rapport in die Lagerkommandantur kommen.

Als der Lagerkommandant am Bahnhof die Liste mit neun Namen kontrollierte, hatte er in seiner üblichen Nachlässigkeit gar nicht bemerkt, dass Loewenherz nicht dabei war. In der Nacht dann die überraschende Nachricht, dass Murmelstein von nun an der neuen Lagerverwaltung angehörte. Seidl beeilte sich mitzuteilen, meine Anwesenheit in der Kommandantur sei nicht notwendig, deshalb blieb ich von den Morgenrapporten ausgeschlossen.

Die Wachablöse war durchgeführt worden, alle Hauptdarsteller waren anwesend, die Komparsen standen in Reih und Glied, der zweite Akt konnte beginnen. Regie: Adolf Eichmann.

Kapitel VI

DER WETTLAUF DER LEICHENWAGEN

Rund um einen Exerzierplatz zwanzig rechteckige Blocks von hundertzweiundsechzig fast ausschließlich einstöckigen Häusern, die von zwölf mächtigen Kasernen flankiert werden. Wie die Abteilungen einer Division bei einer Feldmesse auf dem Kirchenplatz. Lauter gerade Linien, rechte Winkel; die Straßen, sechs Längsstraßen und neun Quergassen, ähneln einander wie ein Ei dem anderen; nur Schlamm- und Misthaufen unterbrechen den eintönigen Anblick. Die Nacht legt einen barmherzigen Schleier über das Ganze, der Mond ist der einzige Zierrat, in seinem Schein glänzt Theresienstadt wie die Knochen eines polierten Skeletts.

Ich bin allein, denn nicht jeder erhält die Erlaubnis, um diese Zeit auf der Straße zu sein. Es ist mitten im Winter, doch alle Fenster stehen offen. Ansonsten bekommt man in den Zimmern keine Luft, die glücklichen Besitzer einer Schlafstatt liegen dort in dreistöckigen Betten. Man hört ein unheimliches Schnarchen, übertönt von Ächzen und Stöhnen, ein Kind beginnt zu weinen. Unwillkürlich gehe ich schneller, um diesen Geräuschen zu entkommen. Ich biege um die Ecke, noch eine Ecke, die Straßen sind parallel, auch hier dieselben Straßen, dieselben Häuser, dasselbe Weinen und Stöhnen. Ein Albtraum. Habe ich mich wirklich bewegt oder stehe ich gelähmt da, und die Häuserecken, um die ich gegangen bin, sind nichts anderes als eine Halluzination, Zeichen des bevorstehenden Wahnsinns? Es ist sinnlos, selbst wenn man läuft, kann man den Straßen nicht entkommen, wo nachts das Röcheln der Sterbenden das einzige Lebenszeichen ist.

Untertags wimmelt es auf den Straßen vor Menschen. Überall Leichenwagen, die man in den jüdischen Gemeinden in Böhmen konfisziert hat; dort gab es niemanden mehr zu beerdigen. Zwei gebeugte Personen tun so, als würden sie den Leichenwagen ziehen, ringsherum zehn, fünfzehn oder auch zwanzig Personen, Männer und Frauen, man weiß nicht, schieben sie ihn oder halten sie sich fest, um nicht hinzufallen. Und er bewegt sich doch! Mit diesen Karren werden Brotrationen und Heizkohle transportiert, man bringt damit Schmutzwäsche in die Wäschesammelstelle und gehunfähige Alte in die Entlausungsstation. Die Karren sind für Tote gebaut worden, jetzt dienen sie den Lebenden. Aber sind wir überhaupt noch am Leben? Ein gewisser Dr. Korbhof sagt zu mir: »Wir befinden uns an Bord eines Geisterschiffes, wir sind bereits alle tot, auch wenn wir es nicht wissen.« Auf einem Karren steht: Kinderküche. Die holzgeschnitzte Büste mit Helm und Schwert, die den Begräbnissen der Offiziere in Theresienstadt mehr Würde hätte verleihen sollen, ist von einer Gruppe Jugendlicher zweckentfremdet worden und schmückt jetzt einen Schlafsaal.

Das gewaltsam verlangsamte Tempo der Leichenkarren beherrscht die ganze Stadt. Der Tod trifft seine Opfer nicht wie ein Blitz, sondern er greift langsam an wie ein altes, zahnloses Raubtier; er zerfleischt nicht, er kratzt, lässt das Opfer verwesen. Der Schnee, der überall sonst seinen weißen Mantel ausbreitet, erzeugt hier nur schmutzige Lachen, sogar die Kälte ist kraftlos geworden. Der Gestank der Kloaken und der Latrinen wird vom Chlorkalk übertönt, kann jedoch nicht völlig zum Verschwinden gebracht werden, bleibt im Nebel kleben. In diesem Milieu können sich nicht einmal die Bakterien frei entwickeln. Die Epidemien nehmen einen merkwürdigen Verlauf, ihre Symptome sind uneindeutig, denn die Ghettoinsassen, die von allerlei Infektionen umgeben sind, haben eine gewisse Immunität erworben. Jeder pflegt und zähmt seine eigenen Bakterien.

Für die Toten reicht der Leichenwagen nicht, denn die Toten werden zu je dreißig auf einem großen Viehwagen mit vergrößerter Ladefläche ins Krematorium gebracht. Der Leichenwagen dient den

Lebenden. Eine verkehrte Welt, errichtet auf weichem, schwammigem Grund. Die Häuser stehen oft auf Pfählen aus Eichenholz, die Menschen finden keinen Halt und gehen unter.

Zu gewissen Zeiten verändert sich das Antlitz Theresienstadts. Es ist Abend, die Alten haben sich zurückgezogen, die Arbeit auf den Baustellen und in den Werkstätten ruht. Junge Männer in sauberen Overalls und durchaus aufreizend gekleidete Mädchen strömen auf die Straßen. Paare gehen eingehängt spazieren, flanieren, lächeln, singen.

Der letzte Transport ist gerade abgefahren, der nächste ist noch nicht in Sicht, in der Zwischenzeit zeigt sich das Leben. Untertags hat man vor allem Deutsch gehört, jetzt hingegen dominiert das Tschechische.

Die slawischsprachige Gruppe kann auf Unterstützung von Verwandten und Freunden aus Prag und den nahen Dörfern zählen. Pakete, die hin und wieder durchgelassen werden, und heimliche Besuche bringen Verpflegung, halten die Flamme am Leben, nähren die Hoffnung. Wir sind jedoch nach wie vor in Theresienstadt; ab einer gewissen Stunde herrscht Ausgangssperre, und das Kommen und Gehen verlagert sich von den Straßen in die großen Kasernenhöfe.

Jede Kaserne bildet ein nahezu in sich geschlossenes Ganzes: Küche, Krankenstube, Apotheke, Ambulanzen, Lager und Werkstätten für dringend notwendige Reparaturarbeiten. Die Tatsache, dass die wichtigen Stellen weit auseinanderliegen, ermöglicht eine dezentrale Verwaltung, nicht nur in den Kasernen, sondern auch in den umliegenden Blockhäusern. Das Organisationsschema ist überall dasselbe, das Menschenmaterial jedoch unterschiedlich, und so entsteht in jeder Kaserne ein eigenes Milieu.

Die Hannoveraner Kaserne beherbergt dreitausend Arbeiter. Die, die als Erste angekommen sind, haben die hellen Schlafsäle mit Fenstern in Besitz genommen, die Wiener müssen sich mit den

Lagern im Erdgeschoß zufriedengeben. In der Hamburger Kaserne sind viertausend junge Frauen untergebracht. Hier haben die Männer nur zu gewissen Uhrzeiten Zutritt, in gewissen kleinen Kammern sind Besuche jedoch immer gern gesehen.

In der Geniekaserne sind neunhundert Tuberkulosekranke untergebracht. Ungefähr siebenhundert Alte drängen sich in den finsteren Kasematten der Jägerkaserne, warten darauf, von der Lausplage befreit zu werden, aber oft ist der Tod schneller. Die Experten raten den Besuchern zur Vorsicht, die Parasiten verlassen schnell die erkaltenden Leichen und suchen Zuflucht auf warmen, lebenden Körpern. Das Zeughaus und die Bodenbacher Kaserne sind Siechenheime für Frauen aus Deutschland. Um die Dresdener Kaserne streiten sich das Gesundheitswesen, das hier unheilbar Kranke unterbringen möchte, und die Raumwirtschaft, die den Raum für Arbeiter beansprucht. In der Kavalierskaserne hingegen sind nur Alte und Wahnsinnige untergebracht. Hier dominiert die deutsche Sprache. Die Kasematten waren ursprünglich Verteidigungsbauten, vorübergehender Unterschlupf für kämpfende Truppen, sie eignen sich nicht als Unterkunft. Die Judenhetze dauert nun schon viele Jahre ohne Unterlass, die Juden werden in den feuchten Kellern untergebracht. Im Erdgeschoß der Kaserne befindet sich die psychiatrische Station; die Trübsinnigen sind in der Überzahl, aber man sieht auch lächelnde Gesichter. Dr. Theodor Herzl hatte die Idee eines modernen Judenstaats geboren, seine Tochter starb auf der psychiatrischen Station der Stadt, die Hitler den Juden geschenkt hatte.

Ein spezielles Milieu ist in der Sudetenkaserne entstanden. Nicht weniger als viertausend slawisch sprechende junge Arbeiter waren hier untergebracht, zum Teil stammten sie noch von den Aufbautransporten, die im November 1941 aus Prag gekommen waren; diese Gruppe dominiert das Ghetto, sie ist stolz darauf, schon so lange hier und unverzichtbar für schwere Arbeiten zu sein. Magdeburg schaut ängstlich auf die Sudetenkaserne.

Magdeburg heißt so viel wie Viminale, Quai d'Orsay, Downing Street. Hier ist der Sitz des Ältestenrats, hier befinden sich die Kanzleien und die Zimmer der Funktionäre. In der Magdeburger Kaserne zu wohnen, ist eine Auszeichnung, der Beweis, dass man es geschafft hat. Hartnäckige Forderungen und ständiger Druck haben zu der grotesken Situation geführt, dass Kanzleien verlegt wurden, um Platz für Privatunterkünfte zu schaffen.

Die Privilegien der Prominenten waren immer wieder Anlass für Vorwürfe und Beschwerden. Allzu groß schien die Kluft zwischen den Lebensbedingungen in der Magdeburger Kaserne und den Umständen, in denen der Großteil der Insassen vegetierte; man konnte sich nicht damit abfinden, dass die Prominenten mehr Wohnraum zur Verfügung hatten und auf Kosten der anderen Zusatzrationen bekamen. Das alles stand in lebhaftem Widerspruch zu dem von Edelstein vertretenen Anspruch auf Normalisierung.

Uns, die wir vor vollendete Tatsachen gestellt wurden, versuchte man zu erklären, dass die Lagerkommandantur den Mitgliedern des Ältestenrats Wohnungen und bessere Verpflegung aufgedrängt hatte. Die Richtigkeit dieser Aussage konnte weder nachgewiesen noch widerlegt werden. In Augenblicken der Bedrängnis pflegte Edelstein jedenfalls zu sagen: »Verflucht sei der Tag, an dem wir in die Magdeburger Kaserne gezogen sind.«

Unangefochten war jedoch die Tatsache, dass die deutschen Stellen prominenten Juden Einzelunterkünfte gewährten. Hier wohnten der ehemalige tschechische Justizminister Meissner; eine Verwandte des Dichters Gerhart Hauptmann, ein berühmter Geograf, der mit dem Entdecker Sven Hedin, einem Freund Hitlers, befreundet war; ein Philosophieprofessor; ein Generalmajor und Oberst, der höchstdekorierte Offizier der österreichisch-ungarischen Armee. Später kamen der Ex-Minister der französischen Handelsmarine und ehemalige Bürgermeister von Le Havre dazu, der ehemalige Vizegouverneur von Niederländisch-Indien, der Rechtsberater von Königin Wilhelmina und schließlich der Kammergerichtsrat des Reichs, der 1933 den Prozess wegen des Reichstagsbrandes geführt und dem man später nachgewiesen hatte, dass er ein paar Tropfen jüdischen Bluts in den Adern hatte. Der Erfinder des Aspirins hingegen galt nicht als Prominenter.

Ein berühmter Hämatologe, ein Nobelpreiskandidat, starb in den Kasematten der Kavalierskaserne. Recht auf Prominentenstatus hingegen genoss die Witwe des Münchner Polizeipräsidenten, der auf Hitlers Anordnung im Juli 1934 umgebracht worden war, ein junges Mädchen, ein Mischling, das von einem Flieger verführt worden war; die Mutter eines deutschen, in Indien stationierten Agenten, sowie eine ehemalige Botschaftssekretärin, ebenfalls eine ehemalige Spionin. Vornehme Deutsche, die mit einer Scheidung die Schande der jüdischen Versippung getilgt hatten, waren heilfroh, dass sie ihr schlechtes Gewissen beruhigen konnten, immerhin hatten sie für ihre Ex-Gattinnen nicht nur die Verlegung in die Kurstadt Theresienstadt, sondern auch einen Sonderstatus erwirkt.

Die Prominenten mussten sich keine Sorgen machen, nach Polen deportiert zu werden; in diesem Milieu fehlte es jedoch an Voraussetzungen, um sich im Sumpf des Ghettos über Wasser zu halten. Die Folgen: Hunger, Krankheiten, Todesfälle.

Wer in der Magdeburger Kaserne keine Unterkunft fand, erkämpfte sich manchmal die Möglichkeit eines Familienlebens, indem er vom Erdgeschoß oder dem ersten Stock eines Hauses auf den Dachboden zog. Vielen jungen Leuten gelang es, sich Baumaterial zu beschaffen und kleine Winkel abzuzäunen, sich kleine Mansarden oder Liebesnester zu bauen. Andere Paare blieben nur deshalb am Dachboden, um zusammen zu sein, denn in den Häusern gab es getrennte Schlafsäle. Gruppen von zehn bis fünfzehn Familien lebten unter den Dächern, auf diese Weise umgingen sie die Geschlechtertrennung. Abstellräume unter Treppen und Rumpelkammern galten als Luxusbehausungen, ein Sonderfall war der Junggeselle, der in einem Leichenwagen schlief.

Angemaßte Rechte, flüchtige Privilegien, mit List und Tücke erschlichene Vorteile, absurde Arrangements. Der Grund dafür war nicht nur Überlebenswille, sondern auch die Gewissheit, nicht überleben zu können, der Wunsch, sich rechtzeitig ein paar heitere Tage, eine Liebesnacht oder zumindest die Möglichkeit auf ein Lesestündchen zu sichern, denn in der Woche darauf war es vielleicht schon zu spät. Einerseits herrschte die resignierte Überzeugung, dass man früher oder später in den Transport eingereiht werden würde, andererseits machte sich hin und wieder auch irrationaler Optimismus breit: *Vielleicht sagen sie die Wahrheit. Vielleicht fahren die Leute nicht nach Polen, sondern zum Arbeiten in die bombardierten deutschen Städte ... – Aber es ist durchaus wahrscheinlich, dass es noch ein Ghetto wie Theresienstadt gibt und dass sie die Juden dorthin bringen ... – Dieser Transport ist etwas ganz anderes, es sind Reichsbürger, keine* Bürger feindlicher Staaten ...

Zeitungslektüre war im Ghetto nicht erlaubt, doch hin und wieder tauchte eine Zeitung auf, die Tage, Wochen oder Monate alt war. Das Datum war uninteressant, denn wenn vor einem Monat in Tripolis gekämpft worden war, hieß das, dass die Amerikaner schon in Sizilien gelandet waren ... – *Habt ihr gehört, Berlin ist bombardiert worden ... – Die Russen überqueren die Weichsel ... – Schaut, die Lagerleitung hat die Fahne eingezogen ... – Es kann sich nur noch um Stunden handeln ...* – Ein paar Stunden später war der Riss geflickt und die Hakenkreuzfahne flatterte wieder über dem Gebäude der Kommandantur. Niemand frohlockte mehr; die, die sich keine Illusionen machten, hatten wieder das Sagen.

Man war verurteilt, es hatte keinen Sinn, sich einen Rest der Henkersmahlzeit für später aufzuheben. Man versuchte bei jeder Gelegenheit, alles Mögliche an sich zu raffen, denn schon am Abend konnte der nächste Transport zusammengestellt werden. Zukunft gab es keine, die Gegenwart hieß Theresienstadt, deshalb blieb nur noch die Vergangenheit. Da die Menschen mit ihrer Fantasie nicht nach vorne blicken konnten, wo der Abgrund gähnte, schauten sie zurück, um die Vergangenheit neu zu gestalten. Bei der Abfahrt nach Theresienstadt waren den Juden alle Papiere abgenommen worden. Niemand konnte beweisen, dass er ein gewisses Amt bekleidet oder ein Diplom erhalten hatte, und so konnte sich jeder mit Verdiensten und Titeln schmücken, ohne fürchten zu müssen, der Lüge überführt zu werden. Deshalb waren in Theresienstadt alle möglichen Berufe vertreten. Beim abendlichen Flanieren vor der Magdeburger Kaserne traf man einen berühmten Alpinisten, einen Olympioniken, einen Polarforscher, einen Wünschelrutengänger, einen echten Feldmarschall, einen Erbauer von Geheimwaffen sowie einen Fabrikanten, der Fliegenköder herstellte. Vielleicht war der kleine, in Lumpen gekleidete Mann, der schüchtern etwas abseits stand, tatsächlich ein Universitätsprofessor gewesen. Der selbstsichere Typ hingegen, der von sich behauptete, »Spitzenchef« gewesen zu sein, war ziemlich sicher ein Betrüger. Nur die Position, die man in der Ghettohierarchie errungen hatte, war eindeutig und deshalb der einzige Grund für Ansehen und Macht.

Unter den Mitgliedern des Ältestenrats und den hohen Funktionären gab es ein Protokoll mit präzisen Regeln, die festlegten, wer wem einen Besuch abstatten und wann dieser Besuch erwidert werden musste. Die Matrikel besaßen auf den neuesten Stand gebrachte Karteien, um bei Bedarf Informationen zum Geburtstag einer wichtigen Persönlichkeit liefern zu können. Es gab Empfänge, bei denen nur mit Saccharin gefärbtes Wasser und eine dünne Scheibe Brot gereicht wurden. Köche, Lagerarbeiter und ihre Freunde verzehrten jedoch ein kleines Stück Torte, »die ist mit dem letzten Paket gekommen«. Ganz eindeutig ein Diebstahl, aber niemand kümmerte sich darum, denn es galt nicht als verwerflich, ein Gesetz zu brechen oder ein Verbot zu umgehen.

Schmuggel war eine Lebensnotwendigkeit. Gendarmen, Chauffeure, auswärts eingesetzte Arbeiter und andere nahmen

Wertgegenstände und ausländische Banknoten in Empfang, die wunderbarerweise nicht konfisziert worden waren, und brachten am Tag darauf die gewünschte Ware, sogar Parfum und Lippenstift für die Damen. Besondere Bedeutung hatte der Zigarettenschmuggel, denn im Ghetto wurden dreißigtausend Zigaretten am Tag geraucht. Möglichkeiten, Tabak hereinzuschmuggeln, gab es genug: im Sitz des Pferdekutschers oder im Kummet des Pferdes, im Inneren eines Badeofens oder in einem Mehlsack. Der Schmuggel zieht sich wie ein roter Faden durch die Geschichte Theresienstadts. Hin und wieder flog einer auf. Festnahmen, Verhöre, Misshandlungen und Deportationen. Die Gefallenen wurden ersetzt, und der Schmuggel ging fröhlich weiter. Schon Jahrtausende davor hatten die Menschen ihr Leben riskiert, um Bernstein aus dem nebeligen Norden in den sonnigen Süden zu transportieren, sie waren über die Hänge des Hindukusch geklettert, um Seide vom Pazifik ans Mittelmeer zu bringen. Zu allen Zeiten gab es Menschen, die den Tod in Kauf nahmen, nicht nur um Gegenstände des täglichen Bedarfs herbeizuschaffen, sondern um die Eitelkeit und Lasterhaftigkeit ihrer Kunden zu befriedigen. Im Ghetto wurde Blut vergossen, um an Zigaretten heranzukommen. Die SS verfolgte die Schmuggler mit Feuereifer, aus Furcht, die Kontakte zwischen den Insassen Theresienstadts und den Menschen in der Umgebung könnten nicht nur geschäftlicher, sondern auch politischer Natur sein. Mit Zigaretten hätten auch Waffen oder subversive Gedanken hereingeschmuggelt werden können. In der Lagerkommandantur wusste man, dass der Tausch von Zigaretten gegen Brot fast offiziell vor sich ging, mit alltäglicher Routine.

In der Lagerkommandantur wusste man … – In einer Welt mit moralischen Grundsätzen ist es nicht schwierig, Werte aufrechtzuerhalten; angesichts des absolut Bösen bestehen jedoch nur die wenigsten die Prüfung. Die Menschen im Ghetto denunzierten einander aus Gewinnsucht, in erpresserischer Absicht, in der Hoffnung, Protektion von der Lagerkommandantur zu erhalten, aus Rache oder Gedankenlosigkeit. Die Arbeiter, die im Elektrizitätswerk, in der Landwirtschaft oder in der Motorkolonne tätig waren, wurden ständig von den Deutschen überwacht. Mithilfe von Arbeitskräften aus dem Ghetto kontrollierten Gendarmen und SS-Männer die ankommenden Pakete und durchsuchten Koffer. Diese Nähe stellte eine Versuchung dar, und nicht jeder konnte ihr widerstehen. Ein vager Verdacht reichte, um einen mutmaßlichen Spitzel zu ächten; sobald der Kontakt mit der Lagerkommandantur jedoch als erwiesen galt, waren plötzlich alle freundlich, suchten die Freundschaft der wichtigen Persönlichkeit. Keiner hatte ein reines Gewissen, jeder konnte denunziert werden.

In einem gewissen Milieu galt die Denunziation einer Person oder einer Gruppe sogar als legitime Waffe im Überlebenskampf. Die böhmischen Juden etwa hielten Theresienstadt für einen Teil ihrer Heimat und betrachteten die Berliner Juden als Eindringlinge. Die Jungen wollten sich nicht damit abfinden, dass sie sich für die Alten opfern mussten, die zwar nicht Nazis, so doch Reichsdeutsche waren. Die hingegen, die in Deutschland den berühmten Vertrag unterzeichnet und auf alles verzichtet hatten, um im Ghetto versorgt zu werden, fühlten sich nicht nur von Eichmann, sondern auch von feindseligen Juden reingelegt und betrogen.

Keine Absurdität war in Theresienstadt von vornherein ausgeschlossen. Im Ghetto gab es sogar eine antisemitische Strömung, die von Personen getragen wurde, die von den deutschen Behörden irrtümlich, aus Bosheit oder aufgrund falscher Gesetzesauslegung für Juden oder jüdischer Herkunft gehalten wurden.

– Judensau … – Pardon, aber ich bin eine deutsche Dame, ich lasse mich nicht von einem jüdischen Arzt untersuchen … – Der Führer hat Theresienstadt uns Deutschen geschenkt, für die Juden hätte ein polnisches Ghetto gereicht.

Für diese Leute war das Judentum eine Obsession, ein Albtraum, dem man entfliehen wollte. – Entfliehen? Es gab kein Entfliehen,

Festungsgräben umschlossen die Stadt, Schranken und Stacheldrahtzäune versperrten die Straßen.

Damit die Absperrung noch besser funktionierte, wurde die Landstraße Leitmeritz–Prag, die ursprünglich quer durch die Stadt geführt hatte, umgeleitet und verlief nunmehr am Rande des Ghettos, in unmittelbarer Nähe der Dresdner Kaserne. Hier stand oft eine arische Mutter, in der Hoffnung, ihren Sohn zu sehen, dessen Vater Jude war. Er war im Ghetto und trat vielleicht an ein Fenster. Glück hatte, wer mithilfe geheimnisvoller Freunde eine Begegnung aus der Ferne einfädeln konnte.

Die Schranke ist gehoben worden, der Gendarm macht der Arbeiterkolonne, die von einer Baustelle außerhalb des Ghettos zurückkehrt, ein Zeichen, sie möge hereinkommen. Offensichtlich haben die Arbeiter es eilig, sie brechen sofort aus der Reihe aus und verschwinden im Laufschritt. Der Gendarm hat sie nicht einmal zählen und ihre Anzahl auf dem Durchlassschein überprüfen können, aber er macht sich keine Sorgen, wird schon keiner fehlen. Nein, es fehlt wirklich keiner, es ist sogar einer zu viel, der Sohn eines arischen Vaters, der es mit Hitlers ganzem Machtapparat aufnimmt, um einen Tag mit seiner Mutter in Theresienstadt zu verbringen. Die Liebe siegt über den Hass.

Egoisten, Größenwahnsinnige, Intriganten, Verräter und jüdische Antisemiten: Das sind die schwärenden Wunden auf dem blutenden Körper des Ghettos. So verläuft das von Eichmann gewollte und in allen Details geplante Experiment. Sein Rezept: Man mische Juden mit unterschiedlicher Muttersprache und von unterschiedlicher Herkunft, füge eine Prise Nicht-Juden hinzu und lasse das Gemisch auf kleiner Flamme köcheln; man schöpfe nach Belieben ab, passiere – der Rest landet im Ofen. So formulierte es ein junger Maler, der mir eine Zeichnung zeigte: Eichmann rüttelt ein kleines Sieb, durch das die Juden in einen Abgrund mit der Aufschrift »Osten« purzeln.

Künstler, Dichter, Wissenschaftler und Facharbeiter waren kritische Beobachter und Gegner des Ältestenrats. Dennoch gingen alle Verdienste der Ghettoverwaltung – Vergrößerung des Wohnraumes, Einbau von Sanitäranlagen und Wasserleitungen, ein perfektes Gesundheitssystem sowie ein reges Kulturleben – auf sein Konto.

Es war nicht leicht, unter den herrschenden Umständen zu arbeiten, noch schwieriger war es jedoch, andere zur Arbeit anzuhalten und sie zu überwachen. Solange Befehle der SS auszuführen waren, konnte man sicher sein, dass die Arbeiter alles taten, um es sich nicht mit den Chefs zu verderben. Manche Handwerker versuchten sogar, sich auf jede erdenkliche Weise ins rechte Licht zu rücken, um von Seidl ein anerkennendes Lächeln zu erhalten, und manchmal gelang es ihnen sogar, von der Transportliste gestrichen zu werden. Für einen Arbeiter konnte es gefährlich werden, wenn er etwa beim Bau eines Kinos, das für die SS-Männer und die Angestellten der Lagerkommandantur bestimmt war, keinen Feuereifer an den Tag legte. Wenn ein Handwerker mit so einer Arbeit beauftragt wurde, konnte er immer auf die Hilfe seiner Vorgesetzten und auf die Disziplin seiner Untergebenen zählen.

Bedauernswert war jedoch der arme Teufel, der es sich in den Kopf gesetzt hatte, eine neue Trinkwasseranlage für die Juden zu bauen. Zuerst musste er lange antichambrieren, um mit dem Abteilungsleiter sprechen zu können, dann musste er sich auf die Lauer legen und ein Mitglied des Ältestenrats abfangen, denn dieser musste das Projekt genehmigen. Wenn alles gut ging, bewilligte die Arbeiterzentrale nach Monaten einen Teil der notwendigen Arbeitskräfte. Natürlich hatten die Deutschen kein besonderes Interesse an diesen Arbeiten, und das zuständige Mitglied des Ältestenrats hütete sich davor, das Tempo zu beschleunigen. Das Kalkül war einfach: Wenn ein paar Alte, die in Erwartung einer neuen Behausung irgendwo zusammengepfercht schliefen, starben, während die Assanierungsarbeiten stagnierten oder völlig zum Stillstand gekommen waren, waren die Deutschen schuld. Wenn jedoch jemand Druck auf die Arbeiter ausübte, um eine für das Ghetto nützliche Arbeit voranzutreiben, lief er Gefahr, als Sklaventreiber zu gelten und nach der Befreiung angezeigt zu werden. Das Risiko war zu groß, es lohnte nicht die Mühe. Die heimliche Propaganda, deren Ziel es war, die Deutschen zu sabotieren, lähmte die internen Arbeiten, denn die Lagerkommandantur ließ nicht mit sich spaßen; die Befehle, die von jenseits der Schranke kamen, wurden immer rechtzeitig befolgt. Der Boykott mündete in Selbstbeschädigung, denn die Deutschen wurden auf diese Weise nicht sabotiert, sondern man unterstützte sie noch dabei, die Juden im Ghetto zu quälen. Ein weiterer absurder Aspekt in Theresienstadt; Widerstand wurde zu Kollaboration.

Während die Handwerker immer gegen Widerstände ankämpfen und oft alles im Alleingang machen mussten, konnten die Ärzte auf ein gewisses Verständnis vonseiten der Lagerkommandantur, aber auch seitens des Ältestenrats zählen, denn sie konnten bei jeder Gelegenheit das Gespenst von Epidemien heraufbeschwören. Um eine Gefahr zu bannen, die nicht auf das Gebiet des Ghettos beschränkt war, sondern auch die deutschen Einwohner von Leitmeritz bedrohte, waren die zuständigen Stellen immer bereit, die Vorschläge der Ärzte wohlwollend zu prüfen.

Krankenhäuser, Ambulanzen, Operationssäle, Krankenstuben, Labors, Zahnarztpraxen und Röntgenstuben, gut ausgestattete Apotheken; eingerichtet mit dem Gerät, das man in den Krankenhäusern der liquidierten jüdischen Gemeinden konfisziert hatte. Nur Bakteriologie gab es keine. In den Händen der Juden konnten die Bakterien zu einer Geheimwaffe werden. Die Proben wurden nach Prag geschickt, dann musste man auf die Antwort der Universitätsklinik warten, bevor man bei unklaren Fällen eine Entscheidung traf. Die Antwort ließ immer auf sich warten, und manchmal blieb sie auch völlig aus. In der Zwischenzeit verschwanden die verdächtigen Symptome entweder oder wurden so stark, dass kein Zweifel mehr bestand.

Mit ganz wenigen Ausnahmen haben die Ärzte nie von ihrem Ansehen profitiert, um Vorteile oder Privilegien für sich herauszuschlagen. Unter ihnen befanden sich international anerkannte Wissenschaftler. Eine Bücherei und gut ausgestattete Labors standen ihnen zur Verfügung, sie hatten die Möglichkeit Fachzeitschriften zu lesen, sie setzten ihre Forschungen fort, berichteten in regelmäßigen wöchentlichen Sitzungen über ihre Ergebnisse und hielten Vorlesungen für junge Kollegen. Unter dem Vorwand, stets über die sanitären Bedingungen im Ghetto auf dem Laufenden sein zu wollen, hatte Seidl einen jüdischen Leibarzt angestellt, außerdem kamen immer wieder Gesandte der Zentralstelle in Berlin, um sicherzugehen, dass die Krankenhäuser gut funktionierten. Natürlich sorgten sie sich nicht um die Gesundheit der Juden, sondern ihr Interesse galt eventuellen Entdeckungen der Ghettoärzte. Sogar die Protokolle der wöchentlichen Sitzungen wollten sie sehen.

Im Rahmen des Gesundheitswesens waren nicht nur Siechenheime und Kindergärten vorgesehen, sondern auch Heime für Jugendliche, Knaben und Mädchen unter achtzehn Jahren. Dies deshalb, weil es unmöglich war, Unterricht und Bildung zu gewährleisten. Die Hauptaufgabe des Musterghettos bestand ja darin, Voraussetzungen für die Verrohung und den körperlichen Verfall der Juden zu schaffen, sodass Hass und unmenschliche Verfolgung gerechtfertigt schienen. Schulbildung und jegliche Form von Unterricht hätten dem widersprochen und waren somit strengstens verboten. Unter diesen Umständen galt jede Zusammenkunft von Jugendlichen zu Unterrichtszwecken als subversives Komplott und wurde dementsprechend bestraft. Die vier Heime, die in den besten Häusern der Stadt untergebracht waren, gleich neben der Lagerkommandantur, waren somit nichts anderes als weitere Glieder in der Kette der Absurditäten, die wir bereits kennen.

Nur Mütter von Kindern unter vier Jahren waren vom Arbeitszwang befreit. Damit die anderen Frauen arbeiten konnten, musste man die Kinder aus den gemeinsamen Schlafsälen entfernen und sie in extra dafür eingerichteten Kindergärten unterbringen. Der Lagerkommandantur gegenüber rechtfertigte man diese Maßnahme mit dem dringenden Bedarf an Arbeitskräften. Als Betreuer wurden Lehrer und Aktivisten der zionistischen Jugendbewegung angestellt. Unter dem Vorwand, die Kinder irgendwie beschäftigen zu müssen, trotzte das Lehrpersonal allen Strafandrohungen und gestaltete insgeheim einen Unterricht, der trotz beschränkter Möglichkeiten modernsten Kriterien entsprach. Die Idee, auch Knaben und Mädchen bis achtzehn Jahre in eigenen Heimen unterzubringen, stammte hingegen von den deutschen Juden; sie wurde mithilfe eines geschickten Schachzugs Edelsteins realisiert.

Arbeitskräfte, die in einem landwirtschaftlichen Betrieb beschäftigt waren, der formell zum Ghetto gehörte, verließen Tag für Tag das Lager, um auf verschiedenen Parzellen die den Jahreszeiten entsprechenden Arbeiten durchzuführen. Es gab Gartenbau, Schweine- und Hühnerzucht, Bienenzucht, Seidenraupenzucht. Jüdische Hirtenmädchen hüteten eine Schafherde aus Lidice, einem Dorf, das nach dem Heydrich-Attentat von den Deutschen dem Erdboden gleichgemacht worden war. Eichmann hatte Mittel aus dem Auswandererfonds investiert, damit es im Musterghetto nicht nur eine Bank, sondern auch Landwirtschaft gab. Die Früchte des Landes gelangten aber nur dann nach Theresienstadt, wenn die Ernte so schlecht oder verdorben war, dass sie selbst in Kriegszeiten unverkäuflich war. Die jüdischen Tagelöhner wurden regelmäßig durchsucht, trotzdem bot sich immer wieder die Gelegenheit, ein Stück Obst oder frisches Gemüse einzustecken, lauter Dinge, die es im Ghetto nicht gab.

Die Zuweisung zu landwirtschaftlicher Arbeit galt als Privileg, denn auf diese Weise konnte man dem Brodem des Ghettos entkommen, frische Landluft atmen und hin und wieder von einem Apfel abbeißen. Der Einsatz junger Arbeitskräfte auf den Feldern erschien Edelstein wie die Verwirklichung eines uralten Traumes: Vorbereitung für das zukünftige Leben in Palästina. Jeden Morgen zogen die Jugendlichen in Reih und Glied singend über die Straßen Theresienstadts. Sobald die Jugendlichen einmal der Gruppe angehörten, war ihre kollektive Unterbringung aus der Sicht der Lagerkommandantur eine Frage der Disziplin, eine Maßnahme, die die Aufgabe des deutschen Landwirts, der die Arbeiten überwachte, erleichtern sollte. Außerdem gab es ja schon die Elektrikertruppe, die auf Anweisung der Deutschen in kollegialer Weise zusammenwohnte.

Die Schlafsäle in den Jugendheimen waren organisiert wie Klassen einer Mittelschule oder einer technischen Lehranstalt. Die Hausmeister waren in Wirklichkeit erfahrene Lehrer. Der Unterricht, der aus einzelnen Vorträgen bestand, tarnte sich als Freizeitgestaltung; unter verschiedenen Bezeichnungen wurde er der Dienststelle schmackhaft gemacht und von dieser formal bewilligt. Offiziell gab es auch Lehrwerkstätten für Jugendliche, die die Mechanik der Landwirtschaft vorzogen; die Aufgaben waren allerdings Augenauswischerei.

Leibeserziehung galt als paramilitärische Tätigkeit und war natürlich aus dem Unterrichtsprogramm verbannt. Nur Fußballspielen war erlaubt, denn meiner Meinung nach glaubte man, Fußball würde Leidenschaften und Eifersucht schüren; ein Mittel unter anderen, um die Insassen des Ghettos gegeneinander aufzuhetzen. Die Begeisterung für diesen einzig erlaubten Sport war groß. Die Erwachsenen bildeten Mannschaften nach Herkunftsländern und Berufsgruppen; auf zwei Fußballplätzen wurde eine beinahe regelkonforme Meisterschaft mit drei Ligen veranstaltet, unter Aufsicht eines ehemaligen internationalen Schiedsrichters des Wiener Fußballverbands. Die jeweiligen Schulklassen hingegen bildeten kleinere Mannschaften, die gegeneinander antraten. Wenn ich mich richtig erinnere, wurden diese Matches nach dem Vorbild eines Wettkampfs zwischen einzelnen Stadtvierteln veranstaltet. Das Spielfeld auf der Bastion in der Nähe der Straße nach Bauschowitz war sonntags immer für die Matches der Jugendlichen reserviert.

Die Mannschaften, die schon in Theresienstadt die Namen der zukünftigen palästinensischen Kolonie trugen, waren für Edelstein eine Brücke in die Zukunft, aber auch die tschechischen Nationalisten nährten die Hoffnung, dass ihnen die geheimen Jugenddemonstrationen am 7. März (dem Geburtstag des Präsidenten Masaryk) oder am 28. Oktober (der Gründung der Republik) am Tag des Jüngsten Gerichts, der Befreiung Prags, angerechnet werden würden. Knaben und Mädchen waren natürlich getrennt untergebracht; innerhalb der einzelnen Heime waren die Klassen nach der Muttersprache, Tschechisch oder Deutsch, eingeteilt, und auch das erscheint logisch. Das Absurde, das in Theresienstadt unweigerlich immer wieder in Erscheinung tritt, offenbart sich jedoch in der Unterteilung der Tschechen in eine zionistische und eine nationalistische tschechische Gruppe. In Masaryks oder Benešs Tschechoslowakei hatte nie jemand daran gezweifelt, dass die zionistischen Juden dem Staat gegenüber loyal waren. In Theresienstadt hingegen waren diese Widersprüche die Auswüchse einer krankhaften Zurschaustellung von Patriotismus, eines Wettbewerbs. Bei diesem Wettbewerb hatte der, der als Erster gekommen war, das Recht, die Verlierer anzuklagen, die sich schuldig gemacht hatten, nicht genug für die Nation getan zu haben, bloß weil sie später gekommen waren. Die Angst, nicht mithalten zu können, beherrschte auch die Lehrer; manche tschechische Jugendmannschaften weigerten sich, mit anderen Mannschaften zu spielen, die zwar ebenfalls Tschechisch sprachen, aber den Namen eines biblischen Dorfes trugen.

In dem Schlaraffenland, in dem die Jugendlichen lebten, tauchte die hässliche Wirklichkeit des Ghettos immer wieder auf und führte zu überraschenden Widersprüchen, doch andererseits muss man auch anerkennen, dass die kulturellen Aktivitäten und der Wissensdurst sich nicht nur auf die Gruppe der Jugendlichen beschränkten, sondern für die gesamte Gemeinschaft Theresienstadts kennzeichnend waren.

Im Musterghetto gab es natürlich auch eine Bücherei. Auf Eichmanns Befehl hin wurden ungefähr zweihunderttausend Bücher nach Theresienstadt gebracht, die man in Böhmen und in Deutschland konfisziert hatte; zum Großteil handelte es sich um wissenschaftliche Werke, aber es waren auch Romane jüdischer Schriftsteller darunter, die im Reich nicht verbreitet werden durften. Dank dieser Bücherei konnten ungefähr hundert Vorträge zu wissenschaftlichen und literarischen Themen gehalten werden. Die Themen dieser Vorträge reichten von »Aus der Welt der Papyri« bis zu »Petroleum: Weltbedarf und Deckung«. Es gab auch nostalgische Themen wie »Das Prag des 19. Jahrhunderts« oder »Das Berliner Aquarium«. Die Vorträge fanden, je nach Herkunft des Publikums, auf Deutsch oder Tschechisch statt, es gab jedoch auch einen Vortrag auf Französisch: »Das Kind in der Literatur« und die Rezitation aus Homers Werken in der Ursprache. Angesehene Wissenschaftler hatten die Möglichkeit, sich im wissenschaftlichen Zirkel auszutoben, einem kleinen Forum für gelehrte Abhandlungen.

Eine Welt für sich bildeten die Künstler. Der Gegensatz von naturalistischer Malerei und modernen Strömungen wurde in Theresienstadt noch dadurch verstärkt, dass die Gruppe der »akademischen« Maler kaum Kontakt zum kulturellen Leben des Ghettos hatte, da sie damit beschäftigt waren, Arbeiten für die SS-Männer auszuführen, die zum privaten Gebrauch oder zum Verkauf bestimmt waren. Die jungen Maler hingegen zeigten auf ihren Zeichnungen schonungslos das wahre Antlitz Theresienstadts, ohne die Finten der SS, ohne trügerischen Optimismus und ohne Hoffnungen auf kurzlebige Vergünstigungen, die einem kleinen Kreis von Privilegierten vorbehalten waren.

Es gab nur ganz wenige Bildhauer; der bekannteste, Zadikow, erhielt den Auftrag, ein Modell eines Stadions zu schaffen. Nach dem Tod des Künstlers wurde es bei einer Ausstellung in der Lagerkommandantur gezeigt, um eventuellen Besuchern Eichmanns Version der Lagerwirklichkeit vorzuführen, nämlich ein Stadion für streng verbotene Sportarten.

Die bildende Kunst spielte im Lager keine große Rolle; sehr beliebt war jedoch Musik in allen möglichen Varianten: Werke von Beethoven, Händel, Dvořák, Oratorien von Haydn, Mendelssohn und Verdi; Opernaufführungen, meist in konzertanter Form, mit Klavierbegleitung und Sängern ohne Kostüm. Ein Symphonieorchester und szenische Aufführungen gab es erst später. Bei den patriotischen Zusammenkünften der Tschechen stand stets Smetanas Nationaloper »Die verkaufte Braut« auf dem Programm. Aber auch im Reich der Klänge machten sich neue Strömungen breit, vertreten durch junge Komponisten. Den Höhepunkt bildete die Jazzband »The Ghetto Swingers«.

Beim Theater verlief die Trennung zwischen Tradition und Erneuerung entlang der Sprachgrenze. Progressiv und dynamisch waren die Jugendlichen böhmischer Herkunft, konservativ hingegen Schauspieler und Regisseure aus Reichsdeutschland. Auf den Bühnen kleiner Theater, die man auf Dachböden eingerichtet hatte, wurden Werke von Molière, Shaw, Hofmannsthal, Molnár und Herzl aufgeführt und darüber hinaus auch Theaterstücke, die in Theresienstadt entstanden waren. Von eigentümlichem Geschmack zeugte eine Wiener Operette: »Das Ghetto-Mädel«. Die traditionellen Husaren wurden durch die Ghettowache ersetzt, und in den Liedern wurde auch auf gewisse Transporte angespielt, die von Theresienstadt in Richtung Osten abgingen.

Vor allem im Bereich der leichten Muse kamen viele Werke zur Aufführung, die in Theresienstadt entstanden waren. Mit Ironie und Spott nahm man all jene aufs Korn, die im Ghetto eine echte oder angemaßte Position innehatten. Junge Avantgardisten und alte Theaterveteranen wetteiferten darin, Wahrheiten scherzhaft zum Ausdruck zu bringen, die man nicht hätte äußern können, ohne sich Feinde zu machen. Auf einem improvisierten Podium, in Kasernenhöfen oder vor den Häusern traten Künstler auf, denen früher auf den Bühnen europäischer Hauptstädte zugejubelt worden war.

Ein Varietéprogramm in einem Krankensaal. Die Sängerin wartet auf ihren Auftritt, stützt sich dabei auf den Kopfteil eines Betts, in dem offenbar niemand liegt. Eine hastige Bewegung der Künstlerin, um auf das Podium zu gehen, die Decke verrutscht, darunter zeichnen sich die Umrisse eines Toten ab. Der Patient war nur wenige Minuten vor Beginn der Aufführung gestorben, die Krankenschwester hatte es gut gemeint und ein buntes Tuch über das Bett gebreitet. Der Tote unter der Decke musste als Kulisse für das Varieté herhalten. Wir sind in Theresienstadt; der Thespiskarren ist hier nichts anderes als ein verkleideter Leichenwagen.

Kapitel VII

SIEDLUNGSGEBIET

Eine »Premiere« im kleinen Theater auf dem Dachboden der Dresdener Kaserne; eine in Theresienstadt entstandene Revue steht auf dem Programm. Der Vorhang öffnet sich, drei Männer sitzen am Tisch, blicken einander schweigend an. Die Zeit vergeht; umsonst wartet das Publikum auf eine Geste, ein Wort; die drei sehen sich nach wie vor unbeweglich an. Schließlich fällt der Vorhang über dem tristen Szenario, das Publikum lacht. So stellte sich die Situation in Theresienstadt Anfang 1943 dar, aber einen wirklichen Grund zum Lachen gab es nicht.

Edelstein befand sich in einer ausweglosen Situation. 1941 hatte er die Gründung eines Lagers vorgeschlagen, um die böhmischen Juden vor der Deportation zu retten. Theresienstadt hatte sich jedoch als Zwischenstation für die unheimlichen Transporte in Richtung Osten entpuppt. Es war eine schreckliche Aufgabe, die Listen mit den Namen derer zu erstellen, die sich in den Transport einreihen mussten; der Ältestenrat hatte die Aufgabe in der Hoffnung übernommen, Personen zu retten, deren Überleben im Hinblick auf den tschechoslowakischen Staat wichtig oder im Sinne des Judenstaates von Interesse war. Die alten Juden aus Reichsdeutschland, die keinem der beiden Kriterien entsprachen, wurden geopfert. Als Edelstein als Judenältester abgelöst wurde, offenbarte sich das Scheitern dieser Hoffnungen. Blieb nur noch die Bürde der davor getroffenen Entscheidungen und die zweifelhafte Genugtuung, dem Vertreter der deutschsprachigen Gruppe das Leben schwer zu machen.

Eppstein stand einem unflexiblen Verwaltungsapparat vor und war ständig Feindseligkeiten ausgesetzt, er war gewiss nicht zu beneiden. Seidl fasste Edelsteins Ablösung als eine Art persönlichen

Affront auf, er hatte genug Möglichkeiten, seinen Widerwillen gegen den Wechsel zum Ausdruck zu bringen. Eine Woche Arrest dafür, dass man auf den Boden gespuckt hatte, Ausgehsperre, eine sechswöchige Stromsperre und Theaterverbot als Strafe für einen Fluchtversuch: In solchen Situationen musste der Judenälteste sein Bestes geben, um die Strafe zu lindern. Eppsteins Interventionen blieben in der Regel erfolglos, Seidl wollte ja, dass sich die Dinge unter dem neuen Judenältesten deutlich sichtbar verschlechterten.

Unter diesen Umständen wurde nicht einmal mir das Leben leicht gemacht. Aufgrund der Aufteilung der Verwaltungskompetenzen, die ich bei meiner Ankunft als vollendete Tatsache vorgefunden hatte, war ich als Dezernent für die Abteilungen Technik und Gesundheitswesen vorgesehen. Die Ingenieure galten als widerspenstig, die Ärzte kämpften gerade gegen eine Typhusepidemie.

Im Februar gab es nicht weniger als 500 Typhusfälle. Seidl geriet in Panik und benachrichtigte Eichmann. Blitzbesuch des Obersturmbannführers, die üblichen Drohungen, das ganze Ghetto mitsamt seinen Insassen in Schutt und Asche zu legen, und schließlich der Befehl, der Typhusepidemie augenblicklich ein Ende zu setzen. Schon am nächsten Tag hatte sich die Situation merklich verbessert, nach wenigen Tagen konnte man sie als normal bezeichnen. Kein Wunder, waren doch die täglich vorgelegten Statistiken gefälscht. Solange die Epidemie auf das Ghetto beschränkt blieb, taten die Deutschen so, als würden sie den von uns angegebenen Zahlen Glauben schenken.

Im April 1943 wurde ich zum Rapport in die Lagerkommandantur bestellt, dort teilte man mir mit, dass 60 000 Bücher – alle in hebräischer Sprache –, die in Büchereien in Deutschland, Polen und Holland beschlagnahmt worden waren, vorübergehend in Theresienstadt gelagert werden sollten. Ich wurde damit beauftragt, eine Gruppe erfahrener Hebraisten zusammenzustellen und die Bücher zu katalogisieren. Es hätte keinen Sinn gehabt zu erklären, dass ich mich zwar judaistischen Studien gewidmet hatte, jedoch nicht im Mindesten die notwendigen Kenntnisse für Katalogisierungsarbeiten besaß. Doch zum Glück waren in Theresienstadt wie gesagt alle Berufsgruppen vertreten; ein Kenner hebräischer Bibliografie rettete die Situation. Ich musste nur die Verantwortung gegenüber dem Referat VII (Kulturangelegenheiten) des Reichssicherheitsamtes in Berlin übernehmen und bekam die Möglichkeit, ein paar Stunden inmitten von Büchern zu verbringen – vorgeblich, um einen offiziellen Auftrag zu erfüllen.

Im selben Monat fand Eppstein, ein ehemaliger Dozent für Nationalökonomie, ebenfalls Gelegenheit, seine Kenntnisse unter Beweis zu stellen. Der Bank waren mehr als 50 Millionen Kronen in Banknoten übergeben worden, mit Jakob Edelsteins Unterschrift, ausgegeben von der Lagerverwaltung.

Die Ghettoinsassen wurden in nicht weniger als vierzig Gehaltskategorien unterteilt. An die Arbeitenden erfolgten Lohnzahlungen nach Maßgabe einer Lohnskala, auch für die Betreuten waren monatliche Bezüge vorgesehen. Der Tarif kombinierte Barauszahlungen und bargeldlose Gutschriften auf ein Sperrkonto der Bank, wozu jeder Ghettoinsasse eine Sparkarte ausgehändigt erhielt. Der Status der Prominenten, die von der Arbeit befreit waren, ohne deshalb zu Sozialfällen zu werden, verlangte große Aufmerksamkeit und wurde nie endgültig geklärt. Für die Insassen der psychiatrischen Station und die Waisen wurde ein Sachwalter bestellt, der die Zahlungen entgegennahm und ihre Ersparnisse verwaltete. Der Nachlass der Verstorbenen wurde auf ein eigenes Konto einbezahlt.

Damit war die Ausgabe der Banknoten abgeschlossen, allerdings wusste man nicht, wie man sie in Umlauf bringen und wie man den Rückfluss in die Bank gestalten sollte. Aus diesem Grund wurden Geldbußen für kleinere Vergehen eingeführt und Gebühren beim Erhalt eines Postpakets eingehoben; außerdem wurde der freie Eintritt bei Theateraufführungen und Konzerten abgeschafft. Das alles, weil es keine Möglichkeit gab, Waren zu erwerben, obwohl es Geschäfte mit Regalen und Auslagen gab.

Dabei wäre die grundsätzliche Frage der Deckung überhaupt nicht schwierig gewesen. Das von den Nazis verkündete Prinzip, die deutsche Währung sei von Arbeit gedeckt, galt *mutatis mutandis* auch für Theresienstadt. Als all diese Hindernisse überwunden waren, konnte die Bank schließlich fünfundvierzigtausend Konten mit ebenso vielen Sparkarten eröffnen und zur Auszahlung schreiten. In den ersten Tagen der Geldwirtschaft machten die Arbeiter, die zu Außenarbeiten eingesetzt waren, hervorragende Geschäfte. Die Banknoten mit dem Abbild Moses, der als polnischer Jude mit krummer Nase und Schläfenlocken dargestellt war, die Gesetzestafeln hochhielt und hinterlistig auf das Gebot »Du sollst nicht stehlen« zeigte, waren bei Sammlern sehr gefragt. Dem Bankdirektor im Ghetto hingegen brach der kalte Schweiß aus, denn er musste monatlich Bericht über den Umlauf der Banknoten ablegen. Wie sollte er Geldscheine verbuchen, die man im Kanal gefunden hatte? – Nicht nur damit musste sich der Ältestenrat bei seinen Sitzungen beschäftigen, sondern es galt auch andere Maßnahmen zu bewilligen: ein Arbeitsrecht, ein Dienstrecht für Verwaltungsbeamte, eine Gerichtsordnung für das Jugendgericht und die Normen für die Ghettowache.

Während Byzanz von türkischen Horden belagert wurde, unterhielten sich die Weisen über das Geschlecht der Engel … – Während die Probleme immer größer wurden, spielte der Ältestenrat, offenbar ohne äußeren Druck, bei Eichmanns Spiel mit, sprach monatelang über Themen, die reine Augenauswischerei waren. Robert Stricker, ein Mitglied des Ältestenrats, forderte dazu auf, die Alten gegen die Willkür und die Ungerechtigkeiten zu schützen, denen sie in den Küchen und bei der Essensausgabe ausgesetzt waren. Dadurch wurde der Bann gebrochen. Sein mehrmals wiederholter Aufruf wurde in einer Sondersitzung eilig diskutiert und ad acta gelegt. Der Ältestenrat entschied im Sinne des Musterghettos und wollte nicht gestört werden. Die Deutschen waren sich derweil uneins, worin die wahre Bestimmung des Ghettos bestand.

Die beträchtliche Anzahl der kranken und siechen Juden und die starke Belegung des Ghettos machen einen hohen Aufwand an Arbeitskraft und -zeit sowie an Medikamenten erforderlich, um einen Ausbruch von Seuchen, der die umliegende sudetendeutsche und tschechische Bevölkerung gefährden würde, zu unterbinden. (...) Ich bitte, zu genehmigen, zunächst 5000 über 60 Jahre alte Juden aus Theresienstadt abziehen und nach Auschwitz bzw. nach dem Generalgouvernement transportieren zu dürfen. Bei der Auswahl der für einen Abtransport in Betracht kommenden Juden wird, wie bei den früheren Transporten, darauf gesehen, dass ausschließlich Juden erfasst werden, die über keine besonderen Beziehungen und Verbindungen verfügen und keinerlei hohe Kriegsauszeichnungen besitzen.[9]

Der Reichsführer wünscht die Abtransportierung von Juden aus Theresienstadt nicht, da sonst die Tendenz, dass die Juden im Altersghetto Theresienstadt in Ruhe leben und sterben können, gestört würde.[10]

Am 8. April 1943 verlangte die Lagerkommandantur ein Verzeichnis aller berühmten Personen im Ghetto. – Ein Indiz dafür, dass Theresienstadt nach wie vor als provisorische Unterkunft für Juden galt, die zu bekannt waren, um nach dem Osten deportiert zu werden. Doch schon zwei Tage später sprach man wieder von Arbeiten für die Kriegsindustrie. Wie bereits 1941 geplant, sollten die Juden in Theresienstadt einen Beitrag zur deutschen Kriegswirtschaft leisten. Schon in den ersten Tagen des Ghettos hatte Eichmann etwas Ähnliches im Sinne gehabt und tausend Nähmaschinen in der Sudetenkaserne aufstellen lassen. Monatelang hatte man auf seinen Befehl gewartet, um mit der Produktion von Militäruniformen beginnen zu können. Doch der Befehl blieb aus, in Berlin hatte man es sich inzwischen anders überlegt. Die Nähmaschinen in dem feuchten Lager waren mittlerweile verrostet, und man nahm den ursprünglichen Plan wieder auf, hundertzwanzigtausend Kisten herzustellen, in die

Vorrichtungen zur Verhinderung des Einfrierens von Dieselmotoren verpackt werden sollten.

Auf dem Stadtplatz wurden drei Zirkuszelte aufgestellt. Die beiden seitlichen dienten als Lager, während in dem mittleren Zelt ein Fließband für die Verpackung der Vorrichtungen aufgestellt wurde. Anfang Juni wollte man mit den Arbeiten beginnen, am 30. Juni sollten sie abgeschlossen sein. Allerdings konnte man erst im Juli 1943 mit dem Verpacken beginnen; die letzten Kisten wurden Ende November abgeschickt. Schon die erste Materiallieferung war mit beträchtlicher Verspätung eingetroffen, und auch später blieb das Fließband immer wieder stehen, denn es fehlte das Zubehör, das man in den Kisten verpacken sollte. Wie oft in Theresienstadt der Fall, wurde das Unterfangen im Augenblick der Realisierung aufgegeben und mündete in eine Farce. Oft kamen Wehrmachtsoffiziere und Parteigrößen, um das Fließband zu inspizieren. Der Befehl, sich ja nicht zu beeilen, war ganz im Stil Theresienstadts, im Falle einer Inspektion musste immer unverpacktes Material zur Verfügung stehen. Angeblich musste man einmal sogar fertige Kisten wieder auspacken und von vorne beginnen, weil ein General vom Schauspiel im Zelt so hingerissen war, dass er sich länger als vorgesehen aufhielt.

Das Unterfangen mit den Kisten, das genauso scheiterte wie seinerzeit der Versuch, tausend Nähmaschinen zum Einsatz zu bringen, blieb intern nicht ohne Folgen. Aufgrund der Notwendigkeit, tausend Männer für dringende Arbeiten bereitzustellen, hatte der Judenälteste der ständigen Vergrößerung der Ghettowache, die mittlerweile aus sechshundert Mann bestand, ein Ende gesetzt. Loewenstein, der Leiter des Sicherheitswesens, hielt diese Abteilung für sehr wichtig, nicht nur im Sinne des Ghettos, sondern auch der Lagerkommandatur. Die Juden wussten, dass er Protektion genoss, deshalb wagte es niemand, sich dagegen aufzulehnen. Die Deutschen hingegen hatten Loewenstein schon abgeschrieben. Mit der Ernennung Eppsteins, der eben aus Berlin gekommen war, war

Loewensteins Aufgabe, der tschechischen, ursprünglich aus Prag stammenden Gruppe von Funktionären die Stirn zu bieten, erfüllt. Das Ansuchen, einen Teil der Ghettowache für notwendige Arbeiten freizustellen und die Truppe auf hundertfünfzig Mann zu reduzieren, wurde vom Lagerkommandanten sofort bewilligt, er ordnete sogar die Auflösung der Truppe an. Als Ordnerwache bestimmt wurden fünfzig Mann aus ihrer Mitte, alle über fünfundvierzig Jahre alt. Die jungen, im tschechoslowakischen Heer ausgebildeten Männer hätten gefährlich werden können. Man hatte die Gelegenheit beim Schopf gepackt und das Risiko vermindert: Jetzt bestand die Ghettowache nur noch aus hundertfünfzig Männern, alle in höherem Alter und zum Großteil aus Deutschland, nicht mehr aus Prag. Diese radikale Maßnahme, die den Untergang Loewensteins im Ghetto besiegelte, war die Folge einer nur scheinbar arglosen Äußerung Edelsteins: »Was sagen Sie dazu, Herr Obersturmführer, wie stramm unsere Ghettowache unter Loewenstein geworden ist?« Das hatte Seidl gereicht.

Edelstein, Seidl, Loewenstein. – Bei genauerem Hinsehen erscheinen ihre Strategien wie ein makabrer Totentanz, denn in diesem Augenblick waren alle drei bereits dem Untergang geweiht, wovon sie freilich keine Ahnung hatten. Doch bis dahin sollte es noch jede Menge Intrigen, Kämpfe, Drohungen, Einschüchterungen geben. Und alles auf Kosten der jungen Wachen, die am 5. September 1943 deportiert wurden.

Tatsächlich dauerte es nicht mehr lange, bis Seidl abgelöst wurde. Sein Nachfolger, Obersturmführer Burger, war berüchtigt, er galt als »Harter«, und niemand machte sich Illusionen bezüglich der Entwicklung der Dinge. Aus heutiger Sicht lassen sich die Niederschlagung des Aufstandes im Warschauer Ghetto und die blutige Liquidierung des Ghettos von Minsk im Mai 1943 sowie Burgers Ernennung im selben Monat als Teil einer allgemeinen Strategie gegen die Ghettos sehen, die sich als Widerstandsnester entpuppt hatten. Wir befinden uns jedoch in Theresienstadt, und hier triumphiert die Absurdität.

Burger war in Berlin zum Lagerkommandanten ernannt worden, er sollte die Verwaltung übernehmen. Den Juden wurde mitgeteilt: 1) Das Ghetto gehört der Vergangenheit an; von nun an spricht man von »jüdischem Siedlungsgebiet«. 2) Die Lagerleitung obliegt nicht mehr der SS, sondern vielmehr dem Protektorat Böhmen-Mähren, vertreten von einem friedlichen Dienststellenleiter. 3) Es ist verboten, die Deutschen zu grüßen; wer hingegen darauf besteht, läuft Gefahr, verhaftet oder deportiert zu werden. Alles hatte sich verändert. Wehe dem, der sich weigerte, dies zur Kenntnis zu nehmen. Prügel, Haftstrafen und Deportationen standen im neuen Siedlungsgebiet nämlich nach wie vor an der Tagesordnung.

Auch an Eichmanns Methode, die Ghettoangelegenheiten zu erledigen, hatte sich nichts geändert. Hin und wieder tauchten in Theresienstadt neue Akteure auf, die den Kurs hätten ändern sollen. Doch kaum standen sie auf der Bühne, war das Ruder schon wieder herumgerissen worden und andere mussten in ihre Rolle schlüpfen. Burger drohte einerseits, das Ghetto in Schutt und Asche zu legen, und überlegte andererseits, ein neues Viertel außerhalb des Schrankens zu errichten, um noch mehr Insassen aufnehmen zu können; er agierte eindeutig in einer Rolle, die nicht die Seine war. Bei der Umgestaltung des Ghettos in ein Siedlungsgebiet erinnerte er an den sprichwörtlichen Wolf im Schafspelz.

Bis jetzt hatten die Straßen in Theresienstadt nur Buchstaben getragen: L (*längs*) und Q (*quer*). In Verbindung mit der Hausnummer, L 236 oder Q 351, konnte jeder Ort im Ghetto genau angegeben werden. Jetzt reichte dieses System, das sich die jüdischen Handwerker ausgedacht hatten, nicht mehr. Die Straßen im Siedlungsgebiet sollten zivile Straßennamen bekommen. Professor Philippson, der mit Sven Hedin korrespondierte, konnte nun »Seestraße 24« als Adresse angeben. Der nächste See war zwar über hundert Kilometer entfernt, doch einen besseren Beweis für die idyllische Lage Theresienstadts konnte es gar nicht geben. Es lohnte sich, Ausländern die Schönheit dieser Landschaft zu zeigen.

Zweihundertsiebzig Holländer waren bislang die einzigen Ausländer im Ghetto; eine Gruppe aus Luxemburg galt nicht als Ausländer, weil Luxemburg von Deutschland annektiert worden war. Den Mitteilungen des neuen Dienststellenleiters zufolge sollten demnächst zahlreiche ausländische Juden ankommen. Aus Mangel an Baumaterialien und Zeit beschränkte sich das großartige Bauprogramm fürs Erste auf die Errichtung von 25 Baracken, die wie Hütten in den französischen Kolonien aussahen und baufällig und klein waren.

In den Nachtstunden des 24. August 1943 kam endlich die erste Gruppe an; sie wurde in den Westbaracken am Rande des Siedlungsgebietes eingesperrt und von Gendarmen bewacht. Erst nach einigen Stunden sickerten erste Nachrichten durch. Es handelte sich um 1260 jüdische Kinder aus Polen. Ein paar Krankenschwestern, die den Transport begleitet hatten, waren angeblich umgekehrt, um weitere Kinder zu holen. Daher war Personal aus dem Ghetto vonnöten, um diese Kinder zu beaufsichtigen und zu versorgen. Sobald die Leute die Absperrung überschritten hatten, durften sie bis auf Weiteres nicht mehr mit den Insassen Theresienstadts in Berührung kommen. Am Tag darauf wurde ein Arzt angefordert, etwas später sickerte die Nachricht durch, dass in der Nähe der Baracken eine Quarantänestation für ansteckende Krankheiten eingerichtet worden war.

Wegen der Epidemiegefahr mussten die Kinder dringend ins Desinfektionsbad sowie Kleidung und Unterwäsche wechseln. Die Einwohner von Leitmeritz waren in Gefahr, und deshalb traute Burger sich nicht, sich dem Wunsch des Ghettos zu widersetzen. Um jeglichen Kontakt zu verhindern, wurde eine Ausgangssperre verhängt. Von Gendarmen bewacht, durchquerten die halb verhungerten Kinder die Stadt, im Regen, barfuß. Später erfuhr man, dass die Kinder die Baderäume nicht hatten betreten wollen und »Gas«

geschrien hatten, und erst als die Desinfektoren mit ihnen in die Räume gingen, hatte man sie dazu überreden können, sich dem Bad zu unterziehen. Am Abend gingen die Kinder in die Baracken zurück, die größeren – keines von ihnen war älter als 14 – hielten die kleinen an der Hand. Von den Fenstern aus konnte man sehen, dass sie nun besser gekleidet waren und Schuhe trugen.

Trotz der strengen Bewachung konnte man bei dieser Gelegenheit in Erfahrung bringen, dass die Kinder aus Białystok kamen und – zumindest hieß es so – dazu bestimmt waren, gegen im Ausland gefangene Deutsche ausgetauscht zu werden. Burger wiederum gab zu verstehen, dass Theresienstadt als Zwischenlager für ungefähr dreißigtausend Kinder dienen sollte, die in Gruppen zu je tausend eintreffen und aufgepäppelt und gut gekleidet ins Ausland weitergeschickt werden sollten. Doch die Tage vergingen und kein Transport ließ sich blicken. Keiner Gruppe, die je in Theresienstadt ankam, war ein derart trauriges Schicksal beschieden.

Die Anzahl der Toten in der Quarantänestation stieg kontinuierlich. Dem Gesundheitswesen des Ghettos waren die Hände gebunden, denn jeder Kontakt war untersagt. Der Arzt, den man in die Baracken geschickt hatte, musste eventuelle Wünsche einem Wachposten Burgers mitteilen, und dieser leitete die Befehle an den Judenältesten weiter. Mit so einem Kommunikationssystem war ein effizienter Kampf gegen die Epidemie natürlich unmöglich. Der Hausverstand hätte verlangt, dass die Kinder von jüdischen Ärzten behandelt wurden, unter Umständen unter strenger Bewachung. Das entsprach jedoch nicht Burgers Denkweise. Eines Septembermorgens war die Quarantänestation plötzlich leer. Burger zufolge waren die Kinder in der Nacht gemeinsam mit dem Arzt und zwei Krankenschwestern in ein nicht näher bestimmtes Krankenhaus verlegt worden. Die unheimlichen Spuren vor Ort und die geheimnisvollen Holzkisten, die am Tag darauf verbrannt wurden, sprachen jedoch eine deutliche Sprache.

Sobald das Problem der kranken Kinder gelöst war, wurde die Abreise der restlichen Gruppe beschlossen. Das Personal, das die Kinder während ihres Aufenthalts in Theresienstadt betreut hatte, durfte den Transport ins Ausland begleiten, unter der Bedingung, in den neutralen Ländern keine Gräuelnachrichten zu verbreiten. Ein Wachmann, dessen Verlobte bereit zur Abreise war, bat inständig darum, die Glücklichen begleiten zu dürfen. Sein Wunsch wurde erhört. Später erfuhr man, dass die Kinder und ihre Begleiter im Krematorium von Auschwitz gelandet waren; man erfuhr jedoch auch, dass es tatsächlich Verhandlungen über den Austausch jüdischer Kinder aus Polen gegeben hatte.

Die Tatsache, dass ein weiteres Vorhaben nicht so umsichtig durchgeführt worden war, wie es der heikle Fall erfordert hätte, sondern aufgrund bestialischer Grausamkeit gescheitert war, hatte Eichmanns Referat IV B4 nicht entmutigt. Die Białystoker Kinder sind nie in der Schweiz angekommen, Pech für sie. In Berlin war beschlossen worden, dass zahlreiche Gruppen aus dem Ausland in das Siedlungsgebiet Theresienstadt kommen sollten; das war nach wie vor das Ziel. Ein Deutscher änderte nie seine Pläne.

Sofort nach der Abfahrt der Kinder wurden die eben frei gewordenen und oberflächlich desinfizierten Baracken von 466 Juden aus Dänemark belegt. In diesem Land hatte die anständige Haltung des Volkes unter König Christian X. die Juden lange vor Übergriffen geschützt, und bevor die Schlinge sich immer weiter zuzog, hatte man dafür gesorgt, dass der Großteil der dänischen Juden nach Schweden flüchtete. Nur eine kleine Gruppe, darunter der Oberrabbiner, hatte es nicht mehr geschafft. Da ihre Deportation in den Osten wütende Proteste in der Heimat ausgelöst hätte, lautete die einzige Lösung: Theresienstadt.

Um die Regierung in Kopenhagen zu beschwichtigen, wurde wieder der Propagandatrick mit der Kurstadt Theresienstadt aus der Tasche gezogen. Die Juden würden an einem schönen Ort untergebracht, hieß es, und dürften in bequemen Pensionen das Kriegsende abwarten. Briefverkehr und der Empfang von Paketen seien erlaubt, und sogar ein Besuch des Dänischen Roten Kreuzes »zu gegebener Zeit« wurde in Erwägung gezogen.

Die Juden aus Dänemark wurden auf relativ zivilisierte Weise in Empfang genommen. Sie waren ohne Gepäck abgereist, also war auch keine Durchsuchung nötig. Freundliche Worte beim Empfang, eine Mahlzeit gemeinsam mit dem Judenältesten, Verteilung von Postkarten, damit sie ihren Freunden zu Hause mitteilen konnten, dass sie gut angekommen und freundlich aufgenommen worden waren ... und dann das böse Erwachen. Der gelbe Stern, Gefängnisregeln, schließlich elende Notunterkünfte; eine weitere Täuschung war gelungen. Doch diesmal konnte man die schönen Versprechen nicht einfach so unter den Teppich kehren. Der König, die Regierung, die Presse und die Kopenhagener Öffentlichkeit ließen sich nicht mit schönen Postkarten abspeisen. Schließlich forderte man sogar den versprochenen Kontrollbesuch ein. Natürlich wurde der »gegebene Augenblick« immer wieder hinausgeschoben. Doch mit den Juden aus Dänemark befand sich inzwischen eine Gruppe von Personen im Ghetto, die weder irgendwelchen Launen noch fehlgeschlagenen Experimenten zum Opfer fallen durfte. Es waren nur 466 Personen, zum Großteil Staatenlose, die nach Dänemark geflüchtet waren, aber hinter ihnen stand ein ganzes Land, das zwar besetzt und besiegt, aber nicht befriedet war. Bis zum Endsieg musste man das berücksichtigen, um die Beziehungen zu einer Volksgruppe, die zweifellos reinrassig germanisch war, nicht zu gefährden. Eichmann war sich zwar bewusst, dass er ein Versprechen gegeben hatte, doch das bedeutete nicht, es auch einhalten zu müssen; es bedeutete vielmehr, dass man sich neue Finten einfallen ließ, wieder einen Schleier über die Realität legte.

Die Realität. Das Eintreffen zahlreicher Gruppen wird angekündigt, man spricht sogar über die Errichtung eines neuen Viertels.

Doch während die Architekten die Pläne der neuen Straßen zeichnen, räumen die Arbeiter die Sudetenkaserne, die Bodenbachkaserne und das Zeughaus. Anstatt in Erwartung der Neuankömmlinge mehr Wohnraum zu schaffen, werden 6500 Schlafplätze vernichtet, die zuvor mühsam errichtet worden sind, und genauso viele Menschen sind gezwungen, sich auf die Dachböden zu flüchten.

Eine absurde Tatsache, für die es eine einfache Erklärung gab. Man hatte festgestellt, dass sich das Ghetto als riesiger Luftschutzkeller eignete; das Territorium der Tschechoslowakischen Republik blieb nämlich lange vor den Angriffen der Fliegenden Festungen verschont. Wollte man sich Anfang des Krieges in Sicherheit bringen, übersiedelte man von Berlin nach Böhmen. Außerdem galt Theresienstadt als Ort, der von Naziopfern bewohnt wurde. Die Entscheidung wurde noch zusätzlich dadurch erleichtert, dass man auf diese Weise den Juden wieder einmal Raum wegnahm. Eichmann höchstpersönlich entschied sich nach einer kurzen Inspektion für die Gebäude des Ghettos. Die Zentralkartei des Reichssicherheitsamtes und das zugehörige Personal sollten hier untergebracht werden.

Mit der Zerschlagung der Gruppe der jungen Arbeiter, die seit November 1941 in der Sudetenkaserne untergebracht waren, brach man den Tschechen, die hier ihren Stützpunkt gehabt hatten, das Rückgrat. Der Plan, in Theresienstadt Gruppen aus dem Ausland aufzunehmen, bestand jedoch noch immer. Von neuen Vierteln zu sprechen und gleichzeitig drei Kasernen zu räumen, entsprach genau dem Stil Theresienstadts. Um die Deutschen unterbringen zu können, wurde die Deportation von fünftausend Juden befohlen – aus der Stadt, die ihnen der Führer geschenkt hatte.

Kapitel VIII

WER IST DRAN?

Seit Januar 1942 waren viele Deportationsbefehle ergangen, doch an der Art und Weise, wie Eichmanns Entschluss vom August 1943 im Ghetto bekannt gemacht wurde, erkannte man, dass sich etwas veränderte. Fürs Erste gab es lobende Worte. Die Montage des Fließbandes und die Kistenproduktion hätten auf überraschende Weise die Produktivität der Arbeiter und das Talent der jüdischen Handwerker unter Beweis gestellt, hieß es auf der SS-Dienststelle. In Kriegszeiten dürfe man derartige Fähigkeiten nicht brach liegen lassen, vielmehr müsse man sie so schnell wie möglich in den Dienst des Reichs stellen. Leider war Theresienstadt aus Platzmangel nicht für industrielle Zwecke geeignet. Außerdem funktionierte die Bahnverbindung schlecht, der beste Beweis dafür waren die berühmten Kisten mit dem Zubehör, die immer mit Verspätung angekommen waren. Der langen Rede kurzer Sinn: Die Arbeitskräfte in Theresienstadt mussten so eingesetzt werden, dass sie ihre ausgezeichneten Fähigkeiten voll unter Beweis stellen konnten.

Eine SS-Kommission reiste extra aus Prag an und machte eine Bestandsaufnahme der Arbeitskräfte. Lob, Komplimente, schmeichelnde Worte. Arbeit in nahen Industriegebieten wurde in Aussicht gestellt, regelmäßiger Urlaub wurde versprochen, damit man hin und wieder die Familie besuchen konnte, die vorerst in Theresienstadt bleiben musste. Im Augenblick erschien die Entlassung ganzer Familien nämlich noch verfrüht, doch »zu gegebener Zeit«, wenn die Männer ihren Arbeitseifer unter Beweis gestellt hätten, wer weiß? Eppstein schluckte alles, seiner deutschen Erziehung wegen nahm er den Behörden alles ab, was sie ihm erzählten, aber auch Edelstein kam manchmal freudenstrahlend vom Morgenrapport auf der

Lagerkommandantur zurück. Er glaubte, sein Plan – ein Ghetto als friedvolles Arbeitszentrum für Juden – würde endlich realisiert. Die Insassen aber blieben argwöhnisch und zurückhaltend, und zwar nicht nur, weil die gewöhnlichen Leute keine Gelegenheit hatten, die Frohbotschaften von Burger höchstpersönlich zu erfahren. Später stellte sich heraus, dass dieser Argwohn, der am Anfang auf Voreingenommenheit beruhte, völlig berechtigt war. Kaum war die Farce vorbei, wurde der Schwindel offenbar: 5000 Personen, allesamt gebürtige Tschechoslowaken, sollten deportiert werden.

Eine derartige Deportationsliste hieß im Ghettojargon »Liste« und verlangte eine besondere Technik. Für gewöhnlich musste das unselige Verzeichnis in aller Eile erstellt werden, deshalb war es unmöglich, jeden Fall einzeln zu prüfen. Dennoch war größtmögliche Genauigkeit erforderlich. Wenn jemand auf die Liste gesetzt wurde, hatte das Konsequenzen für seine ganze Familie, und alle, die meinten, Opfer eines Übergriffs oder eines Irrtums geworden zu sein, protestierten lautstark und hartnäckig.

Ein absurdes Problem kann nur auf paradoxe Weise gelöst werden. Die Generalstäbe eines Heeres, das diesen Namen verdient, warten nicht auf den Krieg, um ihre Pläne auszuarbeiten. Die Eventualitäten werden vielmehr in Friedenszeiten diskutiert und durchgesprochen, und im richtigen Augenblick holt man die Pläne heraus. In der Kanzlei des Judenältesten wurde eine »Transportabteilung« geschaffen, wo Vertrauensleute hinter verschlossenen Türen die Karteien sortierten.

Kaum war ein Transport abgefahren, atmete man im Ghetto auf; die Optimisten hielten in den Kasernenhöfen Reden, um zu beweisen, dass dies der letzte Transport gewesen war und keine weiteren folgen würden. In einer Kammer der Magdeburger Kaserne hingegen ordnete man schon wieder die durcheinandergeratenen Karteien; mithilfe eines Selektionssystems, das allerlei Kombinationen ermöglichte, bereitete man zukünftige Transporte vor. Männer, Frauen, Alte, Arbeitsfähige, Juden aus Prag, Juden aus Berlin. Die strategischen Manöver gehörten mittlerweile zum Alltag des Ghettos.

Im Jahr 1943 war auf der Dienststelle einige Monate lang nicht die Rede von neuen Transporten, im Ghetto versuchte man zu vergessen. In der Magdeburger Kaserne sortierte man jedoch schon wieder die Karteien. Ende August bestand kein Zweifel: keine Ablenkungsmanöver mehr, sondern Deportation von fünftausend Personen. Es war nicht einfach, fünftausend Personen zu finden, die keine Familie hatten. Die Selektionskriterien waren kompliziert, alle versuchten sich zu retten, versuchten eine reale oder fiktive Ausnahmeregelung für sich in Anspruch zu nehmen.

Die SS hatte angeordnet, dass Prominente, Mischlinge, Kriegsdekorierte und -versehrte nicht deportiert werden durften. Allerdings hatte sie nicht festgelegt, wie viel arisches Blut man besitzen musste, um vor der Deportation verschont zu bleiben. Die jeweiligen Befehle waren von der Laune des Kommandanten abhängig, und ihre Ausführung von der Befehlsauslegung der zuständigen Kanzlei in der Magdeburger Kaserne.

Die einzige Ausnahme, die vom Ältestenrat aufgestellt und von der Dienststelle offiziell anerkannt wurde, beruhte auf dem Bedarf an Arbeitskräften, auf der Notwendigkeit, qualifizierte, für gewisse Arbeiten unentbehrliche Arbeitskräfte im Ghetto zu behalten. Insgeheim gaben jedoch die Angehörigen der jeweiligen Nationen und der politischen Parteien die Namen der Personen an, die ihrer Meinung nach verschont werden sollten. Mitglieder der kommunistischen Partei genauso wie die der reaktionären Bauernpartei führten Verdienste um ihre Partei ins Treffen. Auch Familiengefühle, Freundschaftsbeziehungen und andere persönliche Bindungen mussten berücksichtigt werden. Jedes Mitglied des Ältestenrats durfte zwanzig Personen auswählen, die hoffen konnten, in kritischen Augenblicken verschont zu bleiben. Alles, was nicht von der SS sanktioniert worden war, galt aber nur in Zeiten »normaler« Bedingungen; ansonsten mussten alle Opfer bringen.

Ein System auszuklügeln, das Ausnahmen gestattete und es gleichzeitig ermöglichte, dass derjenige, der fünftausend Namen auf eine Liste setzte, das Gesicht nicht verlor, war ein Ding der Unmöglichkeit. Die Zahl der Personen, die deportiert werden sollten, stand von vornherein fest, und das bedeutete, dass für jeden Namen, der gestrichen wurde, ein anderer eingesetzt werden musste. Wenn Gaius geschont wird, muss Sempronius geopfert werden. Der Dienststellenleiter wusste natürlich von diesem Handel mit Menschenleben, unternahm aber nichts dagegen, solange die von ihm festgelegte Zahl stimmte und kein Jude in Theresienstadt blieb, dessen Deportation offiziell angeordnet worden war.

Wenn ein Deutscher sich eine Firma oder ein Gebäude aus »nichtarischem« Besitz angeeignet hatte, fühlte er sich unter Umständen unsicher, solange der Jude nach wie vor in der Umgebung von Prag oder nur einen Katzensprung von Dresden entfernt wohnte. Ein freundschaftlicher Hinweis in der Ortsgruppe der NSDAP genügte, und schon wurde der Ex-Besitzer deportiert und sein Nachfolger konnte in Frieden leben.

Wenn die Gestapo einen Juden nicht mehr in die Finger bekam, bevor die Untersuchung zu seinen Lasten abgeschlossen war, weil er bereits nach Theresienstadt deportiert worden war, teilte sie der Dienststelle mit, dass sein Fall eine Sonderbehandlung erforderte. Jeder, der verurteilt worden war, weil er einen Bissen Brot, einen Löffel Margarine gestohlen oder sich das schwere Vergehen zuschulden hatte kommen lassen, einen Ghettowachmann beleidigt zu haben, musste damit rechnen, in den Osten deportiert zu werden, denn in Theresienstadt wurde ein Richterspruch erst vollstreckbar, wenn er vom Kommandanten unterzeichnet worden war. Wenn eine Gruppe Juden aus Theresienstadt deportiert wurde, wurden nicht nur die von der NSDAP und der Gestapo ausgewählten Personen, sondern auch jene deportiert, die vom Ghettogericht verurteilt und deshalb offiziell von der SS mit eingereiht worden waren. Im September 1943 wurden auf einen Sonderbefehl Burgers hin 300 Wachleute deportiert, die der von Seidl aufgelösten Ghettowache angehört hatten. Seltsamerweise machte man sich weniger Sorgen um das Schicksal dieser jungen Männer, die »in ein anderes Ghetto überführt« werden sollten, als um das ihrer Kollegen, die nicht von dieser Maßnahme betroffen waren. Die Tatsache, dass sie nicht in diesen Transport eingereiht worden waren, hieß nämlich, dass es bald einen weiteren geben würde. Möhs' feierliches Versprechen – »es wird keine Abfahrten mehr aus Theresienstadt geben, wer jetzt noch hier ist, wird das Ende des Krieges hier abwarten können« – wurde mit kaum verhohlenem Argwohn aufgenommen. Optimismus kam immer nur dann auf, wenn ein Transport gerade abgefahren war; vorher konnte sich niemand der niedergeschlagenen Stimmung entziehen, die im Ghetto herrschte.

Die Menschen in Theresienstadt wussten aus Erfahrung, dass sie ihr Bündel schnüren mussten, sobald ein Transport in Aussicht war, es gab nämlich immer wieder Überraschungen; man konnte nie mit Sicherheit wissen, wer diesmal dran war. Anfang September 1943 sollten fünftausend Personen deportiert werden, doch dreißigtausend waren zur Abfahrt bereit. Zum Zeichen der ängstlichen Erwartung standen Kofferstapel vor den Haustoren, mit weißem Lack hatte man in Großbuchstaben Vor- und Nachname der Besitzer und ihre Matrikelnummer darauf geschrieben.

Etwas später erhielten die vom Schicksal Geprüften die Aufforderung, sich mit ihrem Gepäck in der Kaserne einzufinden, die als Sammelstelle diente. Auf das gelähmte Warten folgte nun fieberhaftes Treiben. Besuche bei Freunden, ein kurzer Aufenthalt in den Zimmern einflussreicher Personen, Briefe an den Abteilungsleiter, in denen man auf seine Verdienste hinwies und darlegte, was für Folgen es haben würde, wenn die Arbeit, die man bis jetzt so erfolgreich erledigt hatte, unterbrochen wurde. Leute, die auf der Station für Infektionskrankheiten lagen, wurden beneidet, Diphterie und Typhus galten als heiß ersehnte Krankheiten; Unbekannte boten Ampullen an, die man sich injizieren sollte, um die Symptome einer Krankheit zu entwickeln, die Schonung rechtfertigte.

Die Gänge der Magdeburger Kaserne wurden Tag und Nacht von Menschen belagert, die hofften, ein Mitglied des Ältestenrats in die Finger zu bekommen. Hin- und hergerissen zwischen Hoffnung und Verzweiflung standen die, die aufgefordert worden waren zu kommen, schon im Morgengrauen schweigend vor den geschlossenen Türen der Kanzleien, hinter denen die Entscheidungen getroffen wurden. Selbst spät am Abend standen sie noch immer da und versuchten ängstlich den Gesichtsausdruck jener zu erforschen, die aus der Kanzlei kamen, in der sie ihren Fall vorgetragen hatten. Strahlten sie oder sahen sie eher niedergeschlagen drein? Hin und wieder verbreitete sich das Gerücht, der Transport sei abgesagt worden, doch die Kanzleien wurden weiter belagert. Die Stunden vergingen, die Türen blieben geschlossen, die verängstigten Menschen konnten keinen Lichtstrahl sehen. Im Morgengrauen schließlich entfernten sich alle langsamen Schrittes, um ihr spärliches Hab und Gut einzupacken.

Eine zweite Welle spülte laute, selbstsichere Leute zum Ältestenrat. Die Glücklichen hatten keine Aufforderung erhalten und wiegten sich deshalb in Sicherheit, waren nahezu euphorisch. Nachdem sie den Vortag mit Warten zugebracht hatten, kamen sie nun, um Verwandten, Freunden oder auch Menschen, die sie kaum kannten, zu helfen. Sie warteten nicht schweigend, sondern stürmten das geschlossene Gebäude, drängten in die Kanzleien. Dort fanden sie verängstigte Menschen vor, denen die Hände gebunden waren und die deshalb versuchten, das eigene Gewissen zu beschwichtigen: *Aber gewiss, ich kenne ihn, ich werde alles Menschenmögliche tun, Sie können ganz ruhig sein*. Einige Minuten später, nachdem sie den Eindringling mit Höflichkeitsfloskeln aus der Tür bugsiert hatten, fragten sie: *Wer war denn das? Was will er? ... – Noch nie von ihm gehört ...* Wo keine leeren Versprechungen gemacht werden konnten, reichten auch ein paar tröstende Worte, Verständnis und Güte. Neben der Liste mit den fünftausend Personen gab es auch noch eine Transportreserveliste, damit man im letzten Augenblick Personen ersetzen konnte, die krankheitsbedingt ausfielen oder aufgrund einer Verfügung des Dienststellenleiters herausreklamiert worden waren. Es gab also die Möglichkeit, Rücksicht auf außergewöhnlich schwere Fälle zu nehmen. Auch in diesen Fällen mischte sich der Dienststellenleiter nicht ein, denn die Juden waren alle gleich, und wenn einer diesmal nicht dabei war, dann wohl beim nächsten Mal.

Für gewöhnlich hofften die Juden, dass es ein nächstes Mal nicht geben würde, und taten alles, um sich diesmal zu retten, es konnte ja sehr gut das letzte Mal sein. Aber es gab auch Menschen, die auf alle Fälle mitwollten. Ein Mädchen, das in Theresienstadt hätte bleiben dürfen, bestand darauf, seine alten Eltern zu begleiten; eine Mutter wollte ihren kleinen Sohn nicht allein fahren lassen. Ein Mann fand bei seiner Rückkehr von der Arbeit ein leeres Haus und alleingelassene Kinder vor, seine Frau hatte sich nämlich von einem Augenblick auf den anderen zwischen Gattenliebe und Muttergefühlen einerseits und der Verpflichtung ihren Eltern gegenüber entscheiden müssen und diese Entscheidung in seiner Abwesenheit getroffen. Liebesgefühle, die nie gestanden worden waren, blühten auf krankhafte Weise auf und verwelkten im selben Augenblick. Ein Mädchen, das sich mit dem Vater, einem Facharbeiter, hatte retten können, folgte klammheimlich einem jungen Mann, der ihr nie seine Liebe gestanden hatte. Ein Techniker, der in Theresienstadt hätte bleiben dürfen, weil er unersetzlich war, flehte darum, vom Dienst befreit zu werden, die Frau seiner Träume verließ nämlich das Ghetto.

Sie opferten sich, um bei den geliebten Menschen bleiben zu dürfen, doch hin und wieder mussten die Tochter, die Mutter, das schwärmerische junge Mädchen und der junge Techniker wegen der

Laune eines SS-Mannes in einen anderen Waggon steigen und mit Fremden reisen. Mitunter kam es auch vor, dass sich jemand auf die Deportationsliste hatte setzen lassen, zu Hause allerdings feststellen musste, dass die Person, die er hätte begleiten wollen, mittlerweile von der Liste gestrichen worden war und aufgrund der Intervention eines Freundes oder weil man ihr eine akute Krankheit attestiert hatte, bleiben durfte. Trostlosigkeit und Bluff: das sind die beiden Gesichter Theresienstadts.

Derweil ändert sich das Wesen der Menschenströme auf den Straßen. Nicht mehr das chaotische Durcheinander auf halbem Weg zwischen Verzweiflung und Hoffnung, sondern zwei getrennte Ströme: Die, die abfahren müssen, bewegen sich auf den Sammelplatz zu, die Glücklichen hingegen, die bleiben dürfen, nehmen ihr alltägliches Leben wieder auf. Letzte Begegnungen. Einer bekommt ein paar Schuhe geschenkt, damit er die fatale Reise nicht barfuß antreten muss, ein anderer verschenkt sein ganzes Hab und Gut, er kann es ohnehin nicht mitnehmen. Noch immer gibt es Versprechen auf geheimnisvolle Interventionen, die noch vor Abfahrt des Transportes dafür sorgen sollen, dass man herausreklamiert wird. Schmuck und Banknoten wechseln den Besitzer. Sowohl die, die getäuscht worden sind, als auch die, die sich ihren Hoffnungen hingegeben haben, müssen abfahren und sind zum Schweigen verdammt, können den Schwindel nicht mehr auffliegen lassen. An den Türen der Kasernen stehen bereits die Eiligen und laufen auf und ab, um einen freien Winkel zu ergattern. Es ist peinlich, sich Auge in Auge mit den Verurteilten wiederzufinden, deren Hinterlassenschaft bald eingesammelt werden wird, doch wer aus Rücksicht wartet, muss feststellen, dass ein anderer vor ihm den Platz bekommen hat.

Gewöhnliche Leute suchen sich eine Unterkunft, doch auch die Privilegierten aus der Magdeburger Kaserne wollen nicht nachstehen. Sie müssen allerdings als Erste fahren, nachdem Eichmann dem Ghetto die Führungsriege aus Reichsdeutschland vorgesetzt hat. Nach dem Aufstand im Warschauer Ghetto war Eichmann zu der Überzeugung gekommen, dass es gefährlich werden konnte, wenn es im Ghetto Kontakt mit dem slawischen Widerstand gab. Deswegen hatte er Burger mit der Aufgabe betraut, die Gruppe, die im Verdacht stand, mit tschechoslowakischen Partisanen zu konspirieren, vollständig zu liquidieren. Durchsuchungen, Festnahmen, Deportationsbefehle. Ein ehemaliger Oberst der tschechoslowakischen Legion, der Generalsekretär der Verwaltung und ein Führer der zionistischen Jugendbewegung waren für den Transport vorgesehen, gemeinsam mit einer großen Gruppe von Jugendlichen, die im mittlerweile lange zurückliegenden November 1941 aus Prag gekommen waren, um die ersten Arbeiten im Ghetto durchzuführen. Unter den Ghettopionieren befanden sich auch Idealisten, die sich freiwillig gemeldet hatten, um den Juden zu helfen, obwohl sie mit arischen Frauen verheiratet waren und deshalb in Prag hätten bleiben dürfen. Dieser Gruppe war übrigens feierlich versprochen worden, vor den Transporten verschont zu bleiben, doch Versprechen gelten nur, wenn sie gehalten werden, einer Maxime Eichmanns zufolge, die mir einer seiner Mitarbeiter nahezubringen versuchte. In den Kasernen und in den Häusern werden Schlafstellen frei; in der Magdeburger Kaserne werden Bürosessel frei. Die Nachfolger können es gar nicht erwarten, denn wenn man zu lange wartet, sind die Plätze besetzt.

Die Erhebung des Warschauer Ghettos im Jahre 1943 lehrte uns auf unsere Kosten, welche Risiken damit verbunden sein können, wenn man zu viele Leute in derlei Gefängnissen einschließt. Kurz nach der Erhebung erhielt ich in meinem Büro ein Fotoalbum mit einer Notiz des Reichsführers Himmler. Die Fotografien zeigten die verschiedenen Phasen der Schlacht, deren Härte sogar die deutschen Einheiten überraschte, die sich daran beteiligten. Ich erinnere mich noch heute, dass wir von der SS und der Wehrmacht überproportionale Verluste beim

Niederkämpfen der Revolte erlitten. Beim Betrachten der Fotografien konnte ich nicht glauben, dass die Menschen im Ghetto so kämpfen konnten.[11]

Der Transport vom 5. September bestand aus 5007 Personen, und die Tatsache, dass sieben Juden zu viel deportiert wurden, sollte Konsequenzen haben. Die Transportlisten wurden zuerst von einer Kanzlei der Magdeburger Kaserne zusammengestellt, dann wurden infolge mühsamer Verhandlungen zwischen den einzelnen Gruppen Änderungen vereinbart; schließlich nahmen der Judenälteste und sein Stellvertreter noch einige zusätzliche Änderungen vor, nachdem jeder Fall sorgfältig abgewogen worden war. Der Ordnungsdienst konnte allerdings das Ergebnis dieser sorgfältigen Überlegungen noch im letzten Augenblick über den Haufen werfen. Kein einziges Mitglied des Ältestenrats war bereit, den Leuten gegenüberzutreten, die zur Abfahrt bestimmt waren und unter der Last ihres Gepäcks in den Zug stiegen. Das machten sich subalterne Funktionäre zunutze; in einem unbeobachteten Augenblick versuchten sie befreundete Personen oder Personen mit Beziehungen zurückzuhalten und durch andere zu ersetzen, die auf der Reserveliste standen, obwohl diese eigentlich nur dazu da war, eventuelle Ausfälle zu kompensieren. Diese Aktion war geplant und kalkuliert und manchmal wurde sogar im Voraus dafür bezahlt. Alles ging in Windeseile vor sich, die überrumpelten Menschen schrien, und letzten Endes wusste niemand, wie viele Menschen in Theresienstadt zurückgehalten und wie viele willkürlich dazu verdammt worden waren, an ihrer Stelle mitzufahren. Zur Sicherheit suchte man nach Belieben eine Handvoll Reservisten aus und verfrachtete sie mit Gewalt in den Zug. Auf diese Weise wurde die von der SS vorgeschriebene Zahl immer erreicht, bei allen Transporten fuhren vielmehr ein paar Personen mehr mit. Sie wurden nicht auf Befehl der SS, sondern aufgrund des Chaos und der Disziplinlosigkeit der Selbstverwaltung deportiert.

Die Täuschungsmanöver, die bereits bei den ersten Vorbereitungen zur »Verlegung« von »Arbeitskräften« (insgesamt 5007, davon 327 Kinder und 160 Alte) in eine »angemessene« Umgebung stattgefunden hatten, kamen auch bei der Abfahrt dieser beiden Transporte zum Einsatz. Die Bank hatte den Befehl erhalten, eine Liste der Beträge vorzulegen, die auf den Sperrkonten der zum Transport bestimmten Personen gutgeschrieben waren. Die Sparkarten wurden eingesammelt und extra verpackt, sie sollten der Dienststelle übergeben und an den Bestimmungsort geschickt werden. Den Funktionären, die Theresienstadt verlassen sollten, hatte man versprochen, dass sie ihre Arbeit in einem anderen Ghetto fortsetzen durften. Die Wachleute trugen ihre Abzeichen und ihre Kappen mit den Dienstgraden, die sie in Theresienstadt erworben hatten – auch ihnen war nämlich versprochen worden, dass sie in einem anderen Ghetto ihren Dienst wieder antreten durften.

Tatsächlich kamen einige Wochen nach Abfahrt des Transportes Postkarten an, die an einem unbekannten Ort, Birkenau, aufgegeben worden waren; die Absender berichteten von Selbstverwaltung und zählten Leiter und Mitarbeiter auf. Die Nachrichten erregten jedoch Argwohn, denn es war von Verwandten und gemeinsamen Freunden die Rede, die schon vor geraumer Zeit in Prag gestorben und begraben worden waren. Eine zweite Flut von Postkarten trug den Poststempel vom 27. März 1944. Heute wissen wir, dass diese Postkarten auf Befehl jeden 5. des Monats geschrieben und nachdatiert wurden, um die Spuren des Massenmords zu verwischen. Nahezu alle Personen aus dieser Gruppe waren in der Nacht vom 8. auf den 9. März im Krematorium von Auschwitz verbrannt worden. Das war kein Zufall, denn das Datum entsprach jenem jüdischen Festtag, der in Gedenken an die Rettung der Juden durch Königin Esther im antiken Persien gefeiert wird. Die Nazis glaubten, auf diese Weise die Geschichte umschreiben zu können.

Später musste noch eine Gruppe, die Ende 1944 aus Theresienstadt deportiert wurde, länger als sechs Monate in Birkenau in »Quarantäne« bleiben, bevor sie liquidiert wurde. Ein einziges Mal besteht Eichmann ungewöhnlich hartnäckig auf einem Plan, der Theresienstadt betrifft, allerdings in der Absicht, ein gewaltiges Täuschungsmanöver zu inszenieren.

Kapitel IX

DER UNGERECHTIGKEIT ... IST GENÜGE GETAN

Im Herbst 1943 befand sich Eppstein in einer ziemlich gefestigten Position. Seidl, der ihm immer wieder Prügel vor die Füße geworfen hatte, war abgelöst worden. Die langgedienten Mitglieder des Ältestenrats waren deportiert worden, und deshalb hatte Eppstein Männer seines Vertrauens, die mit ihm aus Deutschland gekommen waren, in Schlüsselstellen der Verwaltung eingesetzt. Die tschechoslowakische Opposition war eingeschüchtert und hätte sich schon damit zufriedengegeben, eine Übereinkunft mit dem neuen Judenältesten zu treffen und mit ihm zusammenzuarbeiten. Eppstein hatte freie Bahn und konnte zu arbeiten beginnen; er war jung, sachkundig und zweifellos guten Willens. Es gab viele Probleme, lebenswichtige Probleme: die Verbesserung der Beziehungen zwischen Gruppen unterschiedlicher Herkunft, Altenfürsorge, die Eindämmung der Korruption in der Wirtschaftsabteilung, gerechte Raumaufteilung. Wenn er gewollt hätte, hätte das Vorhaben gelingen müssen. – Wenn er gewollt hätte ... doch Eppstein wollte nicht.

Wir befinden uns in Theresienstadt, im Land der Absurdität. Eppstein hatte das Ghetto viele Monate lang umworben; jetzt, da ihm die Türen weit offen standen, verweigerte er sich. Er beschränkte sich darauf, spektakuläre Vorhaben durchzuführen, die vielleicht im Sinne von Eichmanns genauso illusorischem wie idyllischem Musterghetto waren, jedoch im Rahmen der elenden Realität Theresienstadts überhaupt keinen Nutzen hatten: Bank, Ordnungsdienst, Post und Gericht.

Zehn Monate lang war Eppstein vom Dienststellenleiter in Geiselhaft gehalten und von den Juden im Ghetto argwöhnisch beäugt worden. Jetzt wartete man in Theresienstadt auf ihn, Burger hatte den Auftrag erhalten, ihm die Aufgabe zu erleichtern. Eppstein bemerkte jedoch nicht, dass das nur zwei Seiten von ein- und derselben Medaille waren und er das Problem im Sinne des Ghettos hätte lösen müssen. Er hingegen war überzeugt, vor einer echten Wahl zu stehen und entschied sich für die SS-Führung. Wahnsinn? Verrat? Nur das Ergebnis einiger Faktoren, die zum Teil auf der Hand liegen, zum Teil nur vermutet werden können.

Eppstein hatte sein ganzes Leben in Deutschland verbracht, er hatte einen tief verwurzelten Respekt vor Obrigkeiten, dieser Respekt verlieh ihm das Gefühl von Sicherheit und war ihm sogar eine Quelle des Glücks. Obwohl er der zionistischen Bewegung angehörte, war Eppstein nichts anderes als ein deutscher Intellektueller, der Hegels Maxime verinnerlicht hatte: »Der Staat ist die Verwirklichung der moralischen Idee«, selbst wenn dieser Staat unter den Nazis zum Inbegriff des Bösen geworden war.

Vier Monate Haft im Keller des Reichssicherheitshauptamts in Berlin. Sein Leidensgefährte, Ministerialrat Hirsch, war in Mauthausen gelandet; Eppstein hingegen war entlassen worden und hatte wieder sein Amt in Berlin ausüben dürfen. Wie lauteten die Bedingungen des Pakts mit dem Teufel, welche Versprechungen hatte er machen müssen? Niemand hatte den Mut, ihn danach zu fragen.

Bevor er nach Theresienstadt geschickt wurde, wo er die Leitung des Ältestenrats übernehmen sollte, hatte man ihm mitgeteilt, dass Eichmann einen Verdacht hegte. Eichmann glaubte, das Ghetto unterhielte heimliche Beziehungen zum tschechoslowakischen Widerstand, weshalb sogar die Gefahr einer grausamen Liquidierung bestand. Bei seinem Dienstantritt hatte Eppstein das Gefühl, von einer riesigen Verantwortung erdrückt zu werden. Er konnte nicht frei sprechen, jemanden um Rat bitten, und da er insgeheim davon überzeugt war, dass es im Ghetto eine subversive Strömung gab, traute er niemandem. Er war zur Einsamkeit verurteilt; wenn er ein Blutbad vermeiden wollte, musste er seinem Gewissen

Gehör schenken. Er musste Eichmanns Vertrauen gewinnen, dann konnte das Ghetto vielleicht gerettet werden. Allein darin bestand seine Mission. Fürsorge, gerechte Verteilung von Nahrungsmitteln und Raum waren zwar wichtig, aber den Leiter des Referats IV B4 zu beschwichtigen, war lebensnotwendig. Unter diesem Aspekt erscheint sein Verhalten einfach und verständlich, obwohl es auf den ersten Blick grotesk und paradox wirkt.

Auf der Dienststelle fand Eppstein einen »aufrichtigen und treuen Freund«: Hauptsturmführer Möhs. Berlin hatte ihn als Beobachter geschickt, um weitere Überraschungen zu vermeiden. Er wollte natürlich über alles unterrichtet werden, um Eichmann Bericht erstatten zu können, und die täglichen Gespräche mit dem Judenältesten waren eine Fundgrube für ihn. Die Beziehung zwischen den beiden wurde immer freundschaftlicher. Eppstein war überglücklich, er glaubte auf dem richtigen Weg zu sein. Endlich konnte er jemandem sein Herz ausschütten, um Hilfe bitten. Bald würde sich zeigen, was er bei den Deutschen für das Ghetto erreicht hatte. Am liebsten hätte er das Tempo beschleunigt, um sich ins rechte Licht zu rücken, um sein Gewissen so bald wie möglich zu beschwichtigen, um sicher zu sein, auf dem richtigen Weg zu sein. Gelegenheiten dazu gab es genug.

Im Sommer 1942 wurde eine Gruppe von Frauen, die eigentlich zu ihren Männern nach Theresienstadt hätten kommen sollen, in den Osten geschickt – als Vergeltungsmaßnahme für das Heydrich-Attentat. Um die Männer zu beruhigen, die im Ghetto fieberhaft auf Nachrichten warteten, sprach Eppstein mit Möhs über den Fall. Der Hauptsturmbannführer versprach, sein Bestes zu tun, und verlangte eine Liste mit Namen und Personalien der Männer und ihrer Gattinnen. »Sobald man die Frauen gefunden hat«, fügte der Hauptsturmbannführer freundschaftlich hinzu, »kann man eine mögliche Wiedervereinigung der Ehepaare ins Auge fassen.« Eppstein war überglücklich, sein Wunsch schien in Erfüllung zu gehen. Er war so verblendet, dass er nicht einmal stutzig wurde, als Möhs ihm mitteilte, die Männer sollen nun in den Osten fahren, um in den polnischen Ghettos nach ihren Frauen zu suchen.

Etwas später nahm der Judenälteste ein weiteres Problem in Angriff. Das Postwesen hatte eine gewisse Bedeutung erlangt, denn es kamen immer mehr Lebensmittelpakete an. Die meisten kamen aus Prag und anderen tschechoslowakischen Städten, aus Wien kamen nur wenige, aus dem Reich so gut wie keine. Angesichts der Bedingungen, die in den jeweiligen Gebieten herrschten, war das nicht weiter verwunderlich; niemand wollte jedoch die Lage zur Kenntnis nehmen. Hunger und Neid verbitterten die Gemüter.

Auf Betreiben seiner Anhänger legte Eppstein Möhs die Situation dar: Die deutschsprachigen Juden litten Hunger, und ihre offensichtliche Benachteiligung der böhmischen Gruppe gegenüber könnte sich unter Umständen auch intern negativ auswirken.

Der Judenälteste wollte Eichmann um die Erlaubnis bitten, einen Appell an noch in Deutschland lebende Freunde und Bekannte zu richten und sie aufzufordern, Pakete zu schicken. – Ein naives Vorhaben, etwas Derartiges konnte Eichmann sich nicht erlauben. Man hatte den Deutschen gesagt, die Juden würden weggebracht, um heiter an einem idyllischen Ort zu leben, in den Kinos sah man hin und wieder Aufnahmen von alten Juden, die an Kaffeehaustischen am Stadtplatz sitzen. Durfte man die Propaganda, die den Mythos von der Kurstadt Theresienstadt hervorgebracht hatte, lauthals Lügen strafen? Die Spannungen zwischen den beiden Gruppen im Ghetto hätten auch auf andere Weise beigelegt werden können. Nach einem Bericht an Eichmann teilte Möhs mit, dass eine Zusatzmarke ausgegeben werde und sie auf alle Pakete geklebt werden müsse, die von Böhmen-Mähren nach Theresienstadt geschickt werden. Da die Marke von vornherein in begrenzter Anzahl aufgelegt wurde, hätte sich dadurch wohl automatisch die Anzahl der Pakete verringert und die Gruppe aus Deutschland hätte sich nicht länger benachteiligt fühlen müssen. Die Briefmarkensammler standen Gewehr bei Fuß, die Bahnbeamten lösten die neuen Marken von den Paketen – und die Prager Freunde schickten ihre Pakete von slowakischen Postämtern ab, wo die Marke nicht obligatorisch war. Die Spannung zwischen den Juden unterschiedlicher Herkunft verschärfte sich, die Tschechoslowaken fühlten sich als Opfer einer willkürlichen Maßnahme, die ihnen vom Neid der anderen eingebrockt worden war. Eppstein machte unerschrocken weiter, um Eichmanns Vertrauen zu gewinnen.

Im Ghetto wurden täglich 30 000 Zigaretten geraucht. Das beweist, dass es insgeheim Kanäle gab, die Theresienstadt mit den umliegenden Dörfern verbanden. Eichmann fürchtete, auf diesen Wegen könnten auch Waffen und Munition ins Ghetto geschmuggelt werden.

Um tragische Folgen für das Ghetto zu verhindern, sollten die Juden ihren guten Willen unter Beweis stellen und den Schmuggel unterbinden. Die Organe der Selbstverwaltung sollten bei den Durchsuchungen und bei den Verurteilungen die Rolle der SS übernehmen; so hoffte man, die Leute bei den Verhören auf der Dienststelle vor Misshandlungen und vor der Verlegung in die Kleine Festung bewahren zu können.

Um das Laster des Rauchens auszumerzen, beschloss Eppstein, die Führung des Wachdienstes selbst zu übernehmen, machte die Rechnung jedoch ohne Loewenstein. Der hatte sich nicht wirklich damit abgefunden, eine Schar von Veteranen und Kriegsversehrten zu befehligen; nach wie vor war er auf der Suche nach einer Möglichkeit, die Notwendigkeit der Ghettowache unter Beweis zu stellen, in der Überzeugung, auf diese Weise dem Ghetto einen wichtigen Dienst zu erweisen. Der ehemalige Offizier der kaiserlichen Marine litt darunter, dass er den SS-Sturmbannführern unterlegen war. Er, ein deutscher Protestant, wollte sich für diese Demütigung schadlos halten, er lechzte nach einem anerkennenden

Wort des Dienststellenleiters oder gar einer unfreiwillig respektvollen Geste. Der Versuch, sich mit einer nach Potsdamer Vorbild geschulten Wachtruppe durchzusetzen, ist fehlgeschlagen, doch er konnte nach wie vor unter Beweis stellen, dass die Juden, mit denen er zusammenarbeitete, zu eiserner Disziplin fähig waren. Er sorgte für Disziplin: Mindestens 48 Stunden Haft für die Verletzung der Straßenverkehrsordnung, die unerlässlich für die Regelung des Verkehrs der von Hand gezogenen Leichenwagen war. Vier Wochen, wenn bei jemandem Zigaretten oder Banknoten gefunden wurden sowie für vergleichbare Vergehen.

Der Zusammenstoß zwischen dem, der Vertrauen gewinnen will, und dem, der nach Anerkennung lechzt, ist vorprogrammiert. Im September 1943 wurde in den Tagesbefehlen die Verurteilung Dr. Karl Loewensteins wegen Amtsmissbrauchs bekannt gegeben; das Urteil ist von Burger bestätigt worden.

Die Angelegenheit war undurchschaubar. Loewensteins Ankläger konnten in der Schlussphase des Prozesses nicht angehört werden, sie waren unmittelbar nach Erstattung der Anzeige deportiert worden. Edelstein wusste etwas über die Sache und wurde zweimal vom Richter verhört, aber seine Aussagen waren widersprüchlich. Nach Wiederaufnahme des Falls fällte eine Ehrenjury, die aus hohen Offizieren bestand, einen Freispruch. Ich war noch immer nicht zu den Morgenrapporten zugelassen, war mir jedoch sicher, dass der Judenälteste und sein Stellvertreter gemeinsame Sache mit dem Dienststellenleiter machten. Ohne stichhaltige Beweise hätte man einen Mann wie Loewenstein nicht verurteilen können.

Eppstein ist nun unangefochtener Herr über das Ghettorecht, er baut es grundlegend um. Haftstrafen, die von Sicherheitsorganen verhängt werden, ohne ordnungsgemäßen Prozess, haben den Beigeschmack von Willkür. Ein geständiger Angeklagter hingegen, bei dem zwei Reichsmark gefunden worden sind, wurde zu drei Tagen Haft verurteilt. In den Tagesbefehlen vom 22. Oktober ist von Verurteilungen von mindestens acht starken Rauchern die Rede, alle aufgrund eines ordnungsgemäßen, von Burger unterzeichneten Urteils. Im Grunde hätte ein Schwerverbrecher, der wegen zweitausend Mark und achtzig Zigaretten von Eppsteins Wachmännern gefasst und zu sieben Monaten verurteilt worden war, sich glücklich schätzen müssen, dass er nicht der SS in die Hände gefallen war, allerdings bestand kein Zweifel, dass er und seine Mittäter – genauso wie der ruchlose Besitzer von 2 Mark – in Bälde deportiert werden würden.

Der Ältestenrat schwieg. Ein gewisser Vladimir Weiss, der die Situation harsch kritisierte, musste Theresienstadt am 5. September verlassen. Zufall oder kausaler Zusammenhang? Niemand kann darauf eine Antwort geben. Nur der Leiter des Gesundheitswesens, Dr. Munk, sagte klipp und klar: »Seit 1941 arbeiten wir daran, ein Konzentrationslager in etwas Stadtähnliches zu verwandeln; Sie hingegen versuchen, diesen Anschein städtischen Lebens auf ein wahrhaftiges Konzentrationslager zu reduzieren.«

Der Höhepunkt von Eppsteins Bemühungen war erreicht, als neunzehn Juden in die Kleine Festung verlegt wurden. Sie waren vor dem Ghettogericht angeklagt worden, der »Einladung«, sich mit Gepäck zur Abfahrt in den Osten einzufinden, nicht nachgekommen zu sein, und als Burger von dem Vorfall erfuhr, schickte er die ganze Gruppe kurzerhand ins Konzentrationslager nebenan. Auch diesmal schwieg der Ältestenrat – aber nicht, weil er einverstanden gewesen wäre. Man hatte die Deserteure durch einige Reservisten ersetzen müssen, beziehungsweise hatte man einige Personen in den Osten schicken müssen, die dem einen oder anderen Mitglied des Ältestenrats näherstanden als viele andere Ghettobewohner.

Nach diesem Zwischenfall beschlossen die Mitarbeiter des Gesundheits- und des Technikwesens, die Sitzungen des Ältestenrats zu boykottieren. Diese beiden Abteilungen gehörten zu meinem Zuständigkeitsbereich, deshalb hielt ich es für angebracht, den beiden Leitern die Abschrift eines Briefes zukommen zu lassen, den ich an Eppstein geschrieben und in dem ich zum Ausdruck gebracht hatte, dass ich mit seiner Vorgangsweise nicht einverstanden war. Ich schrieb, keiner von uns sei Herr seines Schicksals. Der Zufall, Idealismus oder falscher Ehrgeiz hätte uns an diesen Ort geführt, wir könnten ihn jedoch erst wieder verlassen, nachdem wir unsere Rolle zu Ende gespielt hätten. »Um Entlassung ansuchen« wäre in meinem Fall ein lächerlicher Satz gewesen.

Schließlich bekam ich die Möglichkeit, mich auf meine Katalogisierungsarbeit zu beschränken, die mir vom Referat VII des RSHA anvertraut worden war.

Burger höchstpersönlich befreite mich aus meinem freiwilligen Exil. Überraschungsbesuch in dem kleinen Haus, wo die Gruppe der Hebraisten arbeitete; höhnische Worte, sinnlose Fragen und schließlich die Aufforderung, in seinem Büro zum Rapport zu erscheinen.

»Auf meinem Schreibtisch liegt ein Brief von Ihnen an Eppstein, in dem Sie erklären, nicht mehr in Theresienstadt arbeiten zu wollen. Ich bin einverstanden, ich warte auf ein Gesuch von Ihnen, in ein anderes Ghetto verlegt zu werden ... Reden Sie, warum antworten Sie nicht?«

»Der Befehl, in den Osten zu gehen, könnte mich genauso treffen, wie er viele andere getroffen hat, aber ein derartiges Gesuch kann ich nicht vorlegen, denn ich arbeite für das Referat VII des RSHA, und ein solcher Schritt meinerseits wäre ein Akt des Ungehorsams.«

»Wenn Sie in Theresienstadt bleiben wollen, müssen Sie Eppstein überwachen. Man hat mir mitgeteilt, dass er Fluchtpläne hat, ich möchte über alle seine Bewegungen auf dem Laufenden sein. Wenn Sie ihn auch nur eine Stunde aus den Augen verlieren, müssen Sie es mir sofort mitteilen.«

»Eine derartige Überwachung, wie Sie sie verlangen, ist unmöglich. Falls er fliehen sollte, was ich mir jedoch nicht vorstellen kann, werde ich höchstpersönlich für ihn haften.«

»Machen Sie, was Sie wollen, überwachen Sie ihn oder nicht, auf jeden Fall sind Sie mit Ihrer Familie für Eppstein verantwortlich. Sie können gehen.«

Der Leiter des Gesundheitswesens, der von Burger festgenommen worden war und einige Tage festgehalten wurde, ließ mir aus dem Kellergeschoß der Dienststelle die Nachricht zukommen, man habe in seiner Brieftasche die Abschrift meines Briefes an Eppstein gefunden. Es war zwar nicht verwunderlich, dass sich Eichmann und seine Mitarbeiter seit einem gewissen Vorfall in Wien einen Monat zuvor mit der Möglichkeit beschäftigten, ein Judenältester könne Fluchtpläne hegen, grotesk war jedoch die Tatsache, dass der Verdacht ausgerechnet auf Eppstein fiel, der sein Bestes gab, um das Vertrauen des Dienststellenleiters zu gewinnen. Ich zögerte ein wenig, doch dann beschloss ich, Eppstein von dem Gespräch in Burgers Büro zu berichten. Eppstein war zwar freundlich und herzlich, doch ich merkte bald, dass meine Aufrichtigkeit nicht erwidert wurde. Während wir von meiner Vorladung auf die Dienststelle sprachen, hatte Eppstein ein schwerwiegendes Geständnis zu verdauen. Deshalb hielt er es nicht für angebracht, mir sein Herz auszuschütten, erst später, als die Folgen seiner überstürzten Entscheidung das Ghetto erschütterten, gelang es mir, das Mosaik zusammenzusetzen.

Unter den Bittstellern, die sich Anfang September in Eppsteins Vorzimmer gedrängt hatten, als er gerade einen Transport zusammenstellte, war auch ein Angestellter der Zentralevidenz gewesen; er hatte sein Anliegen vorgetragen und gestanden, er habe in Edelsteins Auftrag fast ein Jahr lang die statistischen Daten der Dresdener Kaserne gefälscht, er habe täglich 50 Personen mehr angegeben.

In einem Roman Gogols täuscht ein kleiner Grundbesitzer das Finanzamt, indem er Bauern und Leibeigene, die nach der letzten Revision gestorben sind, für lebendig erklärt. Edelstein hingegen hatte 55 *tote Seelen* am Leben gelassen, um die Tatsache zu kaschieren, dass bei jedem Transport Leute willkürlich in den

Osten geschickt wurden, während andere in letzter Minute gerettet wurden.

Man kann sich leicht vorstellen, wie sich Eppstein fühlte, als er von diesem Täuschungsmanöver erfuhr. In Gefängnissen, Konzentrationslagern und Grenzorten ist die Erfassung von Häftlingszahlen von höchster Wichtigkeit. In Theresienstadt hingegen war der Dienststelle ohne sein Wissen fast ein Jahr lang täglich eine Liste mit gefälschten Daten übergeben worden. Jetzt hatte einer der Übeltäter gestanden, es konnte sich nur noch um wenige Tage handeln, bis die Sache ruchbar wurde. Alle Opfer, die Eppstein gebracht hatte, um Eichmanns Vertrauen zu gewinnen, waren umsonst gewesen. Eichmann und seine Gefolgsleute würden hinter dieser arglosen Fälschung womöglich ein diabolisches Täuschungsmanöver vermuten, wenn nicht gar den Beweis dafür sehen, dass man eine Gruppe von 55 Partisanen versteckte. Er musste einen Weg finden, um seinen guten Willen unter Beweis zu stellen, sonst war das Ghetto verloren. Er musste sofort handeln, um einer eventuellen Anzeige zuvorzukommen, und wenn notwendig, der Sache direkt ins Auge sehen. Möhs würde in ein paar Tagen kommen, er musste sich an Möhs wenden.

In dem von Ernest Lawrence 1911 entwickelten Zyklotron versetzt die elektrische Spannung die kleinsten Teilchen des Atoms in eine Kreisbewegung. Die chemischen Elemente, von denen man annimmt, sie seien unveränderlich, verlieren einen Teil ihres Atomgewichts, sobald sie sich im Inneren des Spannungsfeldes befinden, ihre speziellen Eigenheiten verändern sich, manchmal kommt es sogar zu ihrer völligen Umwandlung.

In dem von Eichmann 1941 gegründeten Ghetto versetzte die unglaubliche Spannung die intimsten Regungen der Menschen in wirbelnde Bewegung, erschütterte das Denken; sogar die moralischen Werte, die für gewöhnlich als unveränderlich gelten, verloren an Gewicht. Die Grenze zwischen erlaubt und verboten verschob sich, schließlich kam es sogar zur vollständigen Umwandlung.

Ein unglücklicher Besitzer von 2 Mark wurde ins Gefängnis geworfen und unter Umständen sogar deportiert. Der Ungerechtigkeit war damit Genüge getan. Genauso ungerecht wäre es jedoch gewesen, eine Entscheidung anzuklagen, die unter Umständen getroffen wurde, die kein Gerichtsverfahren außerhalb des Ghettos je hätte rekonstruieren können – ebenso wie es unmöglich ist, außerhalb des Zyklotrons eine Teilchenbewegung zu erzeugen. Eppstein sah wohl die Zelle im Keller der Theresienstädter Dienststelle vor sich, und er erinnerte sich wohl auch noch lebhaft an den Keller im RSHA. Wir wissen nicht, worin genau diese Erinnerungen bestanden und dürfen deshalb nicht urteilen, sondern müssen uns auf eine Feststellung beschränken.

1938 hatte das Attentat eines jungen polnischen Juden auf einen Beamten der deutschen Botschaft in Paris den Nazis einen Vorwand geliefert, um in der Nacht vom 9. auf den 10. November als Vergeltungsmaßnahme die Zerstörung aller Synagogen im Reich anzuordnen, Geschäfte und Wohnungen zu plündern, die Juden brutal zu misshandeln, festzunehmen und in Konzentrationslager zu verschleppen.

Burgers Entscheidung, Edelstein ausgerechnet in den Abendstunden des 9. November 1943 zu verhaften, beruht auf dem Kalkül, dass die schmerzliche Erinnerung an die Reichskristallnacht die Juden, die nach wie vor in Hitlers Reich lebten, selbst fünf Jahre danach noch in Angst und Schrecken versetzen würde. Die Panik infolge der Verhaftung eines Mannes, der sich immer um die breite Masse gekümmert und ihre Sympathie zu erwerben versucht hatte, legte sich an diesem traurigen Jahrestag wie eine Gewitterwolke auf die Gemüter und lähmte jeden aufmüpfigen Gedanken. Eine Ausgangssperre war verhängt worden, im jüdischen Siedlungsgebiet herrschte an diesem Abend Grabesstille.

Kapitel X

DER ANGRIFF DER »TURBANDITEN«

Burger war von Eichmann nach Theresienstadt geschickt worden, um reichsdeutsche Juden und böhmische Juden gegeneinander aufzuhetzen und auf diese Weise jeden potenziellen Kontakt mit aufständischen slawischen Widerstandsbewegungen im Keim zu ersticken; er glaubte jedoch, übertreiben und seine Kompetenzen überschreiten zu müssen. Nicht nur in den Ghettos wurden Menschen hinter Stacheldrahtzäune gesperrt in der Hoffnung, Menschen unterschiedlicher nationaler und sozialer Herkunft würden einander bekämpfen. In allen Konzentrationslagern sorgten die Kommandanten dafür, dass sich politische Häftlinge, die das rote Dreieck trugen, und Kriminelle, die zwar ihre vom Gericht verhängte Haftstrafe verbüßt hatten, aber dennoch nicht entlassen worden waren, da sie als gefährlich galten und somit weiterhin Häftlinge mit grünem Dreieck waren, um die wenigen wichtigen Stellen in der Verwaltung stritten. Diese beiden Gruppen kämpften ständig um die Macht, sie kämpften auch mit Fäusten und bespitzelten einander gegenseitig, was die Aufgabe der Schergen erleichterte.

In seinem Übereifer bemerkte Burger gar nicht, dass es einen wesentlichen Unterschied zwischen einem Konzentrationslager und Eichmanns Musterghetto gab: Unter den Leuten, die in Theresienstadt eingesperrt waren, gab es zwar jede Menge Feinde des Naziregimes und natürlich auch ein paar Elemente, die wegen allgemeiner Vergehen verurteilt worden waren, aber nach Theresienstadt kam man nicht aufgrund der politischen Einstellung und auch nicht aufgrund des Strafregisterauszugs, sondern ausschließlich, weil man jüdischer Herkunft war. Daher gab es im Reich des gelben Sterns keinen Platz für rote oder grüne Dreiecke. Burger bildete sich jedoch ein, die Überwachung in dem ihm anvertrauten Ghetto würde besser funktionieren, wenn er Elemente mit krimineller Vergangenheit mit Überwachungsfunktionen betraute. Der Konflikt zwischen Deutsch sprechenden Juden und Tschechoslowaken war ihm nicht genug, Berliner und Prager konnten sich im Notfall auf eine gemeinsame Sprache, die der anständigen Leute, einigen und zusammenarbeiten; mit den Verbrechern, die unter seinem Schutz standen, war das nicht möglich.

Ein jüdischer Polizeispitzel, der in Kladno in Böhmen eng mit der Gestapo zusammengearbeitet hatte, war aufgeflogen und nach Theresienstadt gebracht worden. Zuerst glaubte Burger, den richtigen Mann gefunden zu haben, um den Angriff auf die Selbstverwaltung des Ghettos starten zu können, doch er wurde bald eines Besseren belehrt. Der allzu temperamentvolle und selbstsichere Spitzel legte nicht nur den Mitgliedern des Ältestenrats, sondern auch dem Dienststellenleiter gegenüber ein aggressives Verhalten an den Tag. Trotz der echten oder erfundenen Freundschaft zu Daluege, dem General der deutschen Polizei, war seine Deportation beschlossene Sache.

Enttäuscht, aber nicht entmutigt ging Burger daran, eine Intrige des Ältestenrats zu unterstützen, die darauf abzielte, Loewenstein zu liquidieren, denn er wollte seinen Favoriten mit der Leitung der Ghettowache betrauen. Eppstein war augenblicklich einverstanden, das Ghetto stellte sich jedoch entschlossen gegen Burgers Entscheidung und es gelang, sie innerhalb weniger Tage rückgängig zu machen. Bei Verhören auf dem Polizeipräsidium war Burgers Favorit lässig und frech gewesen; angesichts eines hohen Funktionärs war er jedoch verlegen und über die Maßen befangen. Der Zusammenhalt der ihm feindlich gesinnten Ghettoinsassen und der Widerstand seiner Untergebenen gaben ihn schließlich endgültig der Lächerlichkeit preis. Da man Burger nicht offen desavouieren konnte, mussten die Ämter völlig neu organisiert werden. Eppstein höchstpersönlich übernahm die Leitung der Ghettowache, der Feuerwehr und der Detektivabteilung, während Burgers Favorit mit der einträglichen Aufgabe betraut wurde, die Lebensmittelverteilung zu überwachen; aufgrund dieser aberwitzigen Neuorganisation wurde alles zunichtegemacht, was Loewenstein seinerzeit für die Alten und für schutzlose Personen im Ghetto erreicht hatte.

Burger war zwar in zwei Zügen schachmatt gesetzt worden, doch er war mehr denn je davon überzeugt, dass er einen Mann seines Vertrauens an einer wichtigen Stelle einsetzen musste, um in Theresienstadt Herr der Situation zu bleiben. Als ruchbar wurde, dass es in der Dresdner Kaserne 55 »tote Seelen« gab, nutzte er die Gelegenheit, um Edelstein endgültig zu beseitigen und darüber hinaus den ganzen Ältestenrat zu diffamieren, der seiner Meinung nach untauglich und unaufrichtig war; seiner Meinung nach rechtfertigte das voll und ganz den Einsatz neuer Kräfte.

Um sein Ziel zu erreichen, wies der Dienststellenleiter alle Vorschläge, die Anzahl der Häftlinge intern zu prüfen, zurück; er bestand darauf, dass die SS eine Volkszählung durchführte. Die genauen Befehle trafen am späten Abend des 10. November ein. Alle bettlägerigen Personen sollten in drei Krankenstationen gesammelt werden, dort sollten sie zuerst vom Pflegepersonal und dann noch einmal von der SS gezählt werden. Die restlichen Juden, auch Alte und Kinder jeglichen Alters, mussten sich in Zehnerreihen und Hundertergruppen um sechs Uhr früh im Bauschowitzer Kessel einfinden. Burgers Favorit, der sich trotz der Unterstützung durch die Dienststelle nicht länger als eine Woche auf Loewensteins Stuhl gehalten hatte, wurde mit der Aufgabe betraut, für den Appell im Bauschowitzer Kessel nach eigenem Gutdünken einen Ordnungsdienst zusammenzustellen. Das kam einer Entmachtung des Ältestenrats gleich.

Innerhalb weniger Stunden musste der Transport von dreitausend Kranken organisiert werden, sie mussten in geeigneten Sammelstellen untergebracht werden. Eine logistische Meisterleistung war vonnöten, um im Morgengrauen mehr als fünfunddreißigtausend Personen geordnet und ohne Zusammenstöße aus der Stadt hinauszuführen. Eppstein hatte den Kopf in den Wolken, Edelstein saß im Keller der Kommandantur; also musste man auf Zuckers Mitarbeit zurückgreifen. Bereits um fünf Uhr früh kehrten die Mannschaften, die die Kranken transportiert hatten, in die Kasernen zurück und machten sich sofort wieder auf den Weg zum Appellplatz; die völlige Räumung der Festungsstadt Theresienstadt ging reibungslos über die Bühne.

Von der Landstraße zweigte ein morastiger Weg zu dem Kessel ab, den sich Burger für seinen Appell ausgesucht hatte. Ziegel, Steine und Holzstücke, die von den Arbeitern der nahen Baustelle weggeworfen worden waren, machten den Marsch noch mühsamer. Ein paar, die überzeugt waren, dass sie nicht mehr nach Theresienstadt zurückkehren würden, hatten ihr Bündel geschnürt. In den Reihen sah man nicht nur Kinder, die getragen wurden, und Alte, die an der Hand geführt wurden, sondern auch Männer mit Koffern und Frauen mit Rucksack.

Als man am Ziel angelangt war, trat Edelsteins minutiös ausgearbeiteter Plan in Kraft. Die Kasernen- und Hausältesten überwachten gemeinsam mit den Zimmer- und Schlafsaalältesten die Menge, ordneten die Reihen, teilten die Gruppen, verabreichten ein Stück Würfelzucker, wenn jemand einer Ohnmacht nahe war, oder führten ein Kind, das seine Notdurft verrichten musste, zu einer abgelegenen Stelle. Nach einer Stunde war die Menge ordnungsgemäß aufgestellt. Die Gendarmen, die die Zählung überwachen sollten, verhielten sich ruhig. Einziges Störelement war der von Burger organisierte Ordnungsdienst; er hätte für die Aufrechterhaltung der Ordnung sorgen sollen, hatte jedoch nichts zu tun. Damit die Männer in der Menge zu erkennen waren, hatten sie sich weiße Papierturbane aufgesetzt, und bald war der Theresienstädter Jargon um einen Ausdruck reicher: »Turbanditen«.

Eppstein war in der Stadt geblieben, um sich an der Zählung der Kranken zu beteiligen. Burger wollte mit der allgemeinen Zählung erst beginnen, wenn die genaue Anzahl der Kranken in den drei Sammelstellen feststand. Den gesunden Juden konnte man zwar befehlen, Habtacht zu stehen, den Kranken konnte man jedoch nicht verbieten zu sterben. Der SS zum Trotz nahm das Sterben kein Ende, die Zählung und die mühsam erhobenen Zahlen waren somit hinfällig. Sobald Burgers Schergen mit der Zählung fertig waren, beschlossen sie, auch die Toten zu zählen, aber mittlerweile war nicht mehr zu eruieren, wer bei der ersten Zählung noch gelebt hatte und deshalb auch als Toter zu berücksichtigen war; wer hingegen bereits vor der ersten Runde gestorben war, durfte in Frieden ruhen. Eppstein erging sich in Erklärungen, niemand schenkte ihm Gehör. Man wusste ja, dass die Juden teuflisch waren, aber die Haarspalterei, zwischen Toten, die zu statistischen Zwecken am Leben bleiben mussten, und jenen Toten zu unterscheiden, die nur deshalb in der Aufbahrungshalle blieben, um die Dinge komplizierter zu machen und das Mittagessen hinauszuzögern, ging eindeutig zu weit.

Am Nachmittag wurden endlich Befehle gebrüllt, es konnte losgehen. Von kleinen Zwischenfällen abgesehen – ein paar Alte mussten, um ihre Blase zu erleichtern, ihren Platz verlassen, in der Folge setzte es Ohrfeigen für den, der für die Gruppe verantwortlich war – war die Zählung relativ einfach: 35 Abteilungen zu je 1000 Personen, unterteilt in zehn Hundertschaften. Nach zwei Stunden war alles vorbei, die SS-Männer konnten sich zurückziehen; wenigstens zum Abendessen kamen sie rechtzeitig. Im Kessel war niemand mehr, der auch nur ansatzweise einen Befehl hätte geben können. Die Ghettowache war an diesem Tag demobilisiert worden, die weißen Turbane ließen sich nicht mehr blicken, die Gendarmen standen unbeweglich und stumm da. Die Menge wartete ungeduldig auf den Befehl, in die Stadt zurückzukehren.

In Konzentrationslagern waren derartige Appelle ein täglich zelebriertes Ritual zur Zählung der Häftlinge. Diese »Appelle« konnten mehrere Stunden dauern – bis der Lagerkommandant beschloss, die Reihen aufzulösen. Der Appell im Bauschowitzer Kessel war ein erster Schritt in diese Richtung; später kam es immer öfter vor, dass Burger die Menschen wie in einem Konzentrationslager an einem Herbstabend frierend in der Dunkelheit auf einer feuchten Wiese stehen ließ.

Zum Glück ahnten die Juden in Theresienstadt nichts von den Absichten des Dienststellenleiters. Nach langem Warten setzte sich die Menge in Bewegung und drängte in Richtung der bewaffneten Wachposten. Gemeinsam mit Zucker befand ich mich in einem kleinen Areal, das die Juden von den Gendarmen trennte. Sie mussten eine Entscheidung treffen: die Juden durchlassen, Schüsse in die Luft abgeben oder sogar das Feuer auf die erregte Menge eröffnen. In diesem Augenblick taucht Bergel auf der Landstraße auf. Nie zuvor war ein SS-Obersturmführer von den Juden so freudig empfangen worden. Alle glaubten, er würde den heiß ersehnten Befehl überbringen. Doch er hatte keine Anweisungen erhalten und war daher ratlos. In der Dunkelheit des Kessels fühlt er sich von der gewaltigen Menge bedroht, die sich immer enger um uns drängte; einen Augenblick lang zögert er, dann macht er den Gendarmen ein Zeichen, uns durchzulassen.

Die Leute strömten über den Weg, der zur Landstraße nach Theresienstadt führte, stolperten über Ziegel und Zementsäcke. Junge Arbeiter, die ohne vorherige Absprache aufgetaucht waren, stützten die Alten, reichten einer Mutter mit einem schlafenden Kind auf dem Arm die Hand und bildeten eine Menschenkette, um den Strom zu zügeln. Alle hatten es eilig, alle waren glücklich darüber, dass der verhängnisvolle Tag zu Ende war, dass sie nach Hause gehen durften ... ins Ghetto. Als ich mit der Nachhut in die Stadt kam, brachten die Mannschaften die Kranken bereits in ihre Unterkünfte zurück und

Feuerwehrleute liefen mit Taschenlampen und Scheinwerfern zum Kessel, um erschöpfte Menschen, die in den halbfertigen Baracken Zuflucht gesucht hatten, zu bergen.

Nach dem 11. September nahm das Leben wieder seinen normalen Rhythmus auf, ebenso der Tod; die Zahl der Todesfälle war im November nicht höher als in den anderen Wintermonaten. Burger war es gelungen, ein paar Stunden lang Angst und Schrecken zu verbreiten, allerdings hatte ihm das Versagen der »Turbanditen« eine herbe Enttäuschung bereitet. Was jedoch das Hauptziel der Zählung anbelangte – beziehungsweise die Beseitigung der Zweifel hinsichtlich der Zahl der Ghettoinsassen –, musste man wieder von vorne beginnen. Nach ein paar weiteren aberwitzigen Versuchen, genaue Ergebnisse zu erhalten, musste man sich aus Mangel an Alternativen auf eine hypothetische Ausgangsbasis einigen, um statistische Daten zu erhalten. Allerdings durfte dieser Zustand der Ungewissheit nicht länger andauern, sonst hätte man sich in Berlin blamiert, von wo aus Eichmann die Vorgänge aufmerksam verfolgte.

In den Augen des Leiters des Referats IV B4 bestätigte der Fall Edelstein aufs Neue den Verdacht gegen die Gruppe der Tschechoslowaken. Die Deportation der Funktionäre der Selbstverwaltung im Herbst 1943 hatte sich als zielführend erwiesen, denn auf diese Weise war das stillschweigende Übereinkommen zunichtegemacht worden, das es Edelstein ermöglicht hatte, den Missstand zu verheimlichen. Man wusste also, wo man ansetzen musste. Weitere Transporte sollten zur Verurteilung bisher unbekannter Komplizen führen, neue Enthüllungen erlauben und der Clique, die das Ghetto angeblich zu einem Hort der Unruhe und des Aufruhrs gemacht hatte, einen entscheidenden Schlag versetzen. Der Befehl, fünftausend Tschechoslowaken zu deportieren, ging mit dem Befehl einher, die zur Deportation bestimmten Funktionäre durch deutschsprachige zu ersetzen. Überhaupt sollen deutsche Juden mit der Leitung der einzelnen Abteilungen betraut werden. Die Ämter, bislang Hochburgen der Böhmen, mussten der Dienststelle Personallisten vorlegen, damit Burger die hypertrophe Bürokratie abbauen konnte. Der verzweifelte Versuch, Schreiber als Laufburschen zu tarnen, scheiterte; er wurde von dem Berliner Stellvertreter des Judenältesten vereitelt, der es nicht übers Herz brachte, die Obrigkeiten zu täuschen. Offiziell zur Deportation verurteilt wurden: 300 Wachleute, die nach dem 5. September noch in Theresienstadt waren, die Arbeiter, die nach der Ablieferung der letzten Kisten für die Dieselmotoren freigestellt waren, eine Gruppe mährischer Juden, die von einer Affäre Burgers wussten, und schließlich ein ehemaliger Agent des deutschen Geheimdienstes in Griechenland.

Wenn es nach Burger gegangen wäre, hätte besagter Herr eine wichtige Rolle im Ghetto spielen und ein geheimes Überwachungssystem installieren sollen, um den Judenältesten in Sicherheit zu wiegen; auf diese Weise hätte man jegliches Vergehen verhindern können. Eppstein war damit voll und ganz einverstanden und glaubte, meinen Widerstand überwinden zu können, indem er sich an Burger wandte; dieser wünschte sich, das Spionagesystem möge so bald wie möglich zum Einsatz kommen. Da ich nach Edelsteins Verhaftung ebenfalls täglich beim Morgenrapport erscheinen musste, konnte ich Burger jedoch davon überzeugen, dass jeder Akt der Spionage notwendigerweise zu einem Akt der Gegenspionage führte; hätte man den Vorschlag aufgegriffen, hätte man die Entstehung geheimer und schwer zu kontrollierender Bewegungen gefördert.

Da Eppstein seine Untergebenen nicht bespitzeln lassen konnte, verlangte er eine Erklärung, in der die Unterzeichneten nicht nur gegenüber dem Judenältesten, sondern auch gegenüber der SS absolute Loyalität bekundeten. Burger fand allerdings bald eine neue Einsatzmöglichkeit für seinen Favoriten: Er sollte versteckte Valuten und Wertgegenstände eintreiben, wofür er im Gegenzug die Garantie erhielt, in Theresienstadt bleiben zu dürfen. Die Angelegenheit war jedoch derart heikel, dass eine Kleinigkeit genügte, um Burgers

Misstrauen zu erwecken; er fürchtete ja ständig, man könne ihm in die Karten schauen. Der, der bezahlt hatte, und der, der als Mittelsmann fungiert hatte, wurden deportiert, doch der, der Valuten und Wertgegenstände kassierte, konnte sich in Sicherheit wiegen.

Burger ordnete aberwitzige Vorsichtsmaßnahmen an, und Eppstein traf hochkomplizierte Vorkehrungen, um Irrtümer und Willkürakte bei der Abfahrt der Transporte zu vermeiden, doch das erhöhte letzten Endes nur die Spannung; auch die Funktionäre, die 43 Transporte von Theresienstadt in den Osten nur allzu gut in Erinnerung hatten, verloren schließlich den Kopf. Am 15. Dezember wurden 2504 und am 18. Dezember 2503 Menschen deportiert, laut Befehl hätten exakt 5000 deportiert werden sollen. Der erste Judenälteste, Jacob Edelstein, verließ im ersten Waggon das von ihm geplante und errichtete Ghetto.

Gegen Jahresende versuchten alle, die einen Verwandten oder lieben Freund verloren hatten, den Schmerz zu verbergen. Im Café spielte das Orchester, im 2. Stockwerk der Magdeburger Kaserne wurde wieder ein Stück von Gogol aufgeführt, und im 1. Stockwerk sortierte man schon wieder die Karteikarten für den nächsten Transport. Die Edelstein-Affäre hatte längerfristig nur zur Folge, dass Tätigkeiten, die mit der Zählung der Insassen verbunden waren, genauer überwacht wurden. Die härtere Gangart der Dienststelle gipfelte in einer Episode, die typisch für das Land des Absurden war.

Die Tatsache, dass in Theresienstadt von den Anfängen des Ghettos bis zu seiner Auflösung zweihundertdrei Kinder zur Welt kamen, beweist, dass es grundsätzlich nicht verboten war, ein Kind zu bekommen. Frauen, die bei ihrer Ankunft in Theresienstadt bereits schwanger waren, konnten eine Behandlung in Anspruch nehmen und wurden in die Frauenambulanz des Zentralkrankenhauses eingeliefert. Die Lage war jedoch komplizierter, wenn die Frauen vor Ort schwanger wurden. Allerdings handelte es sich um Ausnahmefälle, denn infolge der Entbehrungen waren die meisten Frauen ohnehin vorübergehend unfruchtbar geworden, und Juden im Ghetto war es verboten, Kinder zu zeugen. Meistens baten die schwangeren Frauen um einen Schwangerschaftsabbruch, denn unter den herrschenden Bedingungen sahen sie sich außerstande, Verantwortung für neues Leben zu übernehmen. Nichtsdestoweniger waren die Ärzte verpflichtet, jede diagnostizierte Schwangerschaft zu melden. Die fraglichen Frauen wurden dann zu einem Spezialisten geschickt, und es wurde ihnen nahegelegt, sich dem Eingriff zu unterziehen.

Hin und wieder versuchte Edelstein, die Zustimmung Seidls zu einer »unerlaubten« Geburt zu erhalten, er schilderte, in was für einer verzweifelten Situation sich die Mutter befand, sie hatte jahrzehntelang gewartet und sah ihren Lebenstraum gefährdet, weil sie im Ghetto saß. In diesen Fällen beschränkte sich Seidl auf ein unentschiedenes Nicken, und Edelstein gab sich mit dieser Geste, die weder Ja noch Nein bedeutete, zufrieden; er dachte, der Fall sei in seinem Sinn gelöst. Doch im Grunde war die Erlaubnis des Dienststellenleiters nicht wünschenswert, denn was die junge Mutter anfänglich glücklich machte, führte direkt ins Verderben. Auf Weisung der Dienststelle fanden sich die jungen Eltern oft in einem Osttransport wieder. Deshalb versuchten Gesundheitswesen und Evidenz in Fällen von großer Verzweiflung einzugreifen, indem sie auf der Geburtsurkunde falsche Namen einsetzten. Wenn die Eltern erst vor Kurzem im Ghetto angekommen waren, bedeutete das, dass das Neugeborene nicht im Ghetto gezeugt worden war; und darauf kam es an, denn bereits bestehende Schwangerschaften waren erlaubt und konnten zu einer glücklichen Entbindung führen, ohne dass die Dienststelle einschritt. Nach Edelsteins Verhaftung ließ Burger die Karteien kontrollieren, Eppstein hatte sich feierlich das Versprechen geben lassen, dass alle Befehle der Dienststelle mit höchster Loyalität befolgt würden.

Die Situation wurde noch zusätzlich dadurch erschwert, dass der Judenälteste misstrauisch war und glaubte, alles selber machen zu müssen. Da er dem Gesundheitswesen nicht traute, lud er die Schwangeren zu sich in die Magdeburger Kaserne. Bei dieser Gelegenheit sollten die Frauen die Möglichkeit haben, sich kennenzulernen und sich auszutauschen, einander Ratschläge zu geben und sich – auf die Gefahr hin, deportiert zu werden – gegenseitig ermutigen, das Kind auszutragen. Eppstein hatte übertrieben, er musste Burger davon berichten.

Da auch ich anwesend war, konnte ich beobachten, wie der Dienststellenleiter den Befehl zu umgehen und vielmehr den Judenältesten zu bewegen versuchte, die Dinge in die Hand zu nehmen, »denn die Verantwortung liegt bei Ihnen«. Aufgrund dessen, was mir Edelstein über Seidls merkwürdiges Verhalten anvertraut hatte, wurde mir klar, dass Zwangsabtreibungen nicht auf höheren Befehl durchgeführt wurden. Eine solche Norm hätte nicht dem Stil Theresienstadts entsprochen. Die Anweisungen, die der Dienststellenleiter erhalten hatte, beschränkten sich auf den Ratschlag, man möge die Judenältesten mit dieser vermeintlichen Verantwortung unter Druck setzen, sodass sie auf einen Eingriff bestanden, obwohl sie keinen direkten Befehl erhalten hatten.

Das von Eppstein in die Wege geleitete Gespräch neigte sich dem Ende zu, ohne sichtbares Ergebnis, denn Burger wand sich und Eppstein konnte aufgrund seiner Mentalität mit unklaren Aussagen nichts anfangen, er forderte ein eindeutiges Ja. Ich wusste, welche Taktik Edelstein anwandte, und deshalb nutzte ich eine kurze Pause, um einzuwerfen: »Wenn wir die Verantwortung tragen, dann erlauben Sie uns auch, Verantwortung zu übernehmen.« Burger zuckte nur mit den Achseln, mehr konnte man von ihm nicht erwarten.

Keines der Kinder, das mit Burgers halbherziger Zustimmung geboren wurde, erlebte seinen ersten Geburtstag in Theresienstadt. Eichmanns Bestimmungen zufolge durfte im Musterghetto nicht getötet werden, nicht einmal ungeborenes Leben. Die Insassen in Theresienstadt waren privilegiert, sie durften nicht vor Ort umgebracht werden; leider verloren sie alle Rechte und Privilegien, sobald sie Theresienstadt verlassen hatten. 1942 wurden fast fünfundvierzigtausend und 1943 ungefähr achtzehntausend Personen in den Osten deportiert.

In den letzten Monaten hatte es offensichtliche Bestrebungen gegeben, die Gruppe der Tschechoslowaken zu dezimieren. Edelsteins Posten in der Ghettoverwaltung zu übernehmen, hieß, sich demselben Martyrium auszusetzen wie er. Der Architekt Otto Zucker wusste das sehr gut und war dennoch bereit, ihm ohne zu zögern nachzufolgen. Gemeinsam mit Edelstein hatte er in Prag die Pläne für das Ghetto ausgearbeitet, gemeinsam hatten sie die ersten Enttäuschungen erlitten. Jetzt war Edelstein nicht mehr da; sein Kampfgefährte hatte nun die Aufgabe, die slawischsprachigen Juden zu vertreten. Zucker, ein geborener Mähre, hatte bis zur Machtergreifung Hitlers in Deutschland gelebt, er sprach Tschechisch mit starkem Akzent. Die tschechischen Nationalisten waren gegen ihn, weil er ein glühender Zionist war, und manche hassten ihn geradezu, weil er immer rücksichtslos gegen die Freunderlwirtschaft angekämpft hatte.

Von deutscher Seite wurde seine Ernennung ohne Zögern bestätigt, es war jedoch kein Geheimnis, dass niemand von dieser Wahl begeistert war. Der beste Beweis war der eisige Empfang, den Burger ihm bereitete, als er zum ersten Mal gemeinsam mit Eppstein erschien. Zucker hatte 1940 die israelitischen Kultusgemeinschaften in Mähren geleitet, während Burger auf Eichmanns Befehl die Verwaltung der beschlagnahmten Güter überwachte. Zucker wusste von so manchem Schurkenstreich, deshalb weckte er beim Dienststellenleiter keine allzu angenehmen Erinnerungen. Der geeignete Augenblick, ihn zu beseitigen, war noch nicht gekommen, doch Burger schien es ratsam, ihn fürs Erste auf Distanz zu halten. Eppstein glaubte derweil, er habe die Schlacht gewonnen: Er hatte den Befehl erhalten, allein und nicht mehr in Begleitung Murmelsteins oder Zuckers auf der Dienststelle zu erscheinen, und das erschien ihm wie ein exklusiver Vertrauensbeweis. In seiner Euphorie vergaß er einen anderen Befehl, nämlich dass er die Brille abnehmen sollte, wenn er das Büro des Kommandanten betrat. Burger hatte wohl in einem billigen Krimi von dem Trick gelesen, dass man mithilfe geschickter Kopfbewegungen Dokumente, die auf dem Schreibtisch lagen, im Reflex der Linsen lesen konnte.

Eppstein dachte, es würde ihm zum Vorteil gereichen, wenn er als Einziger und unwidersprochen das Wort Burgers auslegen dürfe. Die gemeinschaftliche Leitung hatte ohnehin nie funktioniert; jetzt war sie außerstande, die Anmaßung des Judenältesten zu verhindern. Im Ältestenrat wurde gerade hitzig über die Frage diskutiert, ob die Detektivabteilung ein Mitglied des Ältestenrates ohne dessen Zustimmung verhören durfte. Eine Mehrheit ließ sich bei dieser Frage kaum erzielen, doch hin und wieder kam ein Skandal bei der Lebensmittelverwaltung ans Tageslicht und man kam um eine Untersuchung nicht umhin. Es war peinlich, bei einer solchen Gelegenheit als Zeuge auftreten zu müssen, denn niemand wollte es sich mit den Herrschaften verscherzen, die die Nahrungsmittel verwalteten. Um Ärger und Verdruss zu vermeiden, versuchte sich der Ältestenrat die Befugnisse eines Parlaments anzueignen – ohne zu bemerken, dass er mittlerweile nur noch ein Abklatsch seiner selbst war. Die Erhöhung der Zahl der Mitglieder war nicht mit mehr Autorität einhergegangen. Die Sessel, die mit der Ablöse Edelsteins und seines Stellvertreters frei geworden waren, waren von zwei Vertretern der Gruppe der Tschechoslowaken besetzt. Außerdem wurden die wichtigsten Würdenträger der liquidierten Gemeinden in den Ältestenrat berufen, wobei sich die Vertreter der jeweiligen Nationen die neu geschaffenen Posten gerecht untereinander aufteilen mussten. Die wenigen Mitglieder des Ältestenrats, die noch die Leitung einer Abteilung innehatten, waren eingeschüchtert, denn als Prager fühlten sie sich von der Dienststelle verfolgt und vom Judenältesten im Stich gelassen. Alle anderen Mitglieder waren schon im fortgeschrittenen Alter, sie hüteten sich davor, es sich mit den anderen zu verscherzen. Eppstein wandte eine List an, um den Ältestenrat handlungsunfähig zu machen und der Lächerlichkeit preiszugeben; die Nazimethode war dabei so deutlich, dass man nicht umhin konnte zu denken, er habe einen freundschaftlichen Rat von Möhs erhalten.

Der Versuch, in dringenden Fragen einen Ausschuss entscheiden zu lassen und damit die Arbeit des Ältestenrats einfacher zu machen, war von Anfang an zum Scheitern verurteilt, niemand hielt diese Beschlüsse nämlich für notwendig. Schon nach wenigen Sitzungen reichten die einen unter Protest ihren Abschied ein, während die anderen schweigend gingen. Bei der letzten Sitzung des Ausschusses wurde die Ausstattung von Johann Strauss' »Die Fledermaus« diskutiert, ein Teil des Publikums hatte sie nämlich für zu aufwendig und teuer gehalten.

Eichmanns Plänen zufolge hatte das Musterghetto die Aufgabe, die Weltöffentlichkeit in Bezug auf die Lösung der Judenfrage zu täuschen. Die von den Obrigkeiten am Leben gehaltene Illusion war allmählich zu einem wesentlichen Bestandteil des Lebens in Theresienstadt geworden, zu einem unerlässlichen Narkotikum.

Eichmann brauchte die Illusion, um den Massenmord zu vertuschen; aber auch die Juden gaben sich Illusionen hin, um überleben zu können. Der Tag im Ghetto begann mit der Illusion, einen Kaffee zu trinken, der in Wirklichkeit keiner war; untertags schlugen viele die Zeit tot, gaben sich der Illusion hin zu arbeiten und wichtig zu sein; sie glaubten, dass es keine Transporte in den Osten mehr geben würde; sie nahmen eine Scheinmahlzeit zu sich und kehrten am Abend in ihr Scheinzuhause zurück, zu einem Liegeplatz in einem dreistöckigen Bett – denn man wollte die hohen Räume nutzen. Für sie war eine »Fledermaus«-Premiere kein übertriebener Luxus, sondern ein ideales Mittel, um sich weiter ihren Illusionen hinzugeben. Der Ausschuss, ein Sprachrohr des Ältestenrats, der eine

Operettenaufführung diskutierte, passte sich bloß der im Ghetto herrschenden Geisteshaltung an.

Es ist erschütternd zu sehen, wie sich auf zwei unterschiedlichen und völlig konträren Ebenen ein und dasselbe abspielt; aber Ziel der Machenschaft war ja, das ganze Ghetto in eine riesige Bühne zu verwandeln und eine Komödie aufzuführen, in der jeder einzelne Insasse Theresienstadts seine Rolle zu spielen hatte.

Kapitel XI

»LACHE, JUDE!«

Ein Transport mit holländischen Juden soll ankommen. Burger höchstpersönlich ist zum Bahnhof gefahren, um die Neuankömmlinge in Empfang zu nehmen. Diesmal sind auch Kofferträger da, um den angesehenen Gästen zu helfen. Alles läuft ruhig ab. Der Zug hält an, keiner schreit, keiner drängelt; alle steigen auf gesittete Weise aus, als befänden wir uns in einem Schweizer Luftkurort. Eine ältere Dame zögert auf dem Trittbrett, blickt sich einen Augenblick lang verlegen und wie hilfesuchend um, im nächsten Moment bedankt sie sich mit einem freundlichen Lächeln bei dem Obersturmführer, der herbeigeeilt ist, um ihr zu helfen; sie stützt sich auf seinen Arm und steigt aus dem Waggon.

Im Hof der Hamburger Kaserne. Die jungen Arbeiterinnen, die hier untergebracht waren, haben die Kaserne räumen müssen. Die Säle sind frisch ausgemalt worden, um die Holländer, die aus dem Lager Westerbork an der holländisch-deutschen Grenze gekommen sind, unterzubringen. Die Gruppe steht geschlossen im Hof, um vom Ghetto willkommen geheißen zu werden. Der Judenälteste, ein noch junger, mit nüchterner Eleganz gekleideter Mann, blickt lächelnd über den Rand seiner Schildpattbrille. Seine Stimme ist sympathisch, er spricht gewandt und überzeugend – ein Universitätsdozent, der eine Vorlesung hält: jüdisches Siedlungsgebiet, Selbstverwaltung, Ältestenrat, Bank, Post, Monatsgehalt, Geschäfte, Theateraufführungen. Am Ende seiner Rede fordert er die neuen Ghettobewohner zur Mitarbeit auf, sie sollen einen Beitrag zur Entwicklung der vielen schönen Einrichtungen leisten. Ein älterer Holländer antwortet in holprigem Deutsch; er hält inne und beginnt von Neuem, verhaspelt sich und beginnt noch einmal. Erst beim dritten Versuch schafft er es; er hat seine Gedanken geordnet und spricht vom »Lager« Theresienstadt. – Wie kann man ein Siedlungsgebiet mit einem Konzentrationslager verwechseln? Das Ganze ist sehr peinlich, denn die Zeremonie wird von der Prager Wochenschauagentur *Aktualita* auf Tonfilm aufgezeichnet. Der kleine Zwischenfall hat zu einer geringfügigen Verzögerung geführt; jetzt bauen die Techniker die Kameras ab und die Scheinwerfer gehen aus. Die Holländer können sich endlich zurückziehen und ausruhen, sie haben die Staatsbürgerschaft in Theresienstadt erworben. Die Dame, die wir am Bahnhof kennengelernt haben, geht lächelnd zu dem Obersturmführer, der die Aktion befehligt; sie hält es für unhöflich zu gehen, ohne sich von ihrem galanten Kavalier verabschiedet zu haben, er ist so anders als alle Deutschen, die sie bisher das Unglück hatte kennenzulernen. Wie dumm diese Holländer doch sind! Zuerst verderben sie das Fest, indem sie von einem Konzentrationslager und nicht von einem Siedlungsgebiet sprechen, dann wollen sie nicht zur Kenntnis nehmen, dass die Filmaufnahmen vorbei sind. Die aufdringliche Alte ist jedenfalls umgerempelt worden, das wird ihr wohl eine Lehre sein.

Ich dachte, ich hätte an einer Galavorstellung teilgenommen, doch es war nur eine erste und bescheidene Probe. Ein erstes Indiz dafür war Burgers Befehl, einen Verantwortlichen für die Verschönerung der Stadt zu ernennen. Unsere Fantasie reichte jedoch nicht aus, um uns mehr als die üblichen Kleinigkeiten vorzustellen: Verbot, auf den Gehsteig zu spucken, Lüften des Bettzeugs nur zu gewissen Zeiten, Verbot, Wäsche aus dem Fenster zu hängen, die Aufforderung, den Alten nach Hause zu schicken, der sich in der Öffentlichkeit in Unterhose zeigte.

Eppstein war ganz mit »Außenpolitik« beschäftigt, er glaubte Burgers Vertrauen erworben zu haben, wollte es jedoch ausbauen und festigen. Zucker kämpfte an der »Innenfront«, er wollte, dass die böhmischen Juden die wenigen Posten behielten, die sie noch innehatten. Ich hingegen hatte angeblich keine größeren Probleme und somit die Zeit, eine unwichtige Aufgabe zu übernehmen. Ich war ja Dezernent für Gesundheitswesen und Technik, deshalb eignete ich mich offenbar in besonderer Weise für die Desinfektion einer Latrine oder die Errichtung eines Springbrunnen. Mein Einwand, die Verschönerung sei Aufgabe der Architekten und somit wie maßgeschneidert für Zucker, wurde in einer Ratssitzung entschieden zurückgewiesen: »Was heißt hier Verschönerung, was heißt hier Verschönerung ... – inzwischen kennen wir ja deine Ausreden: Selbst ein alter Handwerker, ein lahmer Elektriker und ein blinder Spengler wären dazu imstande. Du kannst dich nicht dauernd zurückziehen und Verstecken spielen, sei mutig, setz dich ins richtige Licht.«

Um die ersten Phasen der Verschönerung zu beurteilen, muss man sich nicht nur Burgers Denkweise, sondern auch die Mentalität der tschechoslowakischen Handwerker vor Augen halten, die die Arbeiten ausführen mussten. Burger hielt sogar den Hammer für gefährlich, mit dem der jüdische Handwerker Nägel einschlug, er war nicht imstande zu berechnen, wie lange man brauchte, um ein Gebäude zu errichten, und wollte alles selbst machen. Deshalb legte er absurde Termine fest; es war unmöglich, die Arbeit vernünftig zu planen. Die Arbeitertrupps waren eingeschüchtert und bekamen Panik, wenn sie in der Ferne die Kappe des Kommandanten auftauchen sahen. Außerdem waren die Handwerker, mit denen ich zu tun hatte, Landsleute des braven Soldaten Schwejk. Im Verhalten meiner Mitarbeiter erkannte ich das Talent wieder, die Dinge mithilfe übertriebener Unterwürfigkeit ins Lächerliche zu ziehen und mit Übereifer zu sabotieren, wie sie der Schriftsteller Jaroslav Hašek anhand der Hauptfigur seines berühmten Romans dargestellt hat. Unter diesen Voraussetzungen konnte die Geschichte mit den Tischen gar nicht anders ausgehen.

In seinem plötzlichen Eifer, die Lebensbedingungen im Ghetto von einem Tag auf den anderen zu verbessern, entdeckte Burger eines schönen Tages, dass es in vielen Schlafsälen keine Tische gab und die Leute deshalb gezwungen waren, im Stehen oder auf dem Bett sitzend zu essen. Um diesen Missstand abzuschaffen, befahl der Kommandant, alle Häuser im Stadtzentrum mit Tischen auszustatten. Allein die Tatsache, dass die Maßnahme auf einen bestimmten Stadtteil beschränkt blieb, stellt unter Beweis, dass es sich dabei um eine Inszenierung handelte: Die Tische sollten nicht den Juden dienen, sondern eventuelle Besucher täuschen, die allerdings nur einen Blick in die Häuser am Stadtplatz werfen durften. Im Übrigen gab es genug Material, um hunderte Tische zu bauen. Die Situation war außergewöhnlich; die Juden sollten auf Befehl der Dienststelle arbeiten, mit allen damit einhergehenden Vorteilen, und konnten noch dazu etwas Nützliches für das Ghetto tun. Wie allerdings sollten sie sich morgen, in einem freien Prag, gegen den Vorwurf verteidigen, ein Vorhaben der Deutschen unterstützt zu haben? Und wie sollten sie sich einem ausdrücklichen Befehl Burgers widersetzen? Nun, so: Die Wirtschaftsabteilung erklärt, das Holz für die Tische stehe bereit, auch Lehm könne man auftreiben, doch es gebe keine Nägel. Es folgt eine längere Rede gegen den Bau von Tischen mithilfe von Nägeln, es sei nämlich unzeitgemäß, Tische mit Nägeln zu bauen. Nur mit einem Schwalbenschwanz und mit Lehm könne man schöne Tische zimmern. Andererseits besteht der Leiter der Tischlerwerkstatt darauf, dass er Nägel brauche. Denn nur wenn er auf alle Finessen verzichte und Nägel verwende, könne er die Termine einhalten. Diese Diskussion zieht sich über Wochen hin, die Tischproduktion bleibt Zukunftsmusik. Als es nur noch ein paar Tage bis zu dem fatalen Termin waren, teilte mir die zuständige Abteilung mit, sie habe das Problem gelöst. Ich eilte also hin, um das Wunder zu betrachten, und erstarrte zu Stein. Man hatte die ganze Stadt durchforstet und ungefähr hundert alte Tische aufgetrieben. Bei der Verteilung der Beute war man jedoch mit List und Tücke vorgegangen. In einem kleinen Schlafsaal, der nahezu vollständig mit dreistöckigen Betten vollgeräumt war, sah ich einen riesigen Tisch, der davor wohl in der Offizierskaserne gestanden war. Hier würde man jedenfalls nicht mehr essen, außer man kletterte auf den Tisch …

An der Wand eines 60 Quadratmeter großen Raums hingegen stand ein winziges, dreieckiges, einbeiniges Tischchen; auf den Betten gab es genügend Sitzplätze.

Das Gelingen der Operation »Prominente« ging nicht nur auf das Konto der hinterhältigen Handwerker, sondern war auch ein Verdienst Burgers. Man wusste, dass man bei einem eventuellen Besuch vorzeigen musste, wie ehemalige Minister und andere berühmte Persönlichkeiten untergebracht waren. Gegen Jahresende, mitten im kalten Winter, mussten die prominenten Juden ihre Zimmer räumen, um zuerst ein Notquartier auf den Dachböden und dann, wenn sie sich eine Lungenentzündung geholt hatten, auf der Krankenstation aufzuschlagen. Es war so kalt, dass die mit grünlicher Farbe gestrichenen Wände nicht trockneten; deshalb dauerte es ein paar Wochen, bis die Bewohner wieder in ihre verschönerten Häuser zurückdurften. Die alten Betten, die zwar altmodisch, aber breit und mit bequemen Matratzen und Drahtrost ausgestattet waren, waren verschwunden. An ihrer Stelle gab es nun moderne Schlafsofas mit bunten Matratzen, die auf einem starren Holzrost lagen. Die Sofas waren etwas kurz, aber wenn man die Beine anzog, lag man ganz gut; unangenehm war nur, dass man aufstehen musste, wenn man sich umdrehen wollte. Auf den funkelnagelneuen Tischen lagen Tischtücher aus Krankenhauslaken; man hatte sie zwar oberflächlich gefärbt, doch sie konnten ihre Herkunft nicht verleugnen. Die altmodischen Schränke waren durch Regale ersetzt worden. Die Kleider mussten in den Koffern bleiben, diese wurden ins öffentliche Bad gebracht, die Sofas waren nämlich zu niedrig, um Koffer darunter zu verstauen.

Burger war jedenfalls überzeugt, einen unvergleichlichen Erfolg erzielt zu haben, er besuchte immer wieder den Schauplatz der Veränderung und brachte die Prominenten in Verlegenheit. Der

Höhepunkt war erreicht, als er eine vornehme Dame beim Kartoffelschälen in ihrem Zimmer überraschte und diese mit einem Herzinfarkt ins Krankenhaus gebracht werden musste. In den Wochen darauf trauten sich die »privilegierten« Juden in ihren Wohnungen kaum mehr zu schnäuzen ...

Burger war mit dem Verschönerungswerk so beschäftigt, dass er sich nicht mit Lappalien aufhalten konnte. Die Prager Gestapo verlangte die Verlegung eines Juden namens Zdenek Herman in die Kleine Festung, verabsäumte es jedoch, den Namen seines Vaters, sein Alter und seinen Geburtsort anzugeben. Im Ghetto gab es vier Juden mit Vornamen Zdenek und Nachnamen Herman. Um bei der Verschönerung nicht wertvolle Zeit zu verlieren, wurden kurzerhand alle vier in die Kleine Festung geschickt. Ähnliche Fälle, bei denen versteckte Wertsachen oder geschmuggelte Zigaretten zur Anzeige gebracht worden waren, wurden ebenfalls im Schnellverfahren gelöst. Man hatte keine Zeit zu verlieren, man musste sich beeilen, man musste Theresienstadt rechtzeitig auf Hochglanz bringen.

Burger unterhielt ein Spionagenetz, Eichmann erhielt von SS-Spitzeln vertrauliche Berichte über die Arbeit des Dienststellenleiters. Sie machten klar: Wenn man in dieser Gangart weitermachte, würde man den Besuch der Dänen auf den Sankt-Nimmerleins-Tag verschieben müssen. Im Übrigen wusste man sehr gut, dass Burger nicht der geeignete Mann für die Verschönerung des Musterghettos war.

Edelstein war liquidiert, die Gruppe der Tschechoslowaken schwer dezimiert worden; der Verwaltung stand ein Mann vor, der alles daransetzte, sich beliebt zu machen. Eichmann befürchtete nicht mehr, dass es im Ghetto unvorhergesehene und überraschende Entwicklungen geben könne. Damit war Burgers Aufgabe so gut wie erfüllt; Eichmann konnte einen neuen Mann nach Theresienstadt schicken, der besser zu dem neuen, heiteren Lebensstil passte, der sich allmählich breitmachte.

Der Stadtplatz änderte sich. Zuerst schaffte man 1500 Kubikmeter Gartenerde heran, um den Kies zu bedecken, dann legte man Blumenbeete an und stellte Betonbänke auf. Ein Musikpavillon aus Holz machte das Idyll perfekt, man hörte schon fröhliche Platzmusik. Fehlte nur noch ein sorgfältiger Gärtner, um tausendzweihundert Rosenstöcke zu pflanzen.

Der neue Dienststellenleiter, der Burger ersetzen sollte, Obersturmführer Karl Rahm, kam am 8. Februar 1944 an. Rahm war davor in den Zweigstellen Eichmanns in Wien und Holland tätig gewesen, zuletzt war er Stellvertreter von Sturmbannführer Hans Günther gewesen, dem Leiter des Prager Zentralamts zur Lösung der Judenfrage. Auf Burger, der von Berlin geschickt worden war, folgte nun Rahm, der aus dem Amt des Reichsprotektors für Böhmen und Mähren kam. Am Anfang glaubte man, dass sich dieser Wechsel auf Eppsteins Stellung bei der Dienststelle auswirken würde, doch nach einigen Tagen waren sämtliche Zweifel zerstreut. Hans Günther, der zur Einführung seiner ehemaligen rechten Hand ins Ghetto gekommen war, hielt aus gegebenem Anlass eine Rede und schloss feierlich: »Wir setzen unser ganzes Vertrauen auf den Judenältesten.« Alle waren beeindruckt, so etwas hatte man in Bezug auf einen Juden noch nie gehört. Munk, der aufgrund seines Ranges neben mir stand, flüsterte mir zu: »Ich habe es ihm schon lange entzogen.« – Auch ich war von Günthers Worten beeindruckt, jedoch aus einem anderen Grund. Am Tag davor waren die drei Judenältesten vom neuen Dienststellenleiter zum Rapport bestellt worden. Als ich an der Reihe war, sagte Rahm zu mir: »Die Verpflichtung bleibt selbstverständlich aufrecht.« Er meinte damit die Garantie, die ich seinerzeit gegeben hatte, um Eppstein nicht überwachen zu müssen.

Kaum einen Monat nach diesem feierlichen Versprechen kam Eppstein mit einem blauen Auge von der Dienststelle zurück. Nach ein paar Ausreden, er habe sich in der Dunkelheit an einem Schrank gestoßen, gab er schließlich zu, er sei von Rahm geschlagen worden; dieser habe herausfordernd zu ihm gesagt: »Erzähl es doch Möhs.«

Das Sprachrohr Prags sah es offensichtlich nicht gern, dass zwischen dem Judenältesten und dem Berliner Statthalter ein Vertrauensverhältnis entstanden war. Kein Wunder, dass er eifersüchtig war, die Ghettoleitung war ja nicht nur eine erstrangige politische Funktion, sondern bot auch die Möglichkeit, eine Menge Geld zu verwalten. Eppstein geriet zwischen die Fronten, er war dem Untergang geweiht.

Im Ghetto sind alle dem Untergang geweiht, die einen mehr, die anderen weniger, aber alle versuchen, sich über die Wirklichkeit hinwegzutäuschen, nicht daran zu denken, und im Augenblick fiel das Vergessen ziemlich leicht. Das Antlitz des Ghettos veränderte sich.

Die Fassaden der Häuser wurden gestrichen. An den Straßenecken wurden Wegweiser mit Aufschriften und geschnitzten Darstellungen aufgestellt, sie wiesen zu »Post«, »Bad«, »Bank«, »Bibliothek«, »Kaffeehaus«, »Feuerwehr«. In dem 45 000 Quadratmeter umfassenden Park, wo bis vor Kurzem der Müll abgeladen worden war, wurden nicht weniger als fünfhundert Bänke aufgestellt. Im Park in der Stadtmitte funkelte ein Pavillon aus Glas: ein Kinderhort mit einer kleinen Küche, im Inneren dreißig Liegen zum Sonnenbaden. Vor dem Seiteneingang ein Schwimmbad mit Sprungbrett. Überall Spielsachen, Schaukelpferde, Schaukeln und ein Karussell.

Die Siechenheime glänzten vor Sauberkeit, es gab Aufenthaltsräume und kleine Bibliotheken. Man hatte alles getan, um dem alten Propagandatrick vom Kurort Theresienstadt gerecht zu werden.

Die Jugendheime waren mit funkelnagelneuen Möbeln eingerichtet worden. Für erholungsbedürftige Kinder hatte man eine Villa am Stadtrand im Grünen eingerichtet, mit künstlerisch gestalteten Innenräumen. In der Sokolhalle stand plötzlich ein großer Kerzenleuchter, mittlerweile das Symbol des Staates Israel. Im ersten Stockwerk befand sich jetzt ein modern eingerichteter Betraum, während im Erdgeschoß ein Theatersaal mit einer gut ausgestatteten Bühne untergebracht war. Eine Bibliothek und Terrassen mit Liegestühlen wie in einem Kurhaus rundeten das Bild ab.

Die Leute wurden in eine Kantine in einer Holzbaracke gelockt, wo es üppige Portionen gab. Für einen Neubau fehlte die Zeit, aber man konnte das Vorhaben nicht aufgeben, denn in einem Propagandafilm, der auch im Ausland gezeigt worden ist, hatte man bereits Mädchen mit weißen Häubchen und Schürzen gesehen, die jüdischen Arbeitern das Essen servierten. Deshalb hatte die Wäschesammelstelle der Kantine Platz machen müssen.

Und schließlich die Volksschule, die wegen »Ferien« geschlossen war, wie auf dem Schild an der Tür stand. Durch die Fenster im Erdgeschoß waren eine Wandtafel mit halb gelöschten Aufschriften und übereinander gestapelte Schulbänke zu sehen.

Man versäumte es auch nicht, die Inneneinrichtung der Häuser zu überholen. Die dreistöckigen Betten wurden abgetragen, sodass man von der Straße aus keine Schlafstellen sehen konnte. In den Höfen standen ordentlich gezimmerte Tische mit gemütlichen Stühlen. Vorhänge vor den Fenstern erweckten den Eindruck von sauberen, heiteren Räumen; wenn man schnell an den Häusern vorbeiging, konnte man nicht ins Innere schauen. Entlang der Strecke, die im Falle eines Besuches abgegangen wurde, sahen die Parterrewohnungen plötzlich ganz anders aus. Getünchte Wände, neue Möbel, Bilder, Kunstblumen und Teppiche fesselten das Auge. Die Menschen, die dazu auserkoren waren, in diesen Wohnungen das Ghetto zu repräsentieren, bewegten sich langsam, auf Zehenspitzen, sie kamen sich vor wie in einem Traum. Etwa zur gleichen Zeit mussten ungefähr tausend Personen auf den Dachboden ziehen, um dänischen Juden Platz zu machen. Die Wohnungen, die man in drei Gebäuden in der Nähe der Prominentenwohnungen geschaffen hatte, gehörten zum Besten, was man im Ghetto finden konnte, auch wenn sie nicht völlig dem entsprachen, was man der Regierung in Kopenhagen versprochen hatte.

Krankenhäuser und würdige Heime, Wohnungen und Theatersäle brauchen Platz. Die Personen, die ausziehen mussten, um den Platz frei zu machen, schliefen auf den Dachböden. Das Problem der Überbelegung verschärfte sich in einem anderen Stadtteil, die Illusion, die nicht einmal in den als Aushängeschild bestimmten Wohnungen aufrechtzuerhalten war, wurde immer brüchiger.

Die Deportation von Tschechoslowaken, gebürtigen Deutschen und Holländern krönte die Aktion, deren Ziel es gewesen war, das Ghetto zu verschönern und seine Bewohner um jeden Preis glücklich zu machen, selbst um den Preis der Verschickung von 7500 Juden in den Osten.

Die Gruppe der Böhmen hatte die Last der im September und Dezember 1943 abgegangenen Transporte allein getragen. Als sie im Mai 1944 wieder aufgefordert wurde, einen Anteil für die »Liste« aufzustellen, versuchten die Verantwortlichen, mit Otto Zucker an der Spitze, die Last zum Teil auf andere abzuwälzen. Natürlich wollte Rahm die tschechoslowakischen Arbeiter, die zu der Verschönerung Theresienstadts beitrugen, nicht verlieren. Deshalb setzte man ausgerechnet diese Arbeiter auf die Liste, man hegte die berechtigte Hoffnung, dass der Kommandant sie herausreklamieren und im letzten Augenblick durch Leute ersetzen würde, die aus Deutschland kamen. Rahm roch den Braten und ließ alle Leute, die zur Deportation bestimmt waren, in der Magdeburger Kaserne antreten, er forderte Zucker auf, die Handwerker zu ersetzen. Eine Übereinkunft zulasten von sechshundert Alten, die in den Transport eingereiht werden sollten, zeichnete sich ab, doch da sagte ich: »Wir haben die Siechenheime ausgemalt und neu eingerichtet, doch jetzt sollen die Alten in ein anderes Ghetto verlegt werden, das heißt, dass wir bei dem Besuch, den wir erwarten, leere Heime herzeigen werden.« Rahm erinnerte sich wohl daran, was zu Seidls Zeiten passiert war und welche Folgen die Abfahrt der Alten für diesen gehabt hatte; er verlor die Fassung, schnellte zu mir herum, einen Augenblick lang sah es aus, als ob er sich auf Zucker stürzen würde, doch dann beruhigte er sich wieder. Wir mussten eine Lösung finden, ohne dass die Alten noch weiter dezimiert wurden. Ich ging weg, dieses Feilschen um Menschenleben, noch dazu in Anwesenheit einer Menge Zuschauer, die sich unter den Arkaden des ersten und zweiten Stockwerks drängten, war mir zutiefst zuwider.

Mit den Transporten, die am 15., 16. und 18. Mai abfuhren, verließen drei Gruppen das Ghetto, deren Deportation von der Dienststelle ausdrücklich befohlen worden war.

a) ungarische Staatsbürger, die bisher als Ausländer mit einem gewissen Respekt behandelt worden waren. Seit April wurden jedoch auf Eichmanns Befehl Juden aus Ungarn deportiert, deshalb mussten ihre Landsleute in Theresienstadt nicht länger geschont werden.
b) Tbc-Kranke, denn allein die Tatsache, dass es Tuberkulosekranke gab, stand im Widerspruch zum angeblichen Lebensstandard und den sanitären Bedingungen in einem Musterghetto.
c) Waisen, weil man vermeiden wollte, dass auf etwaige Fragen ausländischer Besucher kompromittierende Antworten gegeben wurden. In Theresienstadt gab es Kinder, deren Väter in einem Konzentrationslager oder im Keller der Kommandantur gestorben waren – diese Tatsachen eigneten sich nicht für die Propaganda im Ausland. Es gab jedoch kein offizielles Verzeichnis der Waisen, und deshalb war es möglich, die Tragweite dieser Maßnahme einzuschränken.

Durch das persönliche Einschreiten des Dienststellenleiters in der Hamburger Kaserne konnten die Machenschaften des Ordnungsdienstes, der wie immer versuchte, bei Abfahrt des Transportes bekannte Personen durch unbekannte auszutauschen, eingedämmt werden. Im Mai fuhren nur drei Personen mehr ab als angeordnet.

In den letzten Maitagen hatte man das Gefühl, an einer Eröffnungsfeier teilzunehmen, die von einem Gewitter unterbrochen wurde. Kaum war der Wolkenbruch vorbei, erholte sich das Publikum von seinem Schrecken, alle versuchten wieder den Platz einzunehmen, den sie überstürzt verlassen hatten; man tat alles, damit die Feier weiterging, obwohl der Horizont noch von Wolken verdunkelt wurde und man in der Ferne noch Donnergrollen hörte. Kaum war der Transport abgefahren, ging der Verschönerungsreigen weiter.

Die Häuserfassaden waren renoviert worden, jetzt versuchte man nichts Geringeres als die Umwandlung der Menschen. Vierzigtausend Juden sollten gleichzeitig umerzogen werden. Die Alten in den Heimen wiederholten wie kleine Kinder die vorgegebenen Antworten: Es geht mir gut, ich bin zufrieden, ich werde sehr gut behandelt, es fehlt mir an nichts, ich habe alles, was ich brauche.

Auch diesmal gab es Parallelaktionen. Eppstein ließ sich von einem Reklamefachmann beraten und eine Reihe satirischer Plakate anschlagen, gegen etwaige Gegner der Verschönerung. Rahm hingegen handelt wie gewohnt.

Bei einer von SS-Spitzeln gut vorbereiteten Durchsuchung eines Schlafsaals, in dem ein ehemaliger Galerist untergebracht war, entdeckte man Zeichnungen und Porträts von jungen tschechoslowakischen Künstlern. Sie zeigten die elende Ghettowirklichkeit: verreckende, hungernde Menschen kurz vor der Abfahrt in den Osten und sieche Alte auf den Ziegelböden auf den Dachböden. Besonders grässlich: ein totenbleiches, fleckiges Gesicht; die Polemik gegen die Verschönerungsaktion war eindeutig.

Wutanfall des Kommandanten, Befehl, die Bilder zu beschlagnahmen, Mitteilungen an die vorgesetzten Behörden, und in Erwartung ihres Befehls: Umerziehung.

Die Malergruppe begab sich mit einem SS-Mann an einen Ort in der Umgebung, um unter Aufsicht idyllische Ansichten von Theresienstadt zu malen. Hin und wieder schaute auch Rahm vorbei, um die

Fortschritte zu überprüfen und seine Meinung zu moderner Kunst abzugeben. Er hatte es ja auch mit dem Malen probiert, deshalb hielt er sich für einen Experten und behandelte die Künstler wohlwollend, wie Kollegen.

Als er einmal auf dem Pferd von einem dieser Ausflüge zurückkehrte, begegnete er einem jüdischen Ingenieur, der gerade auf dem Weg in die Wäschesammelstelle war. »Wie geht's? Gut, nicht? Jetzt ist es in Theresienstadt nicht mehr so arg. Warum schaust du dann so sorgenvoll drein? Los, lächle. Willst du nicht? Verdammt, lache, Jude!« Zur Bestärkung seiner Worte gab es einen Peitschenhieb.

Wie hätte man nach so einem Vorfall Werbung für die Verschönerung machen sollen? Natürlich konnte man versuchen, interne Widerstände zu überwinden, indem man erklärte, wie bedeutend es war, dass dreitausend Kubikmeter Holz verwendet wurden, um die Häuser zu möblieren, und dass 2500 Kubikmeter Glas verbraucht wurden, während in Deutschland die Fenster der Eisenbahnwaggons mit Karton zugeklebt werden mussten, weil es kein Glas mehr gab. Eppstein, der die Deutschen überzeugen wollte, nutzte die Gelegenheit für einen Gedankenaustausch mit den Juden.

Tag für Tag kam der Judenälteste mit neuen Ideen von der Dienststelle zurück, mit deren Hilfe er wieder die Heiterkeit herstellen wollte, die früher einmal im Ghetto, oder besser gesagt: im Siedlungsgebiet geherrscht hatte, das Wort Ghetto war nämlich mittlerweile genauso verpönt wie alle Namen, die sich auf die Festung und die Absperrungen bezogen. Der Wall »Auf der Bastei« hieß jetzt »Südberg«, der »Kavalierplatz« wurde in »Egerplatz« umbenannt. In der Nähe der Dienststelle wurden die Stacheldrahtzäune durch Gitterzäune ersetzt; die Schranken hingegen blieben, wurden jedoch versetzt, sodass man sie von der Stadtmitte aus nicht so gut sehen konnte.

Die Rubriken der Tagesbefehle, die jetzt »Mitteilungen der Jüdischen Selbstverwaltung« hießen, waren mit kleinen Zeichnungen verziert. Beginn und Ende der Verdunkelung wurden mit einem Käuzchen illustriert, das die Augen schloss und wieder aufmachte. Eine groteske Waage schmückte die Gerichtsurteile – Diebstahl von 50 Gramm Margarine – vierzehn Tage Haft ... mit Aussicht auf Deportation. Der Zeitungskopf, eine Panoramaansicht von Theresienstadt, wollte genauso heiter sein wie das Blatt selbst.

Zu den merkwürdigsten Aufgaben des Judenältesten gehörte es, Witze für die SS zu sammeln.

Der Kommandant begleitet den ausländischen Besuch in einen Kindergarten, dort empfingen ihn die Kinder mit der Frage: *Onkel, warum hast du heute nicht mit uns gespielt? – Keine Sorge, Kinder, morgen sehen wir uns wieder.*

Ein Mädchen bekommt die Jause und seufzt: *Schon wieder Sardinen – Sardinen und Schinken, Schinken und Sardinen, jetzt hab ich es aber satt.*

Jeden Morgen wurde der beste Witz gemeinsam mit einer Illustration auf den Tagesbefehlen präsentiert.

Doch Eppstein stand mit seiner Haltung nicht allein da. Am 23. Mai 1944 wurde ein Brief in Theresienstadt abgeschickt, adressiert an das »Jüdische Rettungskomitee« in Budapest und unterschrieben von allen zionistischen Lagergrößen. Tenor des Briefes: *In Theresienstadt ist eine richtige jüdische Stadt entstanden ... so kann man sich hier, wenn man die äußere und innere Umstellung und Einordnung vollzogen hat, durchaus wohlfühlen ... der Gesundheitszustand ist als durchaus günstig anzusehen, was ... der klimatischen Lage von Theresienstadt zu danken ist.* – Eine Woche davor waren 7500 Personen in den Osten deportiert worden.

Ich war als Erbsenzähler bekannt, deshalb wurde der Brief ohne mein Wissen abgeschickt, man wollte Diskussionen vermeiden. Außerdem war man der Ansicht, dass ich wenig politischen Einfluss hatte, deshalb schien meine Unterschrift nicht notwendig. H. G. Adler, der den Brief in seinem Buch veröffentlicht hat, stellt fest:

»Keiner, der diesen Brief unterzeichnete, hat den letzten Oktobertag des gleichen Jahres erleben dürfen.«[12] – Ich hatte von der Existenz dieses Briefes erst später erfahren, deshalb sollte ich hinzufügen: Ohne die Redewendung bemühen zu wollen, dass man im Nachhinein immer klüger ist, ist es offensichtlich, dass der SS mit diesem Brief eine Liste von Namen geliefert wurde, auf die sie im richtigen Augenblick zurückgreifen konnte; allerdings hätte man das auch 1944 bereits wissen können.

In diesem Sommer wurde ein Varieté, »Das Karussell«, zum hundertsten Mal aufgeführt. Gleichzeitig strömte das Publikum in sechzehn Theaterstücke, acht Opern und einundvierzig Konzerte. Eppstein führte bei einer modernen Oper, Alban Bergs »Wozzeck«, Regie, sie sollte in der Sokolhalle aufgeführt werden.

Der wackere Don Quichotte begegnet einem Wagen, »und der Mann, der die Maultiere führte und das Amt des Kutschers versah, war ein missgestalteter Teufel«. Die Erklärung lässt nicht lange auf sich warten: »Wir sind Schauspieler …« In Theresienstadt versteckten sich Tod und Teufel unter den Masken von Schauspielern, sie lachten und wollten zum Lachen bringen, erzwangen das Lachen mit der Peitsche.

Der neue Park auf dem Stadtplatz wimmelt von Leuten, das Orchester im Musikpavillon um die Ecke spielt heitere Melodien; die Pärchen, die eingehängt herumflanieren, dürfen bis 10 Uhr abends ausbleiben.

Eichmann ist es gelungen, das Ghetto einzulullen.

Kapitel XII

MITTSOMMERNACHTSTRÄUME

Gegen Mitte Juni 1944 kursierte ein gewagter Witz: *Schon gehört? Er ist an Land gegangen. – Dann wird also in ein paar Tagen der erste Transport englischer Juden eintreffen. – Aber nein. Nicht Hitler ist in England an Land gegangen, sondern Eisenhower in Frankreich.*

Eppstein hütete sich, ihn als Witz des Tages zu präsentieren und auf der Dienststelle zu erzählen. In den ausführlichen täglichen Gesprächen mit Möhs kam er hingegen nicht umhin, eine Einschätzung der politischen Lage und ihrer eventuellen Auswirkungen auf Theresienstadt abzugeben. Eichmanns Statthalter war ziemlich aufrichtig: »Die Invasion Frankreichs könnte dazu führen, dass der angekündigte Besuch auf unbestimmte Zeit verschoben wird.« Er versuchte gar nicht zu verbergen, was das unter Umständen bedeutete: Man kann Ausländern kein Ghetto zeigen, das bald verschwinden wird; gewissermaßen als Trost fügte er hinzu: »Solange es den Urnenhain gibt, braucht man sich keine Sorgen um Theresienstadt machen.« Die Tatsache, dass es 30 000 Lebende gab, war Möhs zufolge eng mit der Tatsache verbunden, dass es auch Überreste von ungefähr 30 000 Toten gab und dass man bei einer eventuellen Liquidierung die Asche als Beweismittel nicht zurücklassen konnte. Jeder von uns hatte sozusagen einen Bürgen in einem Aschebeutel.

Außerhalb eines Ghettos wäre die Vorstellung, der Tod garantiere Leben, wahrscheinlich absurd gewesen. Wenn Eichmanns Statthalter aus dem Fenster der Dienststelle sah und nicht nur die unbeweglichen Alten auf den Parkbänken, sondern auch die spielenden Kinder und die poussierenden jungen Pärchen betrachtete, sah er wahrscheinlich nur Tote. Er hatte gute Augen und litt auch nicht an Halluzinationen; er kannte einfach den Inhalt einer Akte mit Befehlen, die zur gegebenen Zeit in Kraft treten mussten; und er wusste, wie gering der Abstand zwischen Lebenden und Toten war. Doch nicht nur die Lebenden, auch die Toten mussten zu Verschönerungsaktionen herangezogen werden.

Die extrem hohen monatlichen Sterberaten in den Jahren 1942 und 1943 standen in lebhaftem Widerspruch zum verschönerten Theresienstadt, in dem der Gesundheitszustand angeblich günstig und das Klima hervorragend war. Bei einem eventuellen Besuch musste man so nebenbei den Eindruck entstehen lassen, dass der Friedhof neben dem Krematorium, der bereits im September 1942 aufgelassen worden war, die einzige Ruhestätte der im Ghetto Verstorbenen war. Für den Fall des Falles wurde am Eingang des Urnenhains eine Säule mit dem jüdischen Begräbnissymbol, einer Amphore mit Schnabel und Henkel, aufgestellt. Im letzten Augenblick kam Rahm zu dem Entschluss, dass dieses Symbol nicht sehr ästhetisch sei, und befahl, es mit dem Meißel in eine klassische griechische Amphore umzuwandeln. Ich versuchte ihm zu erklären, warum man dieses Symbol gewählt hatte, wurde jedoch eines Besseren belehrt. Rahm meinte, ich würde mit derartigen Scheußlichkeiten die Verschönerung sabotieren.

Er war aufgeregt, denn Kommissionen aus Berlin und Prag überprüften immer wieder, ob er den Auftrag zur Zufriedenheit ausführte. Am wichtigsten war der Besuch des deutschen Staatsministers im Protektorat Böhmen und Mähren, SS-Obergruppenführer Karl Hermann Frank. Als sich Frank 1946 vor einem Volksgericht verantworten musste, sagte er, das einzige Gelungene an Theresienstadt sei das Krankenhaus gewesen, alles andere sei ihm als Faschingsscherz erschienen. Im Juni 1944, am Ende seines Kontrollganges, bereicherte er die possenhafte Verschönerung Theresienstadts um einen persönlichen Narrenstreich: »Ich bin wirklich überrascht«, sagte Heydrichs Nachfolger, der Reichsprotektor von Böhmen und Mähren, »dass es in Theresienstadt keine Schulen gibt. Ich wünsche mir, dass man schleunigst Abhilfe schafft.«

In den Tagen darauf stritten nationalistisch eingestellte Juden und tschechoslowakische Patrioten aus Berlin und Prag über die Lehrpläne, die der Dienststelle vorgelegt werden sollten. Unter dem Vorwand, ich sei mit den letzten Verschönerungsarbeiten beschäftigt, gelang es mir, den Sitzungen fernzubleiben. Eppstein hatte wie immer seine Freude daran, dass wir uns mit derartigen Problemen herumschlugen.

Aus Zeitmangel griff man in der letzten Phase der Verschönerung auf das System Balzacs zurück, der angeblich ein Schloss eingerichtet hatte, indem er auf die Zimmerwände »Schrank«, »Spiegel«, »Gemälde« schrieb und in die Zimmermitte ein Kärtchen mit der Aufschrift »Tisch« legte. Bei einer Ausstellung, bei der angeblich die laufenden Arbeiten präsentiert wurden, wurden Modelle, Zeichnungen, Skizzen, Entwürfe und Pläne ausgestellt. Ein aufwendiges Album mit Ansichten Theresienstadts, das Besuchern als Erinnerung an den denkwürdigen Tag übergeben werden sollte, erweckte den Eindruck, als wären einige der geplanten Anstalten bereits fertiggestellt und in Betrieb.

Am Tag vor dem Besuch war das Ghetto schmuck und sauber, sogar die Gehsteige waren mit Seife gewaschen und wie Parkettböden gerieben worden. Krüppel, Bucklige und Zwerge waren im Mai in den Osten deportiert worden, damit sie die Stadt nicht verunzierten. Kriegsverletzten und nicht mehr rüstigen Alten legte man nahe, zu Hause zu bleiben, damit sie die heitere Atmosphäre nicht mit ihrem unschönen Anblick störten. Der Ort, den der Führer alten Juden, Kriegsverletzten und Kriegsdekorierten geschenkt hatte, sollte idyllisch und lieblich wirken, selbst um den Preis, dass es dort keine Alten und keine Kriegsdekorierten mehr gab.

Am 23. Juni kam schließlich der Besuch: ein Abgeordneter des Dänischen Roten Kreuzes, der Chef der politischen Abteilung des dänischen Außenministeriums und ein Funktionär des Internationalen Roten Kreuzes. Begleitet wurden sie von einem Sprecher

Ribbentrops, Beamten des Referats IV B4, dem Befehlshaber des SD aus Prag, dem Leiter des Referats für die Lösung der Judenfrage und einem Schwarm von SS-Männern. Bis auf den uniformierten Lagerkommandanten gingen alle SS-Männer in Zivil. Am Vormittag hatte die Dienststelle dringend die Abgabe von gelben Sternen mit der Aufschrift »Jude« verlangt, zweifellos um in der Menge eine Reihe von Gestapo-Spitzeln zu platzieren. Wahrscheinlich wollte Rahm einmal selbst die Witze des Tages sammeln, um den viel beschäftigten Eppstein zu entlasten.

Der Judenälteste stand elegant in Gehrock und Nadelstreifhose da, wie ein richtiger Bürgermeister. Dann hieß er die Besucher in seiner mit Teppichen und Blumen geschmückten Kanzlei willkommen. Er hielt einen Vortrag über die Einrichtungen von Theresienstadt, der zuvor von Möhs genehmigt worden war. Eppstein gab 40 000 Insassen an – wahrscheinlich war die Deportationswelle im Mai nur ein schlechter Traum gewesen. Die Zahl der Alten gab er fälschlicherweise mit 10 000 an, Theresienstadt war ja angeblich ein Reichsaltersheim; das durchschnittliche Sterbealter setzte er von 67 auf 72 Jahre hinauf, als Beweis für die guten Lebensbedingungen, die im Ghetto herrschten; er sagte, die tägliche Kalorienmenge belaufe sich auf etwa 2400 pro Kopf, während der offizielle Tageswert bei 1955 und in Wirklichkeit bei nicht mehr als 1200 lag. Alle diese Abweichungen sind erklärbar, allerdings habe ich nie verstanden, warum er von einem imaginären Ältestenrat mit 66 Mitgliedern sprach.

Auf die Rede folgte ein Rundgang mit der Besichtigung einiger Kanzleien und des Gerichtssaales. Beim Verlassen der Magdeburger Kaserne musste die Kommission innehalten, denn vor dem Kasernentor wurde gerade – wahrscheinlich rein zufällig – Brot abgeladen. Mädchen in weißen Overalls und mit weißen Handschuhen hantierten mit Brotlaiben. Die Besucher wurden darauf kreuz und quer durch die Stadt gefahren, dann gingen sie wieder ein Stück, sodass sie jede Übersicht über die Größe des Orts verloren.

Landarbeiterinnen kehrten auf geschmückten Karren von der Arbeit zurück, auch die Hirtenmädchen mit den weißen Schafen boten eine liebliche Szene. Wäschesammelstelle, Speisehalle, wo Mädchen mit weißen Häubchen und Schürzen bedienten, Weißbäckerei, Kindererholungsheim, Fußballmatch, Opernaufführung; nur die Schule war wegen »Ferien« geschlossen.

Besonders wichtig war der Kommission das dänische Viertel. Man überbrachte die Grüße des Königs, des Bischofs und der Regierung, die Kommission hatte den Auftrag, die Augen offen zu halten und zu überprüfen, unter welchen Bedingungen ihre Juden lebten. Offenbar hatte sich so manche Person während des acht Monate dauernden Aufenthalts in Theresienstadt grundlegend geändert. Ein ehemaliger Richter des dänischen Obersten Gerichtshofes hatte offenbar gerade am Tag des Besuches beschlossen, die Imkergruppe aufs Land zu begleiten. Er galt zwar als schwieriger Charakter, aber um vor der Begegnung mit einer Delegation aus der fernen Heimat davonzulaufen, hätte er sich wirklich von Grund auf ändern müssen. In Wirklichkeit hatte sich der Höchstrichter überhaupt nicht verändert; er war in Theresienstadt noch so kämpferisch wie in seiner Heimat; aus diesem Grund schien eine Begegnung mit der Delegation nicht ratsam. Das Wetter ist schön, hatte man zu ihm gesagt, er solle lieber einen Spaziergang außerhalb der Stadt machen, als im Ghetto ein Gewitter heraufzubeschwören. Die Dänen im Ghetto bedankten sich bei den Besuchern, aber sie waren verschüchtert und gehemmt. Ihre Zimmer waren allerdings groß und geräumig, die Möbel wirkten neu und bequem, in manchen Fällen durften sie sogar die Unterstützung von Hausgehilfen beanspruchen.

Neben den »Dänenhäusern« befanden sich die Wohnungen der Prominenten. Minister, Professoren und sonstige Berühmtheiten wurden wie seltene Tiere im Zoo zur Schau gestellt. »Mir geht es gut«; »Danke«; »Ich habe alles, was ich brauche«. Danach wurde die Apotheke aufgesucht, die Besucher stellten ein paar verfängliche Fragen bezüglich aus der Schweiz gesandter Heilmittel; diese seien zwar angekommen, hieß es, befänden sich jedoch noch auf der Dienststelle. Auf die Frage nach dem Grund des Rauchverbots antwortete Eppstein mit einem Witz: »Zigaretten habe ich aus Gesundheitsgründen nicht erlaubt.« Danach begaben sich die Gäste in Begleitung der SS in die SS-Kantine, wo sie bewirtet wurden.

Am Nachmittag wurde der Rundgang fortgesetzt. Die Bank zeigte Kronen und Sparkarten, auf der Post wurden gerade Pakete und Sardinenpäckchen aus Portugal verteilt; Fleischerei, Geschäft, Knabenheim, Siechenheim, das Hohenelbe-Krankenhaus, die Küche, die mit Dampf aus einem Fernheizwerk geheizt wurde, die Feuerwehr und schließlich der Glaspavillon und der Kinderspielplatz.

»Der Ältestenrat dankt allen Einwohnern für die von ihnen namentlich in den letzten Wochen im Dienste der Stadtverschönerung geleisteten Arbeiten. In Würdigung dieser Arbeitsleistungen findet am 24. VI. 1944 ab 13 Uhr und am 25. VI. eine allgemeine Arbeitsruhe statt.«[13]

»… so gewinnt man den Eindruck, dass sich die organisatorischen Verhältnisse gebessert haben, namentlich im letzten Halbjahr.«[14]

»Zum Schluss dieses Berichts kann ich es nicht unterlassen, der Bewunderung Ausdruck zu geben, die man für die Juden hegen muss, die es durch ihren einzig dastehenden Einsatz möglich gemacht haben, innerhalb des Rahmens der Selbstverwaltung so relativ gute äußere Verhältnisse für ihre Glaubensgenossen zu schaffen.«[15]

»Wir staunten darüber, im Ghetto normales städtisches Leben vorzufinden; wir haben das Schlimmste erwartet.«[16]

»Die dänischen Vertreter stellten fest, dass die Bedingungen in Theresienstadt besser (…) als in anderen deutschen Konzentrationslagern waren.«[17]

»Ich habe erst jetzt erfahren, dass alles, was den Dänen gezeigt wurde, nur eine Posse in der Art der Potemkinschen Dörfer war. Als ich von den Kommissionsmitgliedern die Informationen über das Ergebnis

des Besuchs bekam … war ich überzeugt, dass in Theresienstadt wirklich alles in Ordnung ist.«[18]

Rahm hingegen wusste nur zu gut, was noch verwirklicht werden musste, damit die Dinge wirklich in Ordnung waren: »Die Verschönerungsaktion geht weiter, im September müssen wir weitere Arbeiten zu Ende führen, damit wir noch einen Besuch aus dem Ausland empfangen können.« Diese von Eppstein übermittelte Mitteilung schien der Wahrheit zu entsprechen, denn Rahm hatte gleichzeitig die Aufbesserung der Verpflegung, die den Juden anlässlich des Besuchs aus Dänemark gewährt worden war, auf unbestimmte Zeit verlängert. Das passte zu dem Bild, das ich mir von Theresienstadt gemacht hatte: ein Teil der Propagandamaschinerie, mit deren Hilfe man die großartige Lösung der Judenfrage in aller Welt bekannt machen und die Weltöffentlichkeit von den Massakern im Osten ablenken wollte.

Meine Entscheidung, nicht auf Befehle zu warten und die Verschönerung im Alleingang fortzusetzen, beruhte auf einer ziemlich einfachen Überlegung: Jeder Zeuge, der nach einem Besuch im Ghetto ins Ausland zurückkehrte, war ein Garant unseres Überlebens, denn eine Stadt, die in den neutralen Ländern wohlbekannt war, konnte man nicht einfach verschwinden lassen. Wenn man das Ghetto vorzeigbar machte, kamen vielleicht mehr Besucher, und damit wurde Theresienstadt sicherer. Die bisherigen Verschönerungsarbeiten hatten zweifellos dazu gedient, einen falschen Schein zu erwecken, die Lebensbedingungen im Ghetto waren dadurch nicht wirklich besser geworden; wenn man jedoch die Leute auf der Straße betrachtete, stellte man fest, dass doch eine gewisse Veränderung stattgefunden hatte. Der Müll wurde außerhalb der Stadt entsorgt, die Gehsteige waren sauber, die Straßen in gutem Zustand, in den Häusern und Kasernen standen Tische und Stühle, die Siechenheime und Horte waren neu eingerichtet. Die Alten konnten sich auf den Parkbänken in die Sonne setzen, die Kinder besaßen Spielsachen. Nur

256 von 3600 Personen waren im ersten Halbjahr 1944 außerhalb des Krankenhauses gestorben, dem Gesundheitswesen war es inzwischen gelungen, Spitalsbehandlungen für alle Insassen zu gewährleisten. Wenn wir von den Deutschen Baumaterial erhielten, konnten wir die Arbeiten auf seriöse Weise weiterführen und – solange die Dienststelle nicht einschritt – auf den Illusionscharakter verzichten.

Um Rahm auf die Probe zu stellen, ließ ich einen Plan für ein großes Altersheim anfertigen, das nach den entsprechenden Sanierungsarbeiten in einem der am meisten heruntergekommenen Blocks untergebracht werden sollte. Die Leute, die das Haus räumen sollten, würden auf alle Fälle profitieren; sie würden umziehen und ein düsteres, ungesundes Gebäude würde restauriert und in eine Anstalt umgewandelt werden, die für das Ghetto von höchster Wichtigkeit war. Der Plan wurde relativ rasch bewilligt und das Material relativ rasch zur Verfügung gestellt – als handelte es sich um einen Befehl der Dienststelle und nicht um ein Vorhaben einer Kanzlei der Magdeburger Kaserne. Das konnte nur ein gutes Omen sein. 1944 waren Zement, Glas, Sperrholz, Metall und Armaturen in Deutschland Mangelware. Die Deutschen stellten uns alle diese Güter zur Verfügung und bestätigten damit die Vermutung, dass nach den Dänen weitere Besucher kommen würden. Wir konnten also beruhigt sein, denn wenn hoher Besuch erwartet wird, stellt man nicht das Haus auf den Kopf. Es war also mit Schönwetter zu rechnen, doch einige Vorzeichen kündigten ein Gewitter an: In Prag hatte man beschlossen, alle Maler ins Konzentrationslager zu schicken, denn sie hatten in ihren Bildern das schöne Antlitz Theresienstadts entstellt. Gleichzeitig berichtete ein gut bezahlter Zuträger, die SS hätte sich bei einem Mittagessen in der Kantine über die technischen Möglichkeiten einer Liquidierung der Theresienstädter Juden unterhalten. Das war keine erfreuliche Nachricht, doch unser Optimismus machte uns glauben, die SS-Männer hätten bei dem feuchtfröhlichen Trinkgelage ein wenig über die Stränge geschlagen.

Möhs' Befehl, die Juden sollten Vollmachten ausgeben, damit ein anderer in ihrem Namen Briefe, Pakete, Schecks und Postanweisungen in Empfang nehmen konnte, war eindeutig. Nach den Normen der Genfer Konvention musste ein unzustellbarer eingeschriebener Brief an den Absender zurückgesandt werden, unter Angabe des Grundes der Unzustellbarkeit. In Theresienstadt kamen sehr viele eingeschriebene Briefe und Geschenkpakete aus dem Ausland an. Wenn man alle diese Briefe mit der Bemerkung »verstorben« oder »unbekannt verzogen« retourniert hätte, hätten die neutralen Länder zweifellos den Verdacht geschöpft, alle Theresienstädter Juden seien liquidiert oder deportiert worden. Mit der Ausgabe von Vollmachten konnte man das verhindern. Allmählich durchschaute ich das Spiel.

»Elf Personen wurden am 29. und 30. d. M. wegen wiederholten Geld- und Briefschmuggels und unerlaubten Umgangs mit der Regierungsgendarmerie mit ihren Familienangehörigen in ein Konzentrationslager überstellt.«[19]

Mitte August wurde ich von Sturmbannführer Hans Günther empfangen. Nachdem er das Terrain sondiert hatte, zog er den Trumpf aus dem Ärmel. Zum Zeichen der Anerkennung für meine Leistungen für Theresienstadt wollte man mir erlauben, über ein neutrales Land nach Palästina auszuwandern. Ich hatte das Gefühl, auf die Probe gestellt zu werden und richtig reagieren zu müssen. Ich stellte mich dumm, dankte für die außergewöhnliche Erlaubnis und erklärte, im Ghetto bleiben zu wollen. Bei meiner Rückkehr in die Magdeburger Kaserne wartete schon Eppstein auf mich, er konnte es gar nicht erwarten, alle Details über meine Begegnung mit Günther zu erfahren. Er billigte meine Entscheidung, teilte mir jedoch mit, er habe seinerseits einen von Möhs übermittelten Vorschlag Eichmanns angenommen, nach Lissabon zu reisen, um dort mit der europäischen Vertretung des American Joint Distribution Committee zu verhandeln. Das war die Höhe! Seine Unterredung mit Möhs hatte bereits vor einigen Tagen stattgefunden, doch erst nachdem man mir einen ähnlichen Vorschlag gemacht hatte, erzählte er mir von dem Komplott. Außerdem verstand ich nicht, was etwaige Verhandlungen in Lissabon bezwecken sollten. Die Tatsache, dass aus Portugal, der Schweiz und aus der Türkei ständig Lebensmittel und Medikamente eintrafen, stellte ja unter Beweis, dass der »Joint«, das Internationale Rote Kreuz und der Jüdische Weltkongress alles Menschenmögliche unternahmen, um uns zu helfen.

Man durfte diese Organisationen nicht vor den Kopf stoßen, indem man als Eichmanns Sprachrohr auftrat und absurde Forderungen stellte. Ich erläuterte ihm meine Einwände, doch trotz meiner hartnäckigen Fragen wollte Eppstein nicht Stellung beziehen, und deshalb verlor ich die Geduld: »Wie kannst du nur glauben, dass sie dich nach Lissabon fahren lassen, wo sie doch mich als Bürgen haben wollen, weil sie dir nicht trauen?«

Eppstein sah mich einen Augenblick lang schweigend an. »Das kannst du nicht beweisen. Was den Rest angeht, solltest du dich um dein Vorhaben kümmern, um Lissabon kümmere ich mich.«

Ich ließ ihn stehen und knallte die Tür hinter mir zu. So weit waren wir gekommen – wir sprachen über Reisen, die noch unrealistischer waren, als es heutzutage ein Flug ins Weltall wäre. Eppstein hatte jedenfalls, meinem erbitterten Widerstand zufolge, einen wunden Punkt berührt – im wahrsten Sinne des Wortes: Ein Leistenbruch, den ich mir 1939 bei meinem Aufenthalt in Nisko zugezogen hatte, hatte sich verschlimmert; ich musste operiert werden. Die Operationssäle in Theresienstadt waren gut ausgerüstet, es mangelte auch nicht an namhaften Chirurgen. Für eine Operation brauchte man jedoch die Erlaubnis der Dienststelle. Es war eine Illusion zu glauben, wir würden unser Leben leben – die Entscheidungen trafen immer *sie*. Das wurde mir wieder klar, als mir Rahm nach Befragung der Obrigkeiten mitteilte, dass die Erlaubnis im Augenblick nicht erteilt werden konnte. Aus Erfahrung wusste ich, dass die Leute vorgaben krank zu sein, um der Deportation zu entkommen. Umgekehrt bedeutete ein Operationsverbot, dass die Abreise bevorstand.

Abreise? – Wohin? Im Ghetto glaubte man zu wissen, dass das Lager Birkenau schon liquidiert worden sei. Es gab sogar Leute, die Stein und Bein schworen, sie hätten am Bahnhof Bauschowitz wartende Züge gesehen, mit Juden aus Birkenau, auf dem Weg nach Deutschland. Es würde keine Osttransporte mehr geben, die Russen hätten die Weichsel überquert, Eisenhower rückte nach Paris vor, der Krieg ginge zu Ende. Für Theresienstadt sollte der Krieg, wenn schon nicht in Schönheit, so doch in einer Verschönerungsaktion enden. Euphorie, Musik, Theateraufführungen, Gesangsabende, Revuen; ein Chaplin-Imitator bringt die Leute in den Höfen zum Lachen, auf dem Platz spielt das Orchester. In der Magdeburger Kaserne hat sich rund um den Judenältesten ein richtiggehender Hofstaat gebildet, wie man ihn von den zahlreichen deutschen Fürstentümern aus dem 18. Jahrhundert kennt.

Ein hochwohlgeborener Förderer der Wissenschaften, der Literatur und der Künste ist von Günstlingen, Schmeichlern und Denunzianten umgeben, wird von Schranzen und Cliquen belagert, die ihn in den Himmel heben, um in seinem Schatten lagern zu können. Im Entwurf eines offiziellen Dokuments, das damals entstand, wurde der Judenälteste als »oberster Herr des Rechtswesens« beschrieben, die »persönliche Führerschaft« wurde als Grundlage der Verwaltung im »Siedlungsgebiet« definiert.

Der Ältestenrat hat immer versucht, sich den Anschein eines Parlaments zu geben, doch nun verwandelt er sich in ein wahres Oberhaus, seine Mitglieder genießen Privilegien und Vorrechte, sie fühlen sich nicht bemüßigt, die Abgehobenheit vom Volk zu rechtfertigen, sie fühlen sich vielmehr allen nahe, die eine vorteilhafte Stellung erobert haben.

Eine Welle von Sardinenpaketen – ein wertvolles Nahrungsmittel – ergoss sich über das Ghetto. Doch in vielen Fällen war der

Adressat bereits gestorben oder in den Osten abgefahren. Gemäß einer Anordnung aus Edelsteins Zeiten sollten die Pakete im Gesundheitsamt abgeliefert und an Alte, Kranke, Unterernährte und Kinder weitergegeben werden. Da war jedoch das Problem der sogenannten Vollmachten: Wer sehr schwer krank oder dazu verurteilt war, in den Osten zu fahren, konnte eine Vollmacht erteilen, die den Erben berechtigte, die Pakete in Empfang zu nehmen, mit deren Inhalt ein Toter oder einer, der nicht mehr im Ghetto war, nichts mehr anfangen konnte. Die Bettlägerigen in den Altersheimen und Krankenhäusern bekamen oft Besuch von Bekannten und erhielten Aufmerksamkeiten von fürsorglichen Nachbarn, und zwar nur, weil ein rechtzeitig emigrierter Sohn seinem Vater regelmäßig Geschenkpakete schickte. Wurde eine Familie »eingeladen«, sich mit Gepäck zu dem vermaledeiten Transport zu begeben, war sie schnell bereit, alle Vollmachten zu unterschreiben, denn sie wusste nicht, was sie mit den Paketen anfangen sollte, die in einem Monat ankommen würden. Als Bevollmächtigter erhielt man dann ein Paket mit Stiefeln, einem Regenmantel und ein paar Banknoten, die man leicht verstecken konnte; so etwas konnte man immer brauchen.

Die Geschichte aller großen Sammlungen beweist, dass es am Anfang gerade einmal ein Stück gab, zu dem sich allmählich ein zweites oder ein drittes gesellte; erst nach einer gewissen Zeit entzündet sich das Feuer der Sammelleidenschaft, egal ob es sich dabei um Briefmarken, Schmetterlinge oder Streichholzschachteln handelt. Im Ghetto hingegen gab es leidenschaftliche Sammler von Postvollmachten, sie besaßen eine Menge solcher Erbschaften. Damit ist nicht das alte Mütterchen gemeint, das monatelang einen Greis im Zimmer gegenüber pflegte, um hin und wieder in den Genuss eines Päckchens mit zwei Sardinendosen zu kommen. Die »Sammler« hingegen hatten eine richtige Genossenschaft gegründet, die dank ausländischer jüdischer Organisationen über Lebensmittel verfügte, die es sonst nirgendwo gab. Es kam sogar so weit, dass das Ghetto, in dem tausende Juden an Hunger gestorben sind und weitere tausende vor Hunger immer schwächer werden, Sardinen in andere Städte exportierte – im Tausch gegen Zigaretten oder sogar Goldmünzen.

Eine einfache Verfügung des Ältestenrats – die Abschaffung der bestehenden Vollmachten und das Verbot, weitere auszugeben – hätte diesem Handel Einhalt gebieten und verhindern können, dass die Sterbenden umgarnt und die Abreisenden belagert wurden. Der Ältestenrat hingegen erklärte, er wolle die erworbenen Rechte respektieren und ließ sich von seinem bequemen Standpunkt nicht abbringen; so manches Mitglied frönte dem Laster des Rauchens und wollte seinen Zigarettenlieferanten nicht enttäuschen; andere wiederum hielten den Sardinenhandel für eine Art Widerstand und meinten deshalb, er sei über jeden Verdacht erhaben.

Die Schrebergärten auf Schanzen und in Festungsgräben, ursprünglich als Belohnung für qualifizierte Arbeiter gedacht, wurden jetzt Funktionären und protegierten Personen übertragen; die gewöhnlichen Leute durften nur noch als Tagelöhner dort arbeiten. Eppsteins Parzelle war sogar mit einer Bewässerungsanlage ausgestattet. Ein Bursche transportierte die ganze Rohrleitung ab: kein gewöhnlicher Dieb, sondern ein sympathischer Aufrührer, der gegen die Privilegien protestieren wollte. Ein in der psychiatrischen Abteilung internierter Jude, der sich in seinem Größenwahn nicht zufriedengab, Alexander der Große oder Napoleon zu sein, sondern sich für ein Mitglied des Ältestenrats hielt, protestierte auf seine Weise.

Abgesehen von Vorträgen geladener Gäste, die vom Leben in den Lagern Bergen-Belsen und Westerbork berichteten, stand bei den Sitzungen des Judenrats die übliche Gesetzgebungstätigkeit an der Tagesordnung. Man diskutierte über die Einführung einer *Theresienstädter Ehe*. Da es im Ghetto keinen Standesbeamten gab, war nur eine Eheschließung nach jüdischem Ritus möglich. Wer jedoch nicht vor den Rabbiner treten konnte, weil er einer anderen Konfession angehörte oder Atheist war, musste eine Art Ehe-Erklärung abgeben, was nichts anderes als eine standesamtliche Trauung war, die zwar in Theresienstadt, aber nirgendwo sonst gültig war. Die Sache, die an und für sich ganz einfach war, eignete sich hervorragend als Zeitvertreib für Leute, die die Dinge kompliziert machen wollten.

Die im Rahmen des normalen Gesetzbuches vorgesehenen Strafen wurden an die Umstände im Ghetto angepasst. Auf der Basis einer vom Ältestenrat gebilligten Anordnung konnte das Gericht nicht nur normale Strafen verhängen, sondern auch einen Ausschluss von der Begünstigung des bevorzugten Wohnens beziehungsweise einen Ausschluss von »nahrhaften« Berufen beantragen. Um Lebensmitteldiebstahl zu bestrafen, wurde ein Volksgericht ins Leben gerufen, bei dem ein Richter den Vorsitz hatte. Doch das alles diente nur dem Schein. In Wirklichkeit war die Tochter des Staatsanwalts in der Küche angestellt und bekam – angeblich um sie vor der Versuchung zu bewahren – ein Vielfaches der Ration, die ihr zugestanden wäre; der Sprössling des Lebensmittelkontrolleurs arbeitete in der Bäckerei und bekam regelmäßig frisches Brot geschenkt; sogar die Wachen am Ausgang der Backstuben hatten nur die Prämie im Kopf, die man ihnen zusteckte, wenn sie nicht so genau hinsahen.

Im Oktober 1943 wurden zwei Knaben, die ein paar Kilo Brot gestohlen hatten, zu acht Monaten Gefängnis verurteilt und dank eines korrekten Gerichtsverfahrens und eines von Burger unterschriebenen Urteils in die Kleine Festung geschickt. Die schlimmen Zeiten waren mittlerweile vorbei; alles war geschönt, auch die Verbrechen. Zwei Lagerarbeiter, die angeklagt waren, einander vier Zentner Brot zugeschoben zu haben, um ein Leck zu stopfen, kamen mit jeweils drei Monaten und vierzehn Tagen davon. Lauter harmlose Verwaltungsstrafen. Einer, der sich des Vergehens schuldig gemacht hatte, unerlaubterweise die Verpflegung aufgebessert zu haben, bekam eine Strafe von 100 Theresienstädter Kronen. Es herrschte Mittsommernachtsstimmung.

Hin und wieder kündigte dumpfes Grollen an, dass das Schönwetter bald zu Ende gehen würde. Die Dienststelle verlangte genaue Pläne von allen Schlafsälen und Lagerräumen; die Behörden prüften nämlich das Vorhaben, ein großes Lazarett nach Theresienstadt zu verlegen. Die SS-Männer wandten diese Gefahr ab, denn sie wollten die Oberherrschaft über das Ghetto behalten und konnten die Anwesenheit von Wehrmachtsoffizieren nicht dulden.

Die Vorräte an Zyklon B – kristallisierte Blausäure –, das in Theresienstadt eingesetzt wurde, um Ungeziefer zu bekämpfen, wurden plötzlich beschlagnahmt und der Dienststelle übergeben: In den Händen der Juden könnte das Giftgas gefährlich werden.

Rahm schoss auf zwei Knaben, die er beim Äpfelpflücken erwischt hatte, allerdings ohne sich nach ihrem Befinden zu erkundigen und ohne sie aufzufordern zu lächeln.

Auf einem Karren, der Müll abgeladen hatte und nun ins Ghetto zurückkehrte, wurden Zigaretten gefunden. Verhaftungen, Verhöre, Misshandlungen, Verlegungen in die Kleine Festung und der Befehl, den Müll von nun an innerhalb der Stadt zu deponieren. Die Zeit der Verschönerung ging zu Ende.

Die Geisteskranken wurden »in eine Anstalt in der Nähe« verlegt.

Die Dienststelle verlangte eine Liste aller Offiziere des tschechoslowakischen Heeres. Eine Woche später wurde diese Forderung kommentarlos auf österreichische und deutsche Offiziere ausgeweitet. Der Grund dieser Befehle war leicht zu erraten; die Deutschen fürchten einen Aufstand der Juden unter Führung der Offiziere. Die Tschechoslowaken wurden am dringendsten verdächtigt, heimliche Rädelsführer zu sein, aber auch die, die eine deutsche oder österreichische Uniform trugen, waren nach wie vor Juden – *Die Schweinerei hat ihre Wurzeln in der Rasse.*

Zur selben Zeit wurde das Ghetto Łódź (Litzmannstadt) vollständig liquidiert, zwischen 21. August und 15. September 1944 wurden 73 000 Juden deportiert.

Die Zusatzrationen, die den Insassen Theresienstadts während der Verschönerung zugestanden wurden, wurden gestrichen; auch die wöchentliche Kartoffel- und Brotmenge, die an die Arbeiter verteilt wurde, wurde verringert. Der Ältestenrat wies hingegen den Vorschlag ab, Zusatzrationen für Mitglieder, deren Angehörige und Mitbewohner zu kürzen.

Eppstein weigerte sich, die Sokolhalle für die Gedächtnisfeier eines in Theresienstadt verstorbenen tschechischen Schriftstellers zur Verfügung zu stellen; im Namen der Dienststelle verlangte er die Übersetzung der Rede, die der ehemalige Justizminister Meissner halten sollte, und am Tag darauf teilte er mit, dass von nun an alle wissenschaftlichen Vorträge und Theateraufführungen in tschechischer Sprache verboten waren. Die tschechoslowakische Jugendgruppe zahlte es ihm mit gleicher Münze heim; sie sabotierte eine Sportveranstaltung, die im Gedenken an Theodor Herzl, den Gründer der zionistischen Bewegung, stattfand. Die Feindschaft zwischen den beiden Gruppen war infolge einer falschen Geste noch erbitterter geworden, und das in einem Augenblick, der für solche Streitigkeiten höchst ungünstig war.

Die Verschönerungsarbeiten, die ich im Alleingang, jedoch mit Rahms Erlaubnis und mithilfe des von ihm zur Verfügung gestellten Materials durchführte, wurden Ende des Sommers fertig, mit einmonatiger Verspätung. Der Block, der die Abkürzung GIV trug, stand bereit, um 500 unheilbar Kranke aufzunehmen. Es befanden sich dort nicht nur saubere und helle Krankensäle, sondern auch alle Zusatzeinrichtungen: Küchen, Wäschereien, Vorratskammern, Lager, Bäder, Quarantänestationen und Ambulanzen. Das machte das Krankenhaus zu etwas Einzigartigem in Theresienstadt. Genau in diesem Augenblick traf uns der Befehl, den ganzen Block für die Dienststelle zu räumen. Rahm zog mit seiner Kanzlei aus dem modernen Sparkassengebäude ins alte Rathaus, denn dieses hatte den Vorteil, eben durch Block GIV mit den Wohnhäusern der SS, der Gendarmenkaserne und der Umgebung verbunden zu sein. – Eindeutig ein strategischer Zug, um im Falle eines bewaffneten Ghettoaufstands Rückendeckung zu haben.

Das Kriegsgeschehen wirkte sich auch auf das Ghetto aus. Die SS-Dienststelle ging in die Defensive, die tschechoslowakischen Juden sahen schon die freudvolle Zukunft in der befreiten Heimat. Es begann wieder der berühmte Wettstreit, wer zuerst mit dem Heiligenschein eines Märtyrers nach Prag zurückkehren werde. Die Beschreibungen der heldenhaften Vergangenheit und die Pläne für die großartige Zukunft begannen wieder zu florieren. Immer mehr oder weniger geschönt, im Stile Theresienstadts eben.

»Kommandant Rahm teilt am 16. August 1944 in Anwesenheit des Schauspielers und Regisseurs Kurt Gerron, des Architekten und Bühnenbildners der Prager Oper, František Zelenka, und des Malers Joe Spier den Beginn der Filmaufnahmen mit.«[20] Die Firma *Aktualita* drehte einen Film über das Leben der Juden in Theresienstadt, um in einem unvergänglichen Dokument all das Schöne festzuhalten, das man im Ghetto für einen einzigen Tag – dem des Besuchs der Dänen – geschaffen hatte.

Der Zweck dieses Films offenbarte sich im Lichte eines anderen Befehls. Alle Mitglieder des Ältestenrats sollen in Öl gemalt werden. Wir verließen die Wirklichkeit, um Museumsstücke zu werden. Ausländische Zeugen hatten das Ghetto besichtigt und konnten bestätigen, dass der Film vor Ort und nicht in den Pappkulissen eines Studios gedreht worden war. Es hätte ja durchaus sein können, dass die von Joseph II. errichtete Festungsanlage infolge eines Luftangriffs in Schutt und Asche gelegt wurde, wie so viele deutsche Städte, die bombardiert worden waren. Man wusste ja, dass die feindliche Luftwaffe in ihrem blinden und barbarischen, terroristischen Furor nicht einmal vor Frauen und Kindern haltmachte. Alles war möglich. Die Juden waren zu nichts mehr gut; um jedoch unter Beweis zu stellen, dass man die Judenfrage im Musterghetto auf großzügige Weise hatte lösen wollen, drehte man einen Film.

In der Bibel ist vom »himmlischen Jerusalem« die Rede. Während das Heer Nebukadnezars 586 v. Chr. die Stadt Davids zerstörte, hob sich ein leuchtendes Bild aus den Flammen und stieg empor, um die Erinnerung an die alte Pracht zu bewahren und die Hoffnung auf Wiederauferstehung zu nähren.

Die Nazis waren entschlossen, die Stadt, die der Führer den Juden geschenkt hatte, zu zerstören, um die Spuren der ewigen Schande zu tilgen; als verlogenen Beweis eines imaginären Musterghettos versuchten sie ein Trugbild auf Zelluloid zu bannen.

Ein Kabarett im Freien, jenseits der Festungsmauern, wo man normalerweise niemals hindurfte, ein Freiluftbad am Egerstrand, den man selbst vom höchsten Punkt im Ghetto aus nicht sehen konnte. »Hoffmanns Erzählungen« auf Deutsch, die tschechische Oper »Brundibár«, ein jiddisches Stück, »In mitt'n Weg«, Freiluftkonzerte, Vorträge von Wissenschaftlern und Debatten von Professoren von fünf Universitäten. Georg Gradnauer, der Ex-Innenminister des Reichs, Alfred Meissner, der ehemalige tschechische Justizminister, Léon Meyer, der ehemalige französische Handelsmarineminister, und Friedrich Rathenau, Ministerialdirektor und Vetter von Walter Rathenau, unterhalten sich auf einer Terrasse. Hohe Offiziere mit einem Feldmarschall an der Spitze spazieren über eine Gasse. An den Tischen im Kaffeehaus sitzen fröhliche Menschen. In der Bank regnet es zum Spaß Geldscheine, und am Schalter sitzt ein fetter Jude und löst einen Scheck ein. Schachspiel, Frauen in Liegestühlen, Kinder bei der Jause, Schaukelpferde, Sonnenbäder. Tanzabende, junge Paare ziehen sich, vom Kameraauge verfolgt, in einen dunklen Winkel zurück. Ein langer Kuss auf einer Terrasse unter Sternenhimmel; der Mond grinst spitzbübisch. Mädchen auf Leiterwagen und die bereits erwähnten Hirtenmädchen sind der einzige Hinweis darauf, dass im Ghetto auch gearbeitet wird, es scheint sich jedoch eher um einen Zeitvertreib in der Sommerfrische als um Plackerei zu handeln.

Die Verschönerung der Stadt war zwar eine Farce, hatte aber doch zu einer gewissen Verbesserung der Lebensbedingungen geführt und nicht zuletzt auch zu einer scheinbaren Verbesserung der rüden Umgangsformen der SS. Während der Filmaufnahmen bemühte sich jedoch keiner, die Juden zum Lachen zu bringen, außer jenen, die direkt vor der Kamera standen. Misshandlungen, Verlegungen in die Kleine Festung und geringfügige Strafen waren nach wie vor an der Tagesordnung.

In der Slowakei waren die Partisanen, ermutigt durch das Heranrücken der russischen Truppen, aus dem Untergrund aufgetaucht. In der Stadt Banská Bystrica war es zu einem nationalen Aufstand gekommen. Volksgerichte verurteilten die Verräter. Die Juden, die der Deportation entgangen waren, kamen aus ihren Verstecken und schlossen sich den revolutionären Truppen an. In Theresienstadt schauten sich Juden und Deutsche scheel an. Die zugleich ersehnte und gefürchtete Morgendämmerung würde bald anbrechen. Der Himmel färbte sich rot.

Seit Rahm eine Liste aller Offiziere verlangt hatte, ahnte man, dass eine weitere Deportationswelle bevorstand. Derartige Gerüchte hatten immer einen realen Grund. Diesmal verheimlichte Eppstein nicht, was er auf der Dienststelle erfahren hatte: dass ein Transport von 5000 Arbeitern nach Deutschland geschickt werden sollte. Im Lichte dieser Neuigkeiten nahm das Verbot, meinen Leistenbruch operieren zu lassen, eine unheimliche Bedeutung an.

Wegen der Deportationen im Mai war die Anzahl der arbeitsfähigen Menschen derart reduziert worden, dass man auch Männer eines gewissen Alters auf die Liste setzen musste, um in dieser Kategorie die Anzahl von 5000 Personen zu erreichen. Keiner von denen, die ins Visier genommen wurden, konnte sich retten. Den Juden blieb nur die Hoffnung, dass die Russen oder die Amerikaner rechtzeitig kamen, um sie aus dem Albtraum zu befreien. Um Zeit zu gewinnen, versuchten manche sogar die Kameraleute und die Beleuchter zu bestechen, um das Tempo der Dreharbeiten zu verlangsamen. Einige Wochen lang lautete jedenfalls die Parole: Achtung, Aufnahme!

Eppsteins Rede anlässlich des jüdischen Neujahrsfestes barg eine Riesenüberraschung; er sprach mehr oder weniger ausdrücklich davon, im richtigen Augenblick die Befreiungsbewegung anführen zu wollen. In Erwartung dieses Augenblicks sollte man sich in Geduld üben: »Wir sind gleichsam auf einem Schiff, das vor einem Hafen liegt, aber nicht einfahren kann, weil eine dichte Minensperre das verhindert. Nur die Schiffsleitung kennt den schmalen Weg, der zum sicheren Lande führt. Die Trugzeichen und Signale, die vom Lande kommen, darf sie nicht beachten.«

Eppstein hatte nie »doppeltes Spiel« getrieben, seine Politik war im Gegenteil immer eindeutig gewesen. Er hatte Eichmanns Vertrauen gewinnen wollen, um das Überleben des Ghettos zu sichern. In seiner Rede am Ende des Jahres 5704 des jüdischen Kalenders brachte er klar seine Hoffnung zum Ausdruck, als zukünftiger Anführer eines Aufstands ernst genommen zu werden; mit dieser Maßnahme wollte er die Leute von unbedachten Handlungen abhalten. Nach der Lektüre des Manuskripts hatten manche grundlegende Änderungen vorgeschlagen, weil sie die Deutschen nicht verstimmen wollten, aber Eppstein ließ sich nicht abbringen. Ich nehme an, der fatale Text war von Möhs nicht nur gebilligt, sondern sogar angeregt worden – als geeignetes Mittel, die Gemüter im Ghetto zu beruhigen. Nur so lässt sich die Kühnheit Eppsteins erklären, der glaubte, Rückendeckung zu haben, und Opfer der eigenen Naivität wurde. Achtung, keine Aufnahme mehr!

Kapitel XIII

DÄMMERUNG

In Anwesenheit von Hauptsturmführer Möhs und Obersturmführer Rahm teilt Sturmbannführer Günther den drei Judenältesten mit:

Da es notwendig ist, eine größere Anzahl Theresienstädter Insassen für den totalen Kriegseinsatz zur Verfügung zu stellen, und da die gestern erfolgten Prüfungen ergeben haben, dass das in Theresienstadt selbst aus Platzmangel nicht möglich ist, müssen 5000 vollwertige Arbeitskräfte zu diesem Zweck außerhalb eingesetzt werden, von denen 2500 Dienstag früh (27.9.), weitere 2500 Mittwoch früh (28. 9.) abgehen.

Ing. Zucker ist beauftragt, das neue Arbeitslager einzurichten. Mitzunehmen ist nur leichtes Gepäck, vor allem Wäsche usw., und Proviant für 2 Stunden. Die Fahrt geht Richtung Dresden. (...)

Es dürfen durchwegs nur voll arbeitsfähige Menschen im Alter bis zu 50 Jahren eingestellt werden, wobei Ing. Zucker das Recht der Auswahl hat. Er soll sich einen Stab zusammenstellen, der es ihm ermöglicht, eine Verwaltung dort einzurichten; ferner sollen Techniker, Handwerker aller Art, Ordner (am besten ehemalige Gemeindewachleute) und eine entsprechende Anzahl von Ärzten mit ärztlicher Einrichtung (Verbandsstoffen, Medikamenten) ein Apotheker usw. mitgehen.[21]

Nicht eingereiht in den Transport wurden: *Ausländer, vor allem Dänen, Prominente, Kriegsbeschädigte – 50 % und mehr –, Geisteskranke, Schutzhäftlinge und asoziale Elemente. Arische Versippung bzw. Mischlingscharakter hindert die Einreihung nicht.*

Die Tatsache, dass Personen mit arischem Blut eingereiht wurden und verurteilte Juden nicht mitfahren durften, nährte die Hoffnung, dass die 5000 Arbeiter tatsächlich nicht zur Deportation bestimmt, sondern in ein Arbeitslager in der Nähe von Dresden geschickt werden sollten.

Eine Gruppe von 200 Personen arbeitete ja schon seit geraumer Zeit auf einer Baustelle in Zossen in der Nähe von Berlin und schien trotzdem im Stand von Theresienstadt auf; die Arbeiter erhielten jeden Monat Lebensmittelrationen aus Theresienstadt. Die im Ghetto zurückgebliebenen Familienmitglieder erhielten regelmäßig Nachrichten aus Zossen und wiegten sich in Sicherheit, da sie von den Deportationen verschont blieben. Im Sommer waren bereits einige hochqualifizierte Techniker nach Groß-Rosen geschafft worden, wo ihnen angeblich bestens ausgestattete Werkstätten zur Verfügung standen. Diese Fälle nahm Günther als Muster, und es fiel ihm nicht schwer, uns zu überzeugen, dass die Gruppe der 5000 tatsächlich nach wie vor zum Ghetto gehören sollte, auch wenn sie in einer Außenstelle eingesetzt war. Aufgrund dieser festen Überzeugung kam es zu Diskussionen mit Zucker. Er wollte die besten Elemente mitnehmen, nannte den SS-Männern ihre Namen – und lieferte uns somit ans Messer. Er war verbittert, weil er verlegt werden sollte, und meinte, freie Hand zu haben, was uns anlangte.

Das Ghetto nahm die Nachricht mit Resignation zur Kenntnis und hoffte, der Transport würde tatsächlich wie versprochen in ein Lager in der Nähe von Dresden gehen. Und übrigens, war Polen nicht von Russen besetzt worden? Die Deutschen hingegen wussten ganz genau, wohin der Transport ging; sie waren jedoch verblüfft über die ostentative Ruhe, die die Juden zur Schau stellten, während russische Fallschirmjäger absprangen, um den slowakischen Partisanen zu Hilfe zu eilen. Angesichts der Lage waren elf in Theresienstadt stationierte SS-Männer recht wenig; auf die tschechische Gendarmerie war ohnehin kein Verlass. Es wurde daher eine Polizeieinheit mit fünfzig Beamten gerufen, die vor dem Ghetto gut sichtbar Aufstellung bezog; darüber hinaus waren die SS-Männer, die in der Kleinen Festung Dienst hatten, in Alarmbereitschaft, um jeden Aufstand im Ghetto sofort niederschlagen zu können.

Die Abfahrt der ersten Gruppe, die für den 26. September vorgesehen war, musste aufgeschoben werden, denn der Zug, der von der Eisenbahnverwaltung zur Verfügung gestellt worden war, kam nicht an. Natürlich gab es auch diesmal Gerüchte, dass sich alles wunderbarerweise zum Guten wenden würde. »Jetzt gibt es keine Transporte mehr.« Das alles geschah am Vortag des Versöhnungstages – eines jüdischen Festes, wie kein anderes reich an mystischen Elementen. Dies verursachte eine ganz spezielle Stimmung, selbst in Kreisen, die dem Glauben nichts abgewinnen konnten.

Mittwoch, 27. September, Tag des Fastens und Betens. Die Hamburger Kaserne diente als Sammellager für 2500 Männer, die bereit waren abzufahren. Eppstein erledigte die üblichen administrativen Aufgaben auf der Dienststelle, während Zucker seine Verlegung vorbereitete; ich war allein in der Magdeburger Kaserne. Anruf vom Wachdienst. Scharführer Haindl, einer der brutalsten und gröbsten Schergen Eichmanns, hat die Beschlagnahme von 30 speziellen Rucksäcken angeordnet, die er im Gepäck der Abreisenden entdeckt hatte. Sie mussten vor Mittag in der Aussiger Kaserne abgeliefert werden, diese war vom Ghetto durch die Bundesstraße nach Prag getrennt. Ich antwortete, wir hätten Befehl von oben, ja keine Unruhe heraufzubeschwören. Eine Beschlagnahme in einer derart aufgeheizten Stimmung könne unabsehbare Folgen haben. Wenn er unbedingt Rucksäcke brauche, würde ich sie ihm auf weniger riskante Weise besorgen.

Eine Truppe der Ghettowache setzte sich sofort in Bewegung, um im Ghetto Rucksäcke aufzutreiben. Doch bei diesem Tempo wäre es unmöglich gewesen, die Rucksäcke termingerecht zu übergeben; allerdings war offensichtlich, dass es bei Haindls Befehl nur um persönliche Bereicherung ging, weshalb ich mir wegen einer eventuellen Verspätung keine Sorgen machte. Pünktlich zu Mittag kam ein Wachmann mit der ersten Ausbeute, zehn Rucksäcken, zurück. Während ich dem Boten Anweisungen gab, er möge die Rucksäcke in der Aussiger Kaserne abliefern und sicherstellen, dass im Laufe des Tages die Zahl 30 erreicht werde, kam Eppstein. Der Judenälteste ließ sich Bericht erstatten und erklärte, er selbst wolle die Rucksäcke übergeben; er wolle die Gelegenheit nutzen und den wütenden Schergen beruhigen. Wieder allein, zog ich mich in mein Zimmer zurück.

Gegen drei Uhr nachmittags ein Anruf Rahms; ich erhielt den Befehl, mich sofort auf der Dienststelle zu melden. Während ich über den Platz ging, dachte ich über das fatale Verbot nach, mich einer Operation zu unterziehen. Wie es schien, war nun auch meine Stunde gekommen – gleich würden sie mir sagen, warum sie nicht wollten, dass ich zehn Tage lang das Bett hüte. Auf der Dienststelle musste ich in Gesellschaft von Obersturmführer Bergel warten, er versuchte gar nicht zu verbergen, dass er sich nur deshalb zwischen mich und die Treppe gesetzt hat, um den Ausgang zu versperren. Die stockende Unterhaltung hinderte mich nicht daran, über meine Angelegenheiten nachzudenken: Die Meinen haben keine Ahnung, was los ist. Schließlich betrat ich Rahms Kanzlei. Er sprach über Beiläufiges: Die Arbeitsmoral der Dänen könne in Anbetracht der Tatsache, dass die Jungen abfahren, negative Auswirkungen haben. Ich glaubte jedoch nicht, dass er mich aus diesem Grund so dringend zu sich gerufen hat.

Karl Rahm machte einen Anruf, ich ging zur Tür, um draußen zu warten, wie es das Reglement verlangt. – »Ach, Sie, kommen Sie her, reden Sie ruhig weiter ... reden Sie, verdammt, was halten Sie von den Dänen?« Er erlaubte mir nicht hinauszugehen, denn draußen stand jemand, den ich nicht treffen sollte; er zwang mich, laut zu sprechen, damit ich nicht hörte, was er am Telefon sagte. Gleichzeitig, wie von unsichtbaren Fäden bewegt, gingen die Türen auf, und rechts und links vom Schreibtisch tauchten Möhs und Eppstein auf.

Möhs: »Sie haben versucht zu fliehen, ein Gendarm hat Sie aufgehalten, als Sie mit dem Rad die Bundesstraße vor der Aussiger Kaserne überquerten.«

Eppstein: »Ich hatte Befehl, mich in der Kaserne bei Scharführer Haindl einzufinden, um ihm die Rucksäcke zu bringen, die er verlangt hat. Ich dachte, auch ich hätte das Recht, wie alle anderen Juden die Bundesstraße zu überqueren, unter Aufsicht des Wachpostens am Ausgang des Ghettos.«

Möhs: »Sie kennen doch die Situation in Theresienstadt, Sie haben mir von gewissen Gerüchten erzählt, Sie kennen Alternative A. Wir können nicht riskieren, dass eine unbedachte Handlung von Ihnen zu Panik unter den Juden führt. Bis zur Abfahrt der 5000 Arbeiter bleiben Sie im Gefängnis der Dienststelle. In der Zwischenzeit übernimmt Murmelstein die Leitung des Ghettos.«

Da man mich nun mal hinzugezogen hatte, erinnerte ich daran, dass ich die Garantie für Eppstein übernommen habe. Rahm unterbrach mich und sagte, ich solle nicht darauf bestehen. »Er bleibt hier.«

Einige Minuten war ich allein mit Eppstein, in einem kleinen Zimmer neben Rahms Kanzlei: »Letztes Jahr Edelstein, heute ich, wir sind alle verloren ... Ich habe immer ein Fläschchen bei mir, ausgerechnet heute habe ich es zu Hause gelassen ... meine Frau soll es mir mit der Wäsche zukommen lassen, lieber rechtzeitig Schluss machen ... hast du gehört, wie Möhs spricht?«

Haindl kam herein und mit ihm eine schwache Hoffnung; immerhin hätte der Scharführer klarmachen können, dass er Eppstein befohlen hat, die Rucksäcke in der Kaserne abzuliefern, die sich außerhalb des Ghettos befand. Doch Haindl sagte nur: »Eppstein, kommen Sie mit.«

Ich blieb allein, aber ich durfte die Dienststelle nicht verlassen, ich musste auf Rahms Rückkehr warten.

Die Anspielung Möhs' auf die »Alternative A« ließ mich nicht los. In seinem Eifer, das Vertrauen der Deutschen zu gewinnen, hatte sich Eppstein mit Möhs darüber unterhalten, und an diesem Tag war ihm seine Naivität mit Spott vergolten worden. Eppstein und

Möhs hatten einen Blick gewechselt, zu Tode erschrocken der eine, höhnisch und spöttisch der andere. Meine Anwesenheit war ihnen egal, denn sie waren überzeugt davon, dass sie die Einzigen waren, die die Formulierung verstanden. Ich war jedoch immer wieder bei Diskussionen über die fünf Alternativen dabei gewesen, die Theresienstadt in allernächster Zukunft bevorstanden: A: Liquidierung der Juden von Theresienstadt. B: Vollständige Räumung des Ghettos. C: Aufstand gegen die deutsche Tyrannei. D: Kriegshandlungen in allernächster Nähe des Ghettos. E: Russische Besatzung.

Wie sollte man sich verhalten, wenn eine dieser Möglichkeiten greifbare Wirklichkeit wurde? Über eines waren sich die Anwesenden jedoch immer klar gewesen: über die Notwendigkeit der Geheimhaltung. Trotzdem hatte jemand geredet.

Rahm tauchte wieder auf und erlaubte mir, in die Magdeburger Kaserne zurückzugehen; er forderte mich auf, eine Sitzung des Ältestenrats einzuberufen, um von dem Vorfall zu berichten, und behielt sich weitere Weisungen für den Tag darauf vor.

Wieder ging ich über den Platz. Im November hatte die Familie des ersten Judenältesten die fatale Nachricht erhalten, jetzt hatte ich die Aufgabe, mit Frau Eppstein zu sprechen; wann waren die Meinen an der Reihe? Natürlich dachte ich unablässig über das nach, was ich in der Kanzlei des Kommandanten gehört und gesehen hatte.

Als Rahm 1947 vom Untersuchungsrichter am Gericht in Leitmeritz verhört wurde, gab er zu, dass Eppsteins Absetzung schon lange vor dem schicksalhaften Tag beschlossene Sache und die Episode mit der Aussiger Kaserne nur ein Vorwand gewesen sei. Das Motiv für diese Aktion wurde nie wirklich geklärt. Im Frühjahr 1945 hatte mich Kommandant Rahm davon zu überzeugen versucht, dass man Eppstein »anderswohin« verlegen würde, weil er sich an gewissen Intrigen in Zusammenhang mit den Lebensmittelrationen beteiligt hatte. 1947 schob Rahm jedoch die ganze Verantwortung auf Möhs und erklärte, er habe nichts damit zu tun gehabt.

Meiner Meinung nach hat man in Leitmeritz jedoch eine Aussage überhört, die dem Angeklagten fast unabsichtlich entschlüpft ist: »Eppstein sollte im Rundfunk zur Weltöffentlichkeit darüber sprechen, dass durch die Bombardierung eine von Juden bewohnte Stadt in Mitteldeutschland beschädigt wurde.« Ich glaube, einen Zusammenhang zwischen dieser Bemerkung und dem Vorwurf erkennen zu können, den mir Rahm im Januar 1945 machte, nämlich dass ich den Luftschutz von Theresienstadt vernachlässig hätte: »... sonst sagen sie noch, wir hätten das Ghetto zerstört und nicht die Engländer.« Wenn es möglich wäre, all diese Bruchstücke zu einem Mosaik zusammenzusetzen, wäre es möglich, nicht nur die Vorfälle, sondern auch Eppsteins Persönlichkeit richtig einzuschätzen.

Nach der Liquidierung des Ghettos von Łódź war Theresienstadt das einzige Lager, das noch geräumt werden musste. Eichmanns Pläne waren vom Besuch der Dänen durchkreuzt worden, denn die Dänen hatten noch drei Monate zuvor ein dicht bewohntes Siedlungsgebiet gesehen, und das konnte man nicht einfach spurlos verschwinden lassen. Ein Fliegerangriff wäre eine ideale Lösung gewesen, besonders wenn die Stimme des »Bürgermeisters« danach den Alliierten die Schuld in die Schuhe geschoben hätte. Vielleicht hatte man vor, seine Rede unter dem Vorwand einer Probeaufnahme aufzunehmen und sie nach der Zerstörung des Ghettos zu senden. In diesem Augenblick begriff Eppstein, dass er alles falsch gemacht hatte. Um die Zukunft der Juden in Theresienstadt zu sichern, reichte es nicht, das Vertrauen der Deutschen zu gewinnen. Eichmann und Möhs hatten zwar ständig von Sicherheit und Kriegswirtschaft gesprochen, doch das waren nur Vorwände gewesen, um zu morden. Das Morden war für diese Leute Selbstzweck, aber diesmal gab es keine Wahl. Es gab nur eine Antwort: Nein!

»Ich weiß, dass einmal der Moment kommen muss, wo ich nicht mehr ja sagen darf.«[22] Am Tag nach Eppsteins Verhaftung brachte ein SS-Lastwagen vier verschlossene Särge zum Krematorium, wo sie unter Aufsicht eines Wachpostens eingeäschert wurden. 1947 wurde geklärt, dass sich Dr. Paul Eppsteins Leichnam in einem dieser Särge befunden hatte, er war kurz nach seiner Verhaftung in der Kleinen Festung erschossen worden.

Der Zeuge Theodor Hohaus, ehemaliger Wärter des deutschen Gefängnisses in der Theresienstädter Kleinen Festung, bestätigt: Im Herbst 1944 kam ein Wagen mit SS-Männern an, von denen einer, den ich nicht erkannte, denselben Rang wie Möhs hatte, der andere schien mir Bergel zu sein. Gemeinsam mit den beiden SS-Männern stieg auch ein noch junger Jude aus dem Auto, er stellte sich dem Stellvertreter des Kommandanten, Schmidt, vor: »Ich bin der Saujude Eppstein, Judenältester des Ghetto Theresienstadt.« Schmidt sagte: »Komm mit, ich werde dir die Lust zu flüchten schon austreiben.« Gemeinsam mit Scharführer Fischer führte er Eppstein in den hinteren Teil der Kleinen Festung. Nach einigen Minuten kamen sie zurück und erstatteten dem Kommandanten Jöckel Bericht. Als die beiden SS-Männer weggefahren waren, sah ich im nördlichen Teil Theresienstadts auf einem Kartoffelfeld Eppsteins Leiche. Schmidt sagte, er habe nicht gleich schießen können, weil Eppstein ihn hin und wieder angesehen habe, als ob er ahnte, was passieren würde. Der Befehl, vier Särge anzufertigen, einen für Eppsteins Leichnam und die anderen mit Holzstücken darin, stammte von Jöckel, um die Menschen im Ghetto zu täuschen.[23]

Fürs Erste gewährte mir Rahm jedoch eine Vergünstigung, ich durfte Eppstein jeden Tag eine Mahlzeit in die Gefängniszelle schicken.

Ich hatte Eppsteins Bitte, ihm Wäsche zukommen zu lassen, für mich behalten, ich wartete auf eine weitere diesbezügliche Nachricht. Wäre Eppstein noch am Leben und in Theresienstadt gewesen, hätte er mir seine Bitte neuerlich und sogar auf offiziellem Wege zu übermitteln gewusst. Doch sie blieb aus.

Nach den Ereignissen am Versöhnungstag war ich jetzt allein mit dem Ältestenrat.

Einer der Punkte, in denen Eppstein und ich uns völlig einig gewesen waren, war die negative Einstellung dem Ältestenrat gegenüber. Allerdings billigte ich Eppsteins Taktik – dem Rat gegenüber einerseits Hochachtung zur Schau zu stellen und ihn andererseits jeder Entscheidungsmöglichkeit zu berauben und somit der Lächerlichkeit preiszugeben – nicht; ich stimmte Eppstein jedoch zu, dass man sich von einer Versammlung, die nur noch auf kleiner Flamme brannte, keine Geistesblitze erwarten konnte.

Der Ältestenrat war am 4. Dezember 1941 einberufen und mit den Leitern der verschiedenen Abteilungen besetzt worden, seine Mitglieder hatten bereits vor der Deportation nach Theresienstadt über die Probleme des Ghettos nachgedacht und dann vor Ort die Organisation aller Arbeiten übernommen. Wie schon zuvor erwähnt, waren diese Personen drei Jahre später ihrer Macht beraubt, und fast alle waren eingeschüchtert, weil sie Tschechisch sprachen und aus Prag stammten und deshalb bei den Deutschen besonders verhasst waren.

1944 bestand der Ältestenrat zum Großteil aus Leuten, die nur deshalb zur Teilnahme aufgefordert worden waren, weil man ein Gleichgewicht zwischen den verschiedenen Gruppen herstellen wollte, beziehungsweise waren sie aufgrund einer Weisung der Dienststelle oder aus persönlichen Gründen in ihr Amt berufen worden. Unter ihnen befanden sich bedeutende Persönlichkeiten, die unter normalen Umständen jeder gesetzgebenden Körperschaft zur Ehre gereicht hätten, in einem Ghetto jedoch völlig fehl am Platz waren. Es gab aber auch mittelmäßige, ängstliche und eitle Figuren, die mit ihrer Geschwätzigkeit den gesamten Ältestenrat gefährdeten.

Die ersten Leiter der Ghettoverwaltung waren der Ansicht gewesen, man solle unangenehme Mitteilungen nicht persönlich unterzeichnen, sondern als »Ältestenrat« signieren. Unmögliche Ansinnen sollten in der Sitzung besprochen werden, damit man nicht selbst das fatale Nein aussprechen musste. Meiner Meinung nach ließen sich die Insassen von Theresienstadt nicht mehr länger vom Schein täuschen. Deshalb wollte ich die Sitzungen so weit wie möglich reduzieren, obwohl ich den einen oder anderen klugen informellen Rat nicht verachtete. Aus all diesen Gründen war ich nur widerwillig bereit, die Sitzung am 28. September zu leiten, die auf Rahms ausdrücklichen Befehl einberufen worden war.

Meine Nachrichten wurden mit berechtigter Bestürzung aufgenommen. Es war klar, dass Eppstein nicht gegen das Ghettorecht verstoßen hatte, als er die Bundesstraße zwischen Dresdener und Aussiger Kaserne überquerte. Niemand akzeptierte den Vorwand für die Verhaftung des Judenältesten. Alle glaubten, ich sei im Besitz geheimer Informationen und würde von der SS zur Geheimhaltung gezwungen. Ich hatte seit 24 Stunden keine Nahrung zu mir genommen und war von den Ereignissen des Tages geschwächt; deshalb fiel es mir schwer, die Fragen zu beantworten, die von allen Seiten auf mich einstürmten.

Ein Anruf Rahms, der die Abfahrt von 2500 Arbeitern am Morgen des 29. September ankündigte, setzte der Diskussion, die allmählich aus dem Ruder zu laufen drohte, ein Ende. Wie so oft wurden die interessanten Dinge erst nach Ende der Sitzung gesagt. Der Leiter der Wirtschaftsabteilung, der am Tag darauf Zucker folgen sollte, um »am Aufbau des neuen Lagers mitzuarbeiten«, und der deshalb über jeden Verdacht erhaben war, sich beim neuen Judenältesten einschmeicheln zu wollen, teilte mir mit, einer seiner Spitzel bei der Dienststelle habe schon in der Woche davor von der bevorstehenden Absetzung Eppsteins gewusst. Eine ähnliche Information kam gleichzeitig aus einer anderen gut informierten Quelle. Das bestärkte mich in meiner Überzeugung, dass Eppsteins Absetzung beschlossene Sache gewesen war und dass wir an diesem Nachmittag bloß einer schlechten Inszenierung beigewohnt hatten.

In den Morgenstunden des 28. September wurde ich zu Rahm gerufen, er fragte mich, wie die Mitglieder des Ältestenrats die

Nachricht von Eppsteins Verhaftung aufgenommen hätten. Ich erzählte ihm, sein Anruf habe eine angeregte Diskussion unterbrochen, und fügte so gelassen wie nur möglich hinzu, dass man nach Abfahrt der zweiten Gruppe auf jeden Fall mit Eppsteins Rückkehr rechne. Auf diesen gespielt naiven Versuch hin wurde ich recht schroff entlassen.

In der Nacht sprach ich mit allen Funktionären, die in der Verwaltung und im Ordnungsdienst tätig waren, und kündigte an, dass ich am nächsten Tag in der Hamburger Kaserne anwesend sein würde; ich gab klar zu verstehen, dass ich keine unzulässigen Machenschaften und keine willkürlichen Rochaden duldete. Wir konnten zwar keinen Widerstand gegen die Befehle leisten, jedoch mussten wir es schaffen, dass keine einzige zusätzliche Person in die Waggons verfrachtet wurde. Am Morgen darauf wurden acht Personen von Rahm herausreklamiert; auch ein Fischer, der die SS-Kantine belieferte, durfte im letzten Augenblick in Theresienstadt bleiben. Die Gesamtzahl der Deportierten hätte also nicht mehr als 2499 betragen dürfen.[24]

Der erste Transport bestand aus Güterwaggons. In einem für die Transportleitung reservierten Waggon dritter Klasse hatte man ein Abteil für Otto Zucker und Karl Schliesser, den Leiter der Wirtschaftsabteilung, freigelassen. Kurz vor der Abfahrt tauchten Günther und Möhs auf und wünschten den abfahrenden Funktionären alles Gute für die Arbeit im neuen Lager. Angesichts dieser überraschend höflichen Geste konnte man kaum glauben, was die Gendarmen später erzählten, nämlich dass man den beiden Juden im Bahnhof von Bauschowitz Handschellen angelegt hatte, kaum dass der Zug Theresienstadt verlassen hatte.

Die Abfahrt von weiteren 1500 Personen war für Mitternacht angesetzt. Doch am frühen Abend wurde ich in die Hamburger Kaserne gerufen, wo ich einen völlig besoffenen Bergel antraf. Er forderte mich auf, augenblicklich für die Abfahrt zu sorgen, denn die Waggons, alle dritter Klasse, waren früher als vorgesehen eingetroffen. Plötzlich stand ich einer Truppe von SS-Männern, unter der Führung Günthers, gegenüber. Diese wollten sich nach einem ausführlichen Mahl an der Deportation der Juden ergötzen, ohne deshalb auf die Nachtruhe verzichten zu müssen, und protestierten lauthals, weil sich das Spektakel verzögerte. Den Personen, die abfahren mussten, war mitgeteilt worden, dass die SS die Abfahrt auf Mitternacht festgelegt hatte, auch dem Personal gegenüber hatte man diesen Zeitpunkt angegeben. Eine Vorverlegung kam nicht infrage. Nachdem die SS-Männer wilde Drohungen ausgestoßen hatten, zogen sie sich zurück; nach ein paar Stunden tauchten sie wieder auf, mit dem festen Vorsatz, sich für die erlittene Enttäuschung schadlos zu halten.

24 Uhr: *In zwei Stunden muss alles erledigt sein.* Die Herren wollten bald zu Bett gehen. Es war verrückt zu glauben, zwölf mit Gepäck beladene Personen könnten die zwei obligatorischen Kontrollposten passieren und in die Waggons steigen, und sei es im Laufschritt. Der Befehl wurde mit Stockhieben, Stößen, Ohrfeigen und endlosem Gebrüll exekutiert. Das Durcheinander wurde noch größer, als plötzlich der Befehl ausgegeben wurde, die Zahl der Deportierten auf 1750 zu erhöhen, während alle Vorbereitungen wie angeordnet nur 1500 Männern gegolten hatten. Nach Stunden höllischer Qual musste man noch auf die Lokomotive warten, erst in den frühen Morgenstunden setzte sich der Zug in Bewegung.

Am 30. September, vor der Abfahrt der letzten Gruppe, teilte Möhs mit, auf Zuckers Bitte hin wäre die Abfahrt von 500 Frauen bewilligt worden, deren Männer schon in ein anderes Lager verlegt worden waren. Die Frauen, die bereit wären, freiwillig abzureisen, sollten im Hof der Hamburger Kaserne antreten.

Zur festgesetzten Stunde wurde die Kaserne von einer Unmenge Frauen belagert. Nachdem mühsam Ordnung hergestellt worden war, taten Möhs und Rahm so, als selektierten sie genau; die Ehefrauen, die ihre Männer bald wiedersehen würden, bedankten sich bei ihnen. Frau Fritzi Zucker wurde dem Transportleiter besonders ans Herz gelegt. Doch damit nicht genug der Liebenswürdigkeiten: Für die prominenten Persönlichkeiten war der erste Waggon reserviert, dort musste niemand stehen, und das Gepäck konnte bequem verstaut werden.

In den Morgenstunden des 2. Oktober, eines Montags, wurde ich von Frau Eppstein geweckt; sie glaubte fest daran, dass Möhs sein Versprechen halten und ihr Gatte zurückkehren würde. Weil sie schon so ungeduldig war, wurde ich viel früher als üblich auf der Dienststelle vorstellig, und nachdem ich den Zettel mit dem Tagesbericht abgegeben hatte, verlangte ich die Entlassung Eppsteins. »Wenden Sie sich an Möhs, ich habe nichts damit zu tun.« Meine sonstigen Anliegen – Wiederaufnahme der Arbeit, Assanierung der Gebäude, die der SS zur Verfügung gestellt werden sollten, Rückkehr der Holländer in die Hamburger Kaserne – wurden relativ ruhig abgewickelt. Ich hatte den Eindruck, dass alles bald wieder zu jenem Zustand zurückkehren sollte, der in Theresienstadt als normal galt, und legte dem Kommandanten einen Appell vor, mit dem die Insassen aufgefordert werden sollten, die Reihen zu schließen, damit man die Arbeiten fortsetzen konnte. Er wurde anstandslos bewilligt.

Zwei Stunden später wurde ich dringend auf die Dienststelle gerufen. Ich traf Möhs gemeinsam mit Rahm an und glaubte deshalb, ich würde endlich etwas über Eppsteins Schicksal erfahren. Möhs stimmte jedoch eine lange Rede an, er erklärte des Langen und Breiten, wie wichtig es sei, dass die Familien nicht zerrissen wurden, und betonte, was in dem neuen Lager schon alles bewerkstelligt worden sei, damit man dort Frauen und Kinder aufnehmen konnte. Diese Lüge war mehr als dreist, sie war dumm. Während Möhs ein Loblied auf die Errungenschaften in dem neuen Lager sang, fiel mir ein, dass wir im Sommer von dem Vorhaben erfahren hatten, dass in Theresienstadt ein Wehrmachtslazarett untergebracht werden sollte, natürlich erst, nachdem man das Ghetto von Juden hätte räumen lassen. Mir wurde klar, worin die Intrige bestand. Nach der Entfernung der als gefährlich eingestuften Männer wollte man ungestraft gegen Frauen und Kinder wüten. Möhs redete weiter; ich schenkte ihm jedoch keine Aufmerksamkeit mehr; ich hatte bereits verstanden, dass die Angehörigen den eben abgefahrenen Männern folgen mussten. Ich war jedoch selbst überrascht, als ich sagte: »Nein, das geht nicht«, ohne dass ich mir der Tragweite meines Handelns bewusst war. Möhs verstummte. Ermutigt von seinem Schweigen, setzte ich mein wirres, aufgeregtes und fiebriges Plädoyer gegen die Transporte fort, führte Argument um Argument an, bis mich Rahm zum Schweigen brachte, er brüllte: »Hier wird nicht gehandelt, raus!«

Der Zwischenfall, der auch durch Rahms Geständnis 1947 bestätigt wird, erscheint auf den ersten Blick etwas seltsam. Mein »Nein« zu den Deportationsbefehlen überrascht nicht weniger als der Großmut von Eichmanns Statthaltern, die mich ganz gegen die Regeln vor der Tür warten ließen. Mein Aufbegehren war jedoch keinem Kalkül entsprungen. Nach zehn Tagen höchster Anspannung, in denen ich ohne Unterlass von zu Tode geängstigten Menschen belagert und von verrückten Befehlen verfolgt worden war, hatte ich keinen klaren Kopf mehr. Zu ihrem Pech konnten die Deutschen nicht auf mich verzichten. Die Tatsache, dass der Kommandant in den frühen Morgenstunden das Ende der Transporte erklärte und Möhs zwei Stunden später weitere Transporte ankündigte, lässt sich nur dadurch erklären, dass es im Referat IV B4 widerstrebende Meinungen in Bezug auf das Schicksal Theresienstadts gab: das Ghetto liquidieren wie alle anderen auch; die Juden wegbringen, um Kontakte mit slawischen Partisanen zu unterbinden; die Bevölkerungszahl verringern, um die Situation leichter kontrollieren zu können … – Im Augenblick musste die Räumung fortgesetzt werden, es konnte jedoch durchaus sein, dass das Ghetto mit einer verringerten Anzahl von Insassen weiterexistierte. Die beiden anderen Judenältesten waren eliminiert worden, deshalb war meine Anwesenheit erforderlich, sofern man nicht jede Entscheidungsfreiheit zunichtemachen wollte, die im Rahmen einer effizienten Verwaltung notwendig war. Doch all das wurde mir erst im Nachhinein klar. An diesem Oktobermorgen, als ich nach einer halben Stunde Wartezeit wieder zu den beiden SS-Männern gerufen wurde, glaubte ich, dass ich in der Kanzlei den Scharführer Haindl antreffen und er die fatale Aufforderung »Kommen Sie mit« aussprechen würde. Aber wir sind in Theresienstadt, wo sich alles zum Absurden wendet.

Mein unüberlegtes Aufbegehren hatte zwar nicht vermocht, weitere Deportationsbefehle zu widerrufen, doch es blieb trotzdem nicht ohne Folgen: Ich hatte mich nun endgültig bei der traurigen Pflicht des Ältestenrats, der Selektion der zu deportierenden Personen, disqualifiziert. Obwohl ich offiziell Eppsteins Nachfolger war, traf ich in der Hamburger Kaserne 5000 Männer an, die bereits selektiert worden waren. Die 500 Frauen, die mit der dritten Gruppe abgereist waren, hatten sich freiwillig gemeldet. Eigentlich hätte Möhs' Befehl dazu führen sollen, dass wieder wie wild Karteikarten sortiert und neue Listen zusammengestellt wurden; mein verrückter Versuch »zu handeln« hatte jedoch dazu geführt, dass der jüdischen Selbstverwaltung alle Entscheidungsmöglichkeiten genommen wurden. Nun traf die SS die Entscheidungen.

Aufgrund eines kollektiven Befehls sollten alle Angehörigen der bereits abgefahrenen Arbeiter deportiert werden. Alle Insassen des Ghettos, die nicht älter als 65 waren, mussten vor der SS-Dienststelle zur Selektion antreten. Mitte Oktober war die Gruppe der Angehörigen schon völlig ausgeschöpft, die Aufnahme in die Transportlisten erfolgte deshalb nur noch aufgrund einzelner Angaben, die die Deutschen von Fall zu Fall machten.

Den Leuten wurde schnell klar, dass die Dienststelle willkürliche Entscheidungen traf. Natürlich wagte es niemand, den SS-Hauptsturmführer mit so einer Anschuldigung zu konfrontieren;

es war einfacher und weniger gefährlich, sich beim Judenältesten zu beschweren. Da ich von allen Seiten bestürmt wurde, blieb mir nichts anderes übrig, als Rahm um eine Verlangsamung des Tempos bei den »Abreisen« zu bitten. Der Kommandant wollte gerade nach Prag fahren und schickte mich schroff weg, er war in Eile. Völlig kopflos nützte ich die Gelegenheit und wandte mich an Möhs, der mich sehr freundlich empfing und versprach, alles in seiner Macht Stehende zu unternehmen. Doch kaum war Rahm zurück, teilte ihm der höfliche Hauptsturmführer mit, ich hätte versucht, hinter seinem Rücken ein Komplott zu schmieden. Was anderes konnte er sich nicht vorstellen. Rahm äußerte sich klar und deutlich: »Ich habe meine Gründe, Ihnen zu sagen, dass wir die Abfahrt der Transporte nicht verzögern können. Wenn Sie sich jedoch noch einmal hinter meinem Rücken an Möhs wenden, werden Sie Prügel einstecken wie seinerzeit Eppstein. Möchten Sie etwas wissen?«

Erst viel später wurde mir klar, wie gewichtig seine Gründe waren; im Oktober 1944 wusste ich jedoch noch nicht, wohin die Transporte gingen, und ich wusste auch nicht, dass die Gaskammern in Auschwitz am 2. November 1944 geschlossen werden sollten. Rahm musste sich wirklich beeilen.

Fürs Erste jedoch sank die Anspannung jedoch nicht, sondern sie stieg. Die Selektionskriterien der SS veränderten sich, Möhs führte nach der ersten eine zweite Selektion durch. Jeder musste vortreten und seinen Namen und Arbeitsplatz angeben. Mit Rotstift wurden die Verurteilten, mit Blaustift die Begnadigten notiert. Angeblich war das meine Schuld. Möhs und Rahm hatten ja schon mit Blaustift ihren guten Willen bekundet, doch aufgrund meiner Intrigen sahen sie sich leider gezwungen, ihren Entschluss mit Rotstift zu korrigieren. Die Leute hatten immer gewusst, dass die Ghettoverwaltung zu Deportationszeiten für Schön- oder Schlechtwetter sorgte. Doch sie weigerten sich, die veränderten Tatsachen zur Kenntnis zu nehmen. Mir hingegen waren die Hände gebunden, selbst wenn ich nur einen vorübergehenden Aufschub erwirken wollte, musste ich mich an Rahm wenden.

In meiner Macht stand es allenfalls, ein paar Karteikarten verschwinden zu lassen, um die eine oder andere alte Frau aus dem Verkehr zu ziehen, die zwar noch keine 65 war, jedoch viel älter aussah und deshalb nicht auffiel. Die Juden mussten jeden Tag in Reih und Glied vor der Dienststelle der SS antreten, jeder hätte zu Rahm hingehen und meine wahren oder eingebildeten Willkürakte denunzieren können.

Eine junge Witwe stellte eine Ausnahme dar; ihr Ehemann, ein bekannter tschechischer Dichter, war im Lager Mauthausen umgekommen. Die Gruppe der Tschechoslowaken verlangte von mir, alles Menschenmögliche zu tun, um sie zu retten. Obwohl ich mir keine Hoffnungen machte, beschloss ich, um ihre Freilassung zu bitten, auch wenn mir die Gründe alles andere als gerechtfertigt erschienen. Rahm machte mir klar, um welche Gründe es sich in Wirklichkeit handelte: »Warum bitten Sie mich darum? Ich sehe, sie ist jung, ist sie vielleicht auch hübsch?« Ich senkte den Blick und schwieg. »Diesmal lasse ich es durchgehen; aber machen Sie bloß keine Dummheiten.«

Wieder in der Magdeburger Kaserne, stellte ich mich sofort der Frau vor und erzählte ihr von den geheimnisvollen Vorgängen, damit sie nicht allzu sehr überrascht war, wenn der Kommandant, zu Scherzen aufgelegt, auch zu ihr sagte: *Machen Sie bloß keine Dummheiten.*

Völlig unmöglich war es, einen Aufschub für jene Personen zu erwirken, die von Sonderbefehlen betroffen waren. Hohe Offiziere, Würdenträger der liquidierten Gemeinden, politisch in Ungnade gefallene Personen und fast der ganze Ältestenrat. Mein Versuch, Möhs darum zu bitten, einige dieser Befehle aufzuheben, hatte einen überraschenden Besuch Hans Günthers aus Prag zur Folge. Möhs hatte wieder einmal alles getan, »was in seiner Macht stand«. – Günther versuchte mich zuerst ruhig und dann, als ich nicht lockerließ, brüllend und unter Drohungen davon zu überzeugen, dass man die Verwaltung Theresienstadts nur sanieren konnte, wenn man »die Leiter in ein anderes Ghetto verlegte«, wo sie sich rehabilitieren und mit ihrer Arbeit von vorne beginnen konnten – und ja achtgeben sollten, nicht rückfällig zu werden. Zu meinem großen Staunen las er mir eine Liste von großen und kleinen, tatsächlichen und vorgeblichen Vergehen vor, die sich die einzelnen Funktionäre und Leiter angeblich hatten zuschulden kommen lassen. Plötzlich verstummte er und starrte mich ein paar Minuten lang an; zuerst überraschte mich sein seltsames Benehmen, dann begriff ich, dass er mich zu hypnotisieren versuchte. Sein Versuch war zum Scheitern verurteilt, aber auch mir war kein Erfolg beschieden.

Der erste Waggon des Zuges, der zwischen Theresienstadt und einem unbekannten Ziel hin und her pendelte, war immer für Funktionäre und Prominente reserviert. Wenn man zufällig oder aus Instinkt auf das Privileg verzichtete und in einen der normalen Waggons einstieg, hatte man eine gewisse Chance auf Überleben. Für gewöhnlich überbrachte der Transportleiter die Botschaft, dass alle Passagiere im ersten Waggon liquidiert wurden. Doch diese Gerüchte bestätigten sich erst, als 1945 die Heimkehrer Bericht erstatteten.

Im Gegensatz zu Günthers Aussagen hatten die Deutschen überhaupt nicht im Sinn, für mehr Moral zu sorgen; sie wollten sich vielmehr all jener Personen entledigen, die eine militärische, politische oder auch persönliche Gefahr darstellten. Abgesehen von Offizieren, Prominenten, Parteiführern und Gewerkschaftern wollte man auch all jene Personen eliminieren, die einige Zeit lang Kontakt mit einzelnen Rädelsführern der SS gehabt hatten und deshalb über deren Affären Bescheid wussten.

Am 20. Oktober endete die Schlacht, die drei Wochen lang auf höchster Ebene geführt wurde, mit einem Kompromiss: 11 000 Juden sollten in Theresienstadt bleiben. Der letzte Transport mit 2500 Personen sollte am 28. Oktober abfahren. Seit Wochen verzögerte ich die Abfahrt von qualifiziertem Personal, ich verschob sie ständig von einem Transport auf den nächsten. Die Nerven dieser tapferen Leute waren nun bis an die Grenzen des Erträglichen gespannt. Hin und wieder wurde klar, dass die eine oder andere Position nicht mehr gehalten werden konnte, weil jemand »gesungen« hatte. In so einem Fall konnte man nur noch der stummen Resignation eines Mannes beiwohnen, der in dem Augenblick, in dem die anderen seine Arbeit übernahmen, alles begriff; ihm blieb nichts anderes mehr übrig, als sich um sein Gepäck zu kümmern. Seine Kollegen schwirrten besorgt um ihn herum, als wäre er schwer krank; schließlich glaubte auch er, unheilbar krank zu sein. Ein schmerzhafter Druck schien ihm das Herz abzuschnüren, den Atem zu rauben, legte ihm einen Schleier über die Augen und ließ dichten grauen Nebel in sein Gehirn eindringen. In gleicher Weise, wie die Seele den leblosen Körper verlässt, schwand die Hoffnung und ließ ein verzweifeltes Wesen zurück. Doch selbst in dieser Situation musste die Arbeit weitergehen, auch wenn es nicht richtig war, den verzweifelten Eifer der Männer auszunutzen, die alles daransetzten, unter Beweis zu stellen, wie wichtig ihre Arbeit für das Ghetto war. Man brauchte ja nur einen kleinen Spaziergang durch das Ghetto machen, um zu begreifen, wie wichtig es war weiterzuarbeiten.

Im Ghetto sah es jetzt aus wie auf einem Schlachtfeld. Die Häuser und Straßen voller Schmutz, da niemand für die Reinigung sorgen konnte; die Wohnungen offen, in vielen Zimmern eingeschaltetes Licht, auf den Gängen lief das Wasser aus den Hähnen, Koffer, Kleidungsstücke und Einrichtungsgegenstände lagen frei herum. In den Krankenhäusern und Siechenheimen fielen Patienten aus den Betten und blieben nächtelang auf dem Fußboden liegen, da es an Pflegepersonal mangelte, die Betten waren schmutzig, die Leintücher von Exkrementen besudelt. Die Zubereitung der Mahlzeiten funktionierte mit Mühe und Not, die Verteilung stieß auf Hindernisse, denn die Leichenwagen standen herum und behinderten den

Verkehr. Ohne die Leichenwagen gab es im Ghetto kein Leben. Wer es nicht bis zu einer der Küchen schaffte, die noch offen waren, war zum Hungern verurteilt. Angesichts der Lage stellte sich nicht die Frage, ob es moralisch vertretbar war, den Leuten etwas vorzugaukeln und sie mit falschen Versprechungen zu bewegen, eine Woche, einen Tag oder auch nur eine Stunde länger zu arbeiten.

Aufgrund der Entscheidung, die Alten in Theresienstadt zu belassen, musste man auch Pflege- und Verwaltungspersonal sowie Handwerker dort haben. Man musste nur noch das Verhältnis zwischen den beiden Gruppen bestimmen. Jetzt, wo der letzte Transport unmittelbar bevorstand, konnte die Entscheidung nicht weiter hinausgeschoben werden. Ich wusste, dass es Rahm ziemlich egal war, ob die Kranken gepflegt wurden oder nicht, deshalb beschloss ich das Terrain zu sondieren, indem ich über eine Arbeit sprach, die direkt mit der teilweisen Räumung des Ghettos verbunden war. Die Personen, die Theresienstadt verließen, wurden in dem Augenblick registriert, in dem sie in die Waggons stiegen. Bei der Abfahrt des vorletzten Transports am 23. Oktober musste Rahm zur Kenntnis nehmen, dass man ihm in Zukunft keine Listen mehr aushändigen würde, denn als die Stenotypistinnen erfuhren, dass ihre Mütter abfahren mussten, hatten sie die Kanzlei verlassen und ihr Bündel geschnürt, sie wollten sie begleiten. Anders als erwartet, blieb der Obersturmführer ruhig. Kurz entschlossen bestätigte er die Freilassung von 22 Personen und fügte hinzu: »Beim nächsten Mal allerdings ...«

Der wahre und eigentliche Sturm hingegen brach los, als er erfuhr, dass keine Reserve vorbereitet worden war, um die eben freigelassenen Frauen sowie andere zu ersetzen, die im letzten Augenblick von ihm begnadigt worden waren. Am 23. Oktober hätte man die Lücken noch füllen können, indem man die Abreise von Leuten vorverlegte, die erst in drei Tagen deportiert werden sollten; am 28., als der letzte Transport abgehen sollte, wäre eine derartige Machenschaft jedoch nicht mehr möglich gewesen, es standen ja keine weiteren Transporte mehr bevor. Außerdem hätte die Rettung von 33 Personen, die durch andere hätten ersetzt werden müssen, nur einen Handel mit Menschenleben bedeutet. Deshalb war es bei Weitem besser, sich dem Zorn Rahms und seiner Schergen auszusetzen, denn auf diese Weise schuf man einen Präzedenzfall, der bewies, dass die herausreklamierten Menschen nicht unbedingt ersetzt werden mussten.

Am Tag darauf legte ich nach dem Morgenrapport ein umfassendes Geständnis ab. Meine Schuld: Ich hatte vier Ärzte zurückbehalten, deren Abfahrt mehr als einmal ausdrücklich befohlen und gefordert worden war; ich hatte 300 Personen versprochen, dass sie in Theresienstadt bleiben dürften, ohne dass ich dazu berechtigt war. Mildernde Umstände: die Situation im Ghetto und die Tatsache, dass es unmöglich war, ohne ein Minimum an qualifiziertem Personal Anstalten aufrechtzuerhalten, die für die Unterbringung von 11 000 Personen gedacht waren. Urteil: Das Personal durfte fürs Erste bleiben, es würde gemeinsam mit mir abreisen. Rahm hörte mir zu, ohne mich zu unterbrechen, dann antwortete er kurz angebunden: »Sie fahren nicht ab.« Das war ein zweifelhafter Trost, denn die, die vor Ort liquidiert werden, können nicht mehr abfahren; im Augenblick durfte ich mich jedoch nicht mit solchen Haarspaltereien aufhalten, denn die Freilassung von 300 Personen war für mich zur Obsession geworden. Ohne einen Kommentar abzugeben, las der Kommandant die Liste und sagte: »Sprechen Sie mit Möhs.« Das war nicht viel, aber diesmal erlaubte er mir wenigstens zu *handeln*.

Möhs war wie immer von einer ausgesuchten, aber unnachgiebigen Höflichkeit; er war nicht der Typ, der einen fortschickte. Da er Gelassenheit vortäuschte und Rahm sich ruhig verhielt, gelang es mir, meine Argumente ungestört darzulegen, ich ließ nicht locker. Ich ging mit dem Versprechen weg, dass man mir am Tag darauf die endgültige Entscheidung mitteilen würde. Als ich jedoch am frühen Morgen auf der Dienststelle eintraf, erlebte ich eine unangenehme

Überraschung: Ich traf dort Hans Günther an. »Was für ein Unheil richten Sie gerade an?«

Wieder stellte ich das Gesuch auf Freilassung von 300 Personen, die am 28. Oktober abreisen sollten, und begründete meine Bitte mit notwendigen Arbeiten.

»Man hat Ihnen doch schon gesagt, dass hier nicht gehandelt wird.«

»Herr Sturmbannführer, mit diesen 300 Personen kann ich dafür bürgen, dass das Ghetto wieder instand gesetzt wird. Ohne sie bin ich nicht in der Lage, die Verantwortung zu übernehmen, mit der meine augenblickliche Aufgabe einhergeht.«

»Seien Sie nicht unverschämt; Ihre Absichten interessieren uns nicht. Befehl ist Befehl; raus!«

Nach zwei Stunden nervtötenden Wartens durfte ich weggehen; man hatte mir versprochen, dass ich am Nachmittag etwas erfahren würde. Rahm eilte mit finsterem Blick vorbei, er zischte mir zu: »Eichmann, Berlin, hat angerufen!«

Am Abend teilte mir Möhs auf seine unvergleichlich liebenswürdige Art mit, dass 200 von mir vorgeschlagene Personen bleiben dürften; die anderen Fälle würde man vor Ort, bei Abfahrt des Zuges, prüfen. Möhs widersetzte sich damit der von Eichmann getroffenen Entscheidung, aber er lächelte nach wie vor, wahrscheinlich hatte er noch ein Ass im Ärmel. Im letzten Augenblick erteilte er mir den überraschenden Befehl, siebzig von ihm verurteilte Ehepaare in den Transport einzureihen, ungeachtet der Tatsache, dass einer der Gatten noch nicht 65 Jahre alt war. In seiner großen Liebenswürdigkeit hatte es der Hauptsturmführer für gut befunden, einen Teil der herausreklamierten Personen höchstpersönlich zu ersetzen, auf diese Weise hatte er sich für die erlittene Schmach gerächt.

Ich unternahm einen allerletzten Rettungsversuch und wurde mit allerhöchster Freundlichkeit vor die Tür gesetzt: »Es ist schon spät, auch Sie müssen sich jetzt ausruhen. Gehen Sie ruhig, ich habe Ihnen nichts mehr zu sagen.«

Im letzten Augenblick ließ ich im Hof der Hamburger Kaserne nicht hundert, sondern mehr als zweihundert Personen antreten.

Am 28. Oktober fuhren 2038 und nicht wie vorgesehen 2500 Personen ab, keiner der Herausreklamierten musste ersetzt werden; zum ersten Mal fuhren in Bauschowitz leere und halbleere Waggons ab. Abgesehen von den Prominenten, die wie immer im ersten Waggon reisten, mussten diesmal auch zwanzig Jugendliche in den letzten Waggon einsteigen.

Eine spezielle Gruppe stellten dreißig Personen dar, die aufgrund eines Sonderbefehls der Dienststelle in den Transport eingereiht worden waren: die ausgedienten Spione des Geheimdienstes der deutschen Wehrmacht und die Spitzel, die für die Dienststelle in Theresienstadt tätig gewesen waren. Ich kann nicht behaupten, ich wäre sehr traurig darüber gewesen, dass diese Leute das Ghetto verlassen mussten. Gleichzeitig musste ich mir die Frage stellen: Warum schicken sie die Spitzel weg, wie wollen sie Theresienstadt dann am Leben halten? Was machen sie ohne Spitzel?

Zwischen 28. September und 18. Oktober 1944 wurden 18 402 Personen deportiert. Bei all diesen Transporten war keine einzige Person mehr dabei als von der SS befohlen, aber das war nur ein schwacher Trost. Am 23. Oktober wurden 1715 und nicht 1750 deportiert, und am 28. desselben Monats 2038 und nicht 2500, aber auch das war keine große Sache. Bezeichnend, wenn auch zufällig, war hingegen die Parallelität der Ereignisse zwischen Oktober 1942 und Oktober 1944. Zwei Jahre zuvor waren 18 000 Alte abgefahren, um den Verbleib der Jungen zu sichern; jetzt fuhren 18 402 Jugendliche ab. Das Opfer war umsonst, denn eine vage Chance, in Ruhe gelassen zu werden, hätte nur dann bestanden, wenn Theresienstadt tatsächlich ein Heim für alte Menschen gewesen wäre, die »früher oder später im Reichsaltersheim«, so Himmler, gestorben wären.

Nach der Deportation der Alten im Oktober 1942 war es nur logisch, dass 1944 auch Jugendliche abfuhren.

Bis zum 23. Oktober fuhr ein und derselbe Zug zwischen Theresienstadt und einem unbekannten Ziel hin und her. Erst gegen Monatsmitte erzählten die Putzfrauen, dass sich an den Wänden der Waggons die Aufschrift »Birkenau« befand. In Theresienstadt kannte man Birkenau zwar, denn die Personen, die im September und Dezember 1943 abgefahren waren, hatten Postkarten aus Birkenau geschickt, aber erst im April 1945 deckten slowakische Partisanen auf, dass *Birkenau* ein Deckname für Auschwitz war. Als Hans Günther Ende Oktober wieder nach Theresienstadt kam, stellte er mir unvermittelt die Frage: »Wohin glaubt man im Ghetto, dass die Transporte fahren?«

Als er »Birkenau« hörte, zuckte er zusammen; ich hatte nur wiedergegeben, was ich von den Putzfrauen erfahren hatte, also ohne zu wissen die richtige Antwort gegeben. Noch am 23. September hatte Günther von einem neuen Lager in der Nähe von Dresden gesprochen. *Nur im Umgang mit Menschen des eigenen Bluts müssen SS-Männer aufrecht, ehrlich, treu und freundschaftlich sein*[25] – die Juden reingelegt zu haben, galt wohl als Verdienst.

Den ganzen Monat lang hatten die Deutschen die Illusion aufrechterhalten, die Deportierten würden nur vorübergehend weggebracht. Im offiziellen Stand schienen damals 30 000 Personen auf, von einer weiteren Gruppe hieß es nur, sie sei »auf Arbeitseinsatz«. Nach Abfahrt des letzten Transports wurde eine Neuberechnung des Stands befohlen. Es wurden nur noch 11 000 Personen gezählt, das Durchschnittsalter lag bei über 50, mehr als zwei Drittel waren Frauen, es gab nur noch knapp 900 Kinder. Doch diese Zahlen waren kein getreues Abbild der verzweifelten Situation, denn zum Stand gehörten auch die dänischen Juden und die holländischen Juden der Barnevelder Gruppe. Diese beiden Gruppen, die von internationalen Verträgen geschützt wurden und nicht deportiert werden durften, hellten das Dunkel der Verzweiflung etwas auf. Abgesehen von den Ausländern gab es im Ghetto nur noch 381 Männer unter 65. Von ihrer Standhaftigkeit hing das Überleben aller ab, denn die beiden privilegierten Gruppen sahen ihren Beitrag zur Arbeit mehr oder weniger als freiwillig an.

Für die Verpflegung galt noch immer die Berechnungsgrundlage vom 27. September, als 30 000 Personen im Ghetto gelebt hatten; das ermöglichte es, beträchtliche Vorräte anzuhäufen. Wollte die SS die großen Lebensmittelmengen selbst verwalten? Sollte die Zahl der Insassen wieder auf 30 000 anwachsen? Ich hatte keine Zeit für derartige Spekulationen, denn schon drei Tage nach Abgang des letzten Transports traf der Befehl ein, die Abreise des allerletzten vorzubereiten. Nachdem die Lebenden deportiert worden waren, wurden nun auch die Toten fortgeschickt.

Am 31. Oktober wurde angeordnet, die Urnen mit der Asche der Juden, die in Theresienstadt gestorben waren, auf einen Lastwagen zu laden. Der Urnenhain, Kolumbarium genannt, wo die papierenen Aschebeutel – jeder mit Vor- und Nachnamen des Verstorbenen und der Nummer der Einäscherung – auf endlos langen Regalen standen, war nur durch einen sehr engen Weg mit der befahrbaren Straße verbunden. Um die Urnen bis zum Lastwagen zu transportieren, musste man eine Kette bilden und sie weiterreichen. Für diese Arbeit brauchte man 400 Personen, man konnte sie nur noch in einem Frauenaltersheim finden. Hin und wieder betrachteten die alten Frauen die Urne, die sie in der Hand hielten; wenn ein bekannter Name darauf stand, stockte die Arbeit, weil sie sich lebhaft zu unterhalten begannen.

Kaum war die Arbeit erledigt, kam Haindl und überbrachte einen neuen Befehl; weitere Urnen mussten sofort vom Kolumbarium zum Tor gebracht werden, das zur Straße führte, als Vorbereitung für die Arbeit am nächsten Tag. Haindl hatte wohl eine feine Nase. Bei den Frauen, die ins Altersheim zurückkehrten, entdeckte er sofort eine alte Frau, die unter ihrem weiten schwarzen Mantel einen Aschebeutel versteckt hatte. Die Unglückliche hatte versucht, die Asche ihres Mannes vor dem Lastwagen der SS zu bewahren.

Für die zweite Schicht fand man keine 400 alte, noch rüstige Frauen. Die jungen Elemente, auch Verwaltungspersonal und Techniker, waren gerade dabei, in einer Abendschicht – sie dauerte von 16 bis 24 Uhr – Kartoffeln und Kohle abzuladen; sogar die Leiter mussten mitmachen. Deshalb musste man die Insassen des Altersheims durch die Insassen des Waisenheims ergänzen. In der Dunkelheit des beinahe winterlichen Abends reichten Frauen und Kinder die Urnen weiter. Die Arbeit ging jetzt zügig voran, denn im unheimlichen Licht der Taschenlampen konnte man die Namen der Toten nicht lesen. Eine kleine Waise reichte einer alten Frau eine Urne. War es die Asche ihres Vaters oder handelte es sich um deren Sohn?

Die alten Frauen und die Kinder, die unter diesen makabren Umständen gearbeitet hatten, erhielten als Prämien Sardinen; keine Ahnung, ob die alte Frau, die mit der Asche ihres Mannes ertappt wurde, mit dem Tausch zufrieden war: eine Sardinendose gegen eine Urne.

Beim Morgenrapport traf ich einen betrunkenen Rahm an. »Die Urnen werden in drei Massengräbern auf dem jüdischen Friedhof in Prag beigesetzt«, sagte er rasch, um meiner diesbezüglichen Frage zuvorzukommen. Das Ghetto war anderer Meinung; die Gendarmen berichteten von geheimnisvollen nächtlichen Tätigkeiten an der Eger. Als ich erfuhr, dass jeden Abend einem SS-Mann zwanzig Portionen heißer Kaffee und genauso viele Brotschnitten mit Margarine geliefert werden mussten, war es nicht schwierig, einen Zusammenhang mit den zwanzig jungen Männern herzustellen, die am 28. Oktober in den letzten Waggon gestiegen waren. Die jungen Männer mussten in Bauschowitz aussteigen; sie wurden in die Kleine Festung geführt. Niemand anderer war es, der die Asche in die Eger gestreut hatte. – Kaum war die Arbeit beendet, erlitten sie dasselbe Schicksal wie alle Zeugen, die hätten gefährlich werden können.

Im Urteil gegen Rahm vom 30. April 1947 fasst das Gericht Leitmeritz die Geschehnisse im Oktober 1944 zusammen und stellt fest:

Nach dem Abgang eines großen Transportes von 5000 Personen befahl Möhs völlig überraschend die Vorbereitung weiterer Transporte und gab die Selektionskriterien bekannt. Murmelstein, der Möhs zu überzeugen versuchte, dass das nicht möglich war, wurde vom Angeklagten (Rahm) zum Schweigen gebracht: Hier wird nicht gehandelt …

Die Personen, die mit den früheren Transporten hatten abfahren müssen, waren von der jüdischen Selbstverwaltung aufgrund der von der Dienststelle ausgegebenen Kriterien ausgesucht worden … Diese Vorgangsweise wurde auch im September und Anfang Oktober 1944 beibehalten, danach und vor allem nach dem 15. Oktober wurden die Personen nicht mehr von der Selbstverwaltung, sondern von der Dienststelle selektiert … In der ersten Nacht wurden die Urnen mit der Asche der Ghettobewohner nach Leitmeritz gebracht. Im Konzentrationslager »Grube Richard« wurden die Aschebeutel verbrannt und in einen Graben gestreut. In den Nächten darauf sollte die Asche in die Eger geschüttet werden. In der kalten Herbstnacht mussten die Häftlinge einen im Schlamm steckengebliebenen Lastwagen flottmachen, sie standen dabei teilweise im Fluss. Als die Juden versuchten, die brennenden Urnen zu löschen, weil ein feindlicher Luftangriff angekündigt war, erlitten sie zum Teil schwere Verbrennungen.

Sobald man die Urnen vernichtet hatte, musste man die Überreste der Juden ausgraben, die im Januar und Februar 1942 gehenkt worden waren. All das zu dem Zweck, die Spuren der Verluste zu verwischen, die die Juden in Theresienstadt erlitten hatten.

Die Asche der Toten lag auf dem Grund des Flusses; welches Schicksal war den Lebenden beschieden? Mir fiel ein, was Möhs zu Eppstein gesagt hatte: »Solange es das Kolumbarium gibt, braucht man sich um Theresienstadt keine Sorgen zu machen.« Jetzt gab es das Kolumbarium nicht mehr. Die gewöhnlichen Leute kannten die sibyllinischen Worte des Hauptsturmführers nicht, sie waren trotzdem davon überzeugt, dass die Vernichtung der Urnen den Beginn der totalen Räumung des Ghettos bedeutete. Leute, die noch zwei Tage zuvor gestrahlt hatten, weil sie in Theresienstadt bleiben durften, konnten jetzt den Zweifel nicht mehr unterdrücken: *Sie sind wenigstens im Zug abgefahren; wir werden jedoch zu Fuß weggehen.* – Unter diesen Umständen schien es unmöglich, die Menschen aus der Lethargie aufzurütteln, die Theresienstadt lähmte.

Kapitel XIV

ZWISCHEN HAMMER UND AMBOSS

Das Ghetto war von Abfall übersät. Alles, was sie nicht mitnehmen konnten, hatten die Leute, die in aller Eile packen mussten, in den Zimmern, auf den Treppen, in den Höfen und auf den Straßen liegen gelassen. Die anderen, die Theresienstadt mit dem nächsten Transport verlassen sollten, durchsuchten die mittlerweile leeren Häuser, auf der Suche nach nützlichen Dingen oder Essbarem. Sie kümmerten sich nicht darum, in welchem Zustand sie das durchsuchte Gebäude vorfanden oder was für ein Durcheinander sie zurückließen. Auch der Überlebenswille, die persönliche Würde und die Hoffnung auf eine bessere Zukunft waren im Müll gelandet. Der Misthaufen wurde immer größer, man glaubte, in seinem Schatten zu leben.

Es bestand kein Zweifel daran, dass man die Flamme nicht wieder entfachen würde können, jetzt, wo der letzte Funke verglüht war; es bestand buchstäblich die Gefahr zu erfrieren. Die Alten lagen in ungeheizten Räumen, während auf den Eisenbahngleisen endlos lange, mit Kohle beladene Züge standen, was immer wieder das Eingreifen vonseiten der Reichsbahn erforderte. Wenn die Alten stürben, verlöre Theresienstadt jede Daseinsberechtigung, und das hätte das Ende bedeutet.

Der in Berlin geführte Kampf um das Ghetto war vorläufig mit dem Kompromiss beendet worden, in Theresienstadt eine Bevölkerung zurückzulassen, die vorwiegend aus Greisen und Frauen bestand; mit der Verwaltung hatte man jemanden betraut, von dem man glaubte, er sei bar jeglichen politischen Profils und in der Lage, das »Siedlungsgebiet« wiederherzustellen. Die Mordlust und der Wunsch zu täuschen hielten sich nach wie vor die Waage. Im

Augenblick befand sich das Ghetto jedoch in einem Zustand, der trotz aller Propagandanotwendigkeiten eine Liquidierung nahezulegen schien. Der Waffenstillstand würde an dem Tag zu Ende gehen, an dem man aufgrund der vielen Kontrollbesuche die Entscheidung treffen würde, dass die Schande so bald wie möglich getilgt werden musste.

Die SS-Dienststelle machte sich keine Illusionen, die Situation schien aussichtslos. Deshalb wurden die wenigen übrig gebliebenen Handwerker dazu abkommandiert, nicht nur die SS-Kantine, sondern auch die Räume des Archivpersonals zu renovieren, das seit 1943 in der Sudetenkaserne untergebracht war, anstatt Zeit für unnütze Arbeiten in einem Ghetto zu verlieren, das mittlerweile dem Untergang geweiht war. Die Tischler mussten 15 Stunden am Tag schuften, denn die von ihnen gefertigten Möbelstücke dienten als Tauschware; in den umliegenden Dörfern tauschte man Schränke gegen Schinken und Stühle gegen Würste.

Die Juden, die sich noch im Ghetto befanden, waren nach dem groben Betrug mit der Verschönerung und dem Film nicht bereit, sich noch einmal zum Narren halten zu lassen. *Was hat uns die Verschönerungsaktion gebracht? – Es reicht.*

Als dritten negativen Faktor müsste man hinzufügen, dass der neue Judenälteste nicht imstande war, die Massen mit Liebenswürdigkeit zu gewinnen wie Edelstein, und dass er auch nicht die feinen Umgangsformen Eppsteins besaß. Die Menschen, die in der Selbstverwaltung des Ghettos das Sagen hatten, vergaßen nie, dass sie »morgen« vielleicht aufgerufen waren, Rechenschaft abzulegen. Bei ihrem Tun und Handeln dachten sie nicht nur an die Notwendigkeiten von heute, sondern auch an die Rechtfertigung von morgen. Mir hingegen erschien die Aussicht auf ein »Morgen« völlig unrealistisch, nachdem die beiden Judenältesten liquidiert worden waren. Wenn man sich zwischen Hammer und Amboss befand, konnte man dem vernichtenden Schlag nicht entkommen. Daher war es sinnlos,

Zorn und Jähzorn zu unterdrücken. Ich war auf dem besten Weg, mir Feinde zu schaffen, die »morgen« unerbittliche Ankläger werden würden; für mich gab es damals jedoch kein »Morgen«.

Die Juden von Theresienstadt haben in den letzten Wochen ihren Sinn für Ordnung, Disziplin und gemeinschaftliche Verantwortung unter Beweis gestellt ... Inzwischen gilt es dafür zu sorgen, dass den Lebensnotwendigkeiten des jüdischen Siedlungsgebietes ... nach wie vor in vollem Umfange Genüge geleistet wird, als auch dafür, dass sämtliche Arbeiten unbeeinträchtigt fortgesetzt werden.«[26]

»Mit künstlichen Süßungsmitteln hergestellt« – dieses Etikett war von einem Marmeladenglas abgelöst und auf den Anschlag an der Magdeburger Kaserne geklebt worden.

Nach einer Woche relativer Ruhe erwachte das Ghetto zu neuem Leben. Schlafen, Kleidung, essen – das waren die drei Grundbedürfnisse, die sich bald wieder regten. Platz gab es mehr als genug – das traurige Erbe von mehr als 18 400 Deportierten; die in den verlassenen Häusern zurückgebliebenen Koffer waren voller Kleidungsstücke; auf den Gleisen in nächster Nähe standen Waggons mit Kohle und Kartoffeln.

Da die ankommenden Waren für 30 000 Personen berechnet waren, die unmittelbaren Bedürfnisse somit mehr als gestillt werden konnten und man auch Nachsicht üben konnte, wenn sich jemand unerlaubterweise kleine Mengen aneignete, gab es beim Entladen der Waggons einen beträchtlichen Ansturm von Freiwilligen. Innerhalb von drei Wochen wurden 4500 Tonnen Mehl, Zucker, Kartoffeln und Kohle eingelagert. Das waren die letzten Lieferungen, und sie waren auch lebensnotwendig, weil das Kriegsgeschehen Transporte zusehends unmöglich machte; in den ersten Monaten des Jahres 1945 kamen sie völlig zum Erliegen.

Immer wenn die Ghettoverwaltung die Entnahme von Lebensmitteln aus den Lagern genehmigte, musste Rahm seinen Segen dazugeben, die Lebensmittel waren nämlich nach wie vor rationiert.

Wenn man die Leute ohne Anwendung von Gewalt zum Arbeiten bewegen wollte, musste man sie mit Zusatzkost bezahlen. Die Frau, die von Haindl mit der Urne ihres Mannes erwischt worden war, ging mit einer Sardinendose in der zitternden Hand nach Hause. Der Versuch, das verstümmelte und aus zahlreichen Wunden blutende Ghetto mit dem Versprechen auf Zusatzrationen zu gewinnen, scheint absurd. Dennoch musste er gemacht werden.

Seit vielen Monaten versuchte ich, die Postpakete, die an Tote oder Deportierte adressiert waren, den Händen der organisierten Korrupten zu entreißen. Die berühmten Vollmachten, die von Sterbenden oder von Leuten ausgestellt worden waren, die kurz vor der Deportation standen, stellten dabei ein unüberwindliches Hindernis dar, sie wurden ja vom Ältestenrat anerkannt.

Im November 1944, nach der Deportation von 18 402 Personen, kamen immer mehr Pakete für Juden an, die nicht mehr im Ghetto waren. Mit einem Gewaltstreich ließ ich einige Tage lang alle Zustellungen blockieren, womit ich den Ring der »Erben« in Aufregung versetzte. Als die Post wieder ihre Türen öffnete, durften nur die Angehörigen des abwesenden Adressaten das Paket abholen, alle anderen Ansprüche waren für null und nichtig erklärt worden.

Natürlich fehlte es nicht an Drohungen, »morgen« meine Willkür bei den Hilfsorganisationen anzuzeigen, die die Pakete schickten, und es gab auch Personen, die nicht so lange warten wollten und forderten, Rahm möge sofort eingreifen. Nichtsdestoweniger gingen 300 000 Kilogramm Konserven, Süßigkeiten, Speck, Käse und Trockenmilch in den Besitz der Allgemeinheit über und ermöglichten Zusatzrationen für Kinder, Alte, Pflegebedürftige, Kriegsversehrte und Blinde. Menschen, die nie ein Paket bekommen hatten, durften nun ein notdürftig gefertigtes Säckchen in Empfang nehmen. Die Alten, die einen runden Geburtstag feierten, bekamen sogar ein Geburtstagsgeschenk. Doch alle diese Höflichkeitsgesten hatten nur geringen Wert; für die Zukunft des Ghettos war entscheidend, dass man die Arbeiter nun richtig entlohnen konnte und dass man das lächerliche Ghettogeld durch eine neue Währung, nämlich Kalorien, ersetzte. Vor Arbeitsbeginn kamen die Gruppenleiter in die Magdeburger Kaserne, um über den Lohn zu verhandeln, der in Form von Sardinen, Fleischkonserven oder Käse ausbezahlt wurde.

Die, die den Schlag überlebt hatten, der das Ghetto im Oktober getroffen hatte, waren nun besser gekleidet, hatten Betten, waren besser genährt als vorher und hatten wieder zu arbeiten begonnen, dennoch konnten sie nicht von sich behaupten, zum Alltagsleben zurückgekehrt zu sein. Die leeren Häuser und die verlassenen Kasernen hielten die Erinnerungen wach und erlaubten nicht, dass die Wunden verheilten. Die Rebellion gegen die aufgezwungenen Normen und die Verleugnung allgemeiner Werte äußerte sich in Zerstörungswut. Auf den Scheiterhaufen in den Höfen, wo man Müll verbrannte, landeten auch nagelneue Schuhe und Mäntel. Betten, Tische und Stühle wurden aus den Fenstern geworfen und nährten das Feuer. Nach einem Besuch in der Hannoveraner Kaserne sprach Rahm von Sabotage und drohte mit Repressalien, doch wie hätte man ausgerechnet ihm den Gemütszustand der Leute erklären sollen? Wenn man in eines der leeren Häuser trat, konnte man genau den Zeitpunkt bestimmen, in dem das Leben der Bewohner zu Ende gegangen war, wie in einer von Lava verschütteten Stadt. Töpfe auf dem Herd, Teller und Gläser auf dem Tisch, halb offene Schränke, ungemachte Betten waren beeindruckende Zeugen. Schwächen und Macken, die bis jetzt sorgsam verborgen worden waren, kamen ans Tageslicht. Im verlassenen Schreibtisch eines Prominenten wurde sogar eine Akte gefunden, die mir gewidmet war. Das Material war auf zwei Ordner aufgeteilt; der eine hätte der SS vorgelegt werden sollen und enthielt Beweise für mein angeblich wenig loyales Verhalten den Deutschen gegenüber; der andere hingegen, der nach dem Krieg zum Einsatz hätte kommen sollen, enthielt Unterlagen, die mich der schamlosen Kollaboration mit dem deutschen Tyrannen bezichtigten.

Gegen Ende November war das meiste getan. Reinigungs- und Renovierungsarbeiten hatten den Häusern und Straßen zumindest äußerlich den Anschein von Normalität wiedergegeben. Krankenhäuser und Siechenheime hingegen funktionierten aufgrund des Personalmangels nur schlecht. Die Krankenpflege war immer dem schönen Geschlecht vorbehalten gewesen, doch dies war nicht der Augenblick, eine weiße Haube aufzusetzen. Die Frauen zogen Karren, führten Pferde, luden Kohle ab und fungierten als Wachposten.

Mitternacht, winterlicher Nieselregen; beißende Kälte. Von der Kirche her nähert sich ein seltsames Wesen. Guter Gott, der ist aus einem Krankenhaus davongelaufen, er wird ein Unheil anrichten, wahrscheinlich ist er geisteskrank. Ich laufe zu ihm hin, um ihn aufzuhalten, und kann meine Überraschung nicht verbergen. Unter der Decke auf seinem Kopf taucht das martialische Gesicht eines alten Kriegsversehrten auf, der als Ghettowache angestellt ist. Seine Rechte schnellt hervor und er salutiert. Ist er wirklich geisteskrank? Es ist Mitternacht, die Wachablöse vor der Dienststelle erfolgt auf preußisch korrekte Weise, angepasst an den Theresienstädter Stil. Ich gebe mich zufrieden und biege nach rechts zur Magdeburger Kaserne ein. Während ich an der entvölkerten Hannoveraner Kaserne vorbeigehe, höre ich Wortfetzen, Stöhnen, unterdrücktes Weinen. Es ist Mitternacht, aber es sind keine Gespenster; eine junge Frau, die Kartoffeln bewachen soll, ist in dem riesigen, dunklen Gebäude allein, sie hat Angst und weint.

Um ehrlich zu sein, glaube ich nicht, dass eine Mutter, die an ihr Kind denkt, das allein zu Hause ist, Wache halten soll; in Anbetracht der Schwierigkeiten beschränke ich mich jedoch darauf, am nächsten Morgen darum zu bitten, man möge doch in den Nachtstunden nicht eine Frau allein Wache halten lassen.

»Die Anzahl der Wachen ist sehr begrenzt, wir können nicht zwei gleichzeitig hinschicken«, sagt die Frau, die jetzt mit der Leitung des Wachdienstes betraut ist. Eine Frau ist an die Stelle Loewensteins, des mutigen und hochdekorierten Freundes des Kronprinzen, getreten.

Nur bei der Feuerwehr fehlte das weibliche Element; es gab jedoch einen katholischen Missionar und einen protestantischen Pastor. Die Straßenreinigung war einem berühmten holländischen Orchester anvertraut. Die Musiker hofften, ihre zarten Hände würden keinen Schaden nehmen, wenn sie den Besen schwingen, und hielten es für einen wahren Glücksfall, dass sie nicht zu Schwerarbeit abkommandiert waren.

Am 5. Dezember kündigte Rahm den Kontrollbesuch von Sturmbannführer Hans Günther und einem SS-Mann aus Berlin an. »Keine Inszenierung diesmal, sie wollen die Dinge so sehen, wie sie wirklich sind.«

Obwohl ich ihre Unterhaltung nur aus einer gewissen Entfernung mithören durfte, stellte ich fest, dass der Gast sehr beeindruckt war. Hin und wieder sagte er zu Günther: »Alles in Ordnung, ich habe nichts einzuwenden.«

Der einzige unangenehme Zwischenfall ereignete sich in der Bäckerei. Der alte Bäcker, der die Kapazität der Bäckerei erläuterte, fügte hinzu: »Ich verstehe nicht, warum sie so viel Mehl bringen, sie laden ständig Mehl ab.«

Aufgrund des fiktiven Stands, demzufolge 30 000 Menschen im Ghetto wohnten, war der ganze Mehlvorrat, den man in einer nahen Mühle gefunden hatte, nach Theresienstadt gebracht worden. Ich hatte das Gefühl, mich auf vermintem Gelände zu bewegen, ich wusste nämlich, dass Rahm ohne Günthers Einwilligung die Beschlagnahme angeordnet hatte. Brüsk unterbrach ich die seltsame Klage, drohte mit strengen Strafen bei Nichtbeachtung der Hygienevorschriften und führte die Gruppe, die keine Ahnung hatte, was los war, hinaus.

Rahm, am selben Tag: »Ich habe keine Lust, in einem Konzentrationslager zu landen, weil ich den Juden auf illegale Weise Mehl besorgt habe. Sie sollten sich jedoch davor hüten, in Anwesenheit von hohen Offizieren zu schreien; Ihr Benehmen hat großes Missfallen erregt.«

Ein Kommissar der tschechoslowakischen Staatspolizei (1946): »Außerdem wirft man Ihnen vor, dass Sie in Gegenwart der SS eine alte Person auf brutale und demütigende Weise angeschrien haben.«

Von Weitem sah ich SS-Wachposten vor dem Krematorium. Man verbrannte gerade Särge mit Leuten, die in der Kleinen Festung und im Lager »Grube Richard« bei Leitmeritz liquidiert worden waren. Rahm begleitete den SS-Standartenführer hinein, ich blieb mit Günther draußen stehen und war somit seinen hinterhältigen Fragen ausgeliefert.

»Wie hoch ist die Kapazität der Öfen?«

»Die Anlage ist für 180 Einäscherungen pro Tag gedacht, aber jetzt gibt es nur 15 Tote pro Woche.«

»Haben Sie auch die Leichen mit eingerechnet, die aus anderen Lagern kommen?«

»Ich weiß nur von den Einäscherungen der Juden, die im Ghetto gestorben sind.«

»Ihr Glück.« – Beinahe war er enttäuscht.

Der Besuch am 5. Dezember fiel mit einer Veränderung im Ghetto zusammen. Rahm bewilligte das Vorhaben, die Geniekaserne in ein Heim für 500 Pflegefälle mit allen notwendigen sanitären Einrichtungen umzuwandeln, stellte die Handwerker frei, die bis jetzt mit dem Umbau der SS-Kantine beschäftigt waren, und stellte uns das nötige Material zur Verfügung. Aufs Neue tauchte der Begriff »Stadtverschönerung« auf, der schon seit längerer Zeit nicht mehr gebraucht worden war.

Die Konsolidierung ging mit der Wiederherstellung des Ältestenrats einher. Ich war davon überzeugt, dass das Ghetto nur überleben konnte, wenn es wert war, gesehen und besichtigt zu werden, und deshalb nominierte ich berühmte Personen, die man auch im Ausland kannte: Leo Baeck, den bedeutenden Theologen und Philosophen, als Vertreter der deutschsprachigen Gruppe; den ehemaligen Justizminister Alfred Meissner als Vertreter der Tschechen; Prof. Heinrich Klang, Ex-Senatspräsident am Wiener Oberlandesgericht, als Sprecher der österreichischen Juden und Prof. Eduard Moritz Meijers von der Universität Leyden als Vertreter der Holländer. Der Oberrabbiner von Kopenhagen, Dr. Moses Friediger, hatte ohnehin immer als Vertreter der Dänen gegolten. Die Berühmtheit dieser Räte sollte in gewisser Weise der ganzen Theresienstädter Bevölkerung zur Ehre gereichen. Der Vorstand der Bank, der sich aus zwei Ex-Ministern und dem ehemaligen Präsidenten der größten österreichischen Bank zusammensetzte, entsprach denselben Kriterien.

Der Schwachpunkt meiner Idee bestand allerdings darin, dass der Ältestenrat nun kein großes Gewicht mehr hatte; wichtige Angelegenheiten wurden in den Sitzungen der Abteilungsleiter besprochen. Die Folgen ließen nicht lange auf sich warten. Bald musste ich einsehen, dass ich mich geirrt hatte, der Ältestenrat war nicht so gefügig, wie ich mir vorgestellt hatte. Baeck konnte mir nicht verzeihen, dass ich den Rat zu einem erbärmlichen Zierrat degradiert hatte, Meissner wehrte sich gegen die 70-Stunden-Arbeitswoche und die Aufhebung des wöchentlichen Ruhetags. Dem alten Sozialisten waren diese Notmaßnahmen, die seit Anfang November in Kraft waren, ein Dorn im Auge. Friediger meinte, die Beschlagnahme der Pakete sei ein anmaßender Willkürakt gewesen. Alle vier Mitglieder des Ältestenrats verurteilten einstimmig meine Art und Weise, für Gerechtigkeit zu sorgen.

Das Ghettogericht war die Paradenummer des Theaterstücks, das die Nazis aufführten, um den Anschein von Autonomie zu erwecken. Angesichts der Urteile, die dieses Gericht in den letzten Jahren gesprochen hatte und die vom Kommandanten in Deportation oder

Verlegung in ein anderes Konzentrationslager umgewandelt worden waren, hielt ich das ganze Rechtswesen für gefährlich; ich versuchte, die Anzahl der Prozesse so weit wie möglich zu beschränken. Die Mitglieder des Ältestenrats hingegen hielten Strafen, die nicht von einem Richter sanktioniert waren, für illegal.

Für viel böses Blut sorgte der Fall eines jungen Mannes, der vier Wochen lang ohne ordentliches Verfahren eingesperrt wurde. Die Verlobte des Mannes war in Untersuchungshaft, weil sie einer eben angekommenen Dame 10 000 Kronen entwendet hatte, und deshalb kam der Dummkopf zu mir und bot mir 5000 Kronen dafür an, dass das Verfahren eingestellt werde; er kam sofort hinter Schloss und Riegel. Wäre der junge Mann verurteilt worden und hätte der Dienststellenleiter auf diese Weise von dem Bestechungsversuch erfahren, wären alle Beteiligten unweigerlich in einem Konzentrationslager gelandet. Ich hingegen hatte den findigen Verlobten ohne Gerichtsurteil und ohne Sichtvermerk des Dienststellenleiters aus dem Verkehr gezogen; auf diese Weise konnte die Affäre auf zufriedenstellende Weise beigelegt werden. Allerdings war ich der Einzige, der in dieser Angelegenheit verurteilt wurde, und zwar von den vier Ältesten.

Wegen der im Oktober abgegangenen Transporte war die Anzahl der Insassen mosaischen Glaubens sehr geschrumpft. Aus diesem Grund gewann die kleine Gruppe derer an Oberhand, die sich zwar in Theresienstadt befanden, jedoch leugneten, Juden zu sein, und darüber hinaus sogar antisemitisches Verhalten an den Tag legten. Einige Tage lang gab es traurigerweise ein Ghetto im Ghetto. »Saujude«, »typisch jüdischer Dreck«, »Geht nach Polen, Theresienstadt wurde uns geschenkt« und ähnliche Sätze vergifteten die Atmosphäre. Eine Vorladung vor Gericht kam in diesen Fällen nicht infrage, denn das Naziregime gestand den Juden nicht das Recht zu, sich beleidigt zu fühlen. Wer im Ghetto von einem *Saujuden* sprach, lief allerdings Gefahr, von der aufgebrachten Menge angegriffen und verprügelt zu werden. Um Unruhen zu vermeiden, blieb nichts anderes übrig, als den Provokateur in Schutzhaft zu nehmen, bis die Wogen sich wieder geglättet hatten. Dieses Mittel erwies sich als wirksam; die Nazis mit gelbem Stern wurden aus dem Verkehr gezogen.

Der Großteil der Katholiken und Protestanten war ebenfalls der Meinung, dass diese Ausschreitungen geahndet werden mussten. Das Zusammenleben der Israeliten mit den getauften Juden wurde überhaupt nicht durch religiöse Gegensätze beeinträchtigt. Die Ausübung des Glaubens war für alle gleichermaßen schwierig, alle hatten hier dieselben beschränkten Möglichkeiten. Der letzte Weihnachtsabend war genauso gefeiert worden, wie eine Woche davor jüdische Kinder das Chanukka-Fest gefeiert hatten. Ein Katholik und zwei Protestanten hatten zwei der wichtigsten Posten in der Selbstverwaltung inne. Für die Spannung zwischen den einzelnen Gruppen gab es andere Gründe.

Die Holländer, die ohne Gepäck aus dem Lager Westerbork nach Theresienstadt gekommen waren, darbten in der Hamburger Kaserne, schlecht gekleidet und unterernährt. Man bemühte sich redlich, ihre ständig zur Schau getragene schlechte Laune zu verbessern. Ein aus den Insassen der Kaserne gebildetes Komitee sollte die Kleidungsstücke gerecht verteilen, die man Meijers zur Verfügung gestellt hatte; abgesehen von der abendlichen Zusatzration, die alle Kinder in Theresienstadt erhielten, bekamen die unterernährten holländischen Kinder täglich eine ausgiebige Jause; die Pakete, die vor Ort für alle jene gefertigt wurden, die keine Hilfssendungen aus dem Ausland bekamen, trugen noch zusätzlich dazu bei, ihre Situation zu verbessern. Doch all das vermochte ihre Stimmung nicht zu ändern, die schlechte Laune blieb. Die Holländer, gebildete Leute, Techniker, Künstler und Wissenschaftler, nahmen nicht wirklich am Ghettoleben teil; sie waren davon überzeugt, dass die Rundfunkpropaganda der Alliierten – *Arbeitet langsam* – nicht nur der deuschen Rüstungsindustrie, sondern auch der Errichtung eines Heimes für Pflegebedürftige in der Geniekaserne galt.

Gegen Jahresende kamen dreißig namenlose Kinder aus Holland an, Eichmanns Schergen hatten sie in Bauernhäusern aufgespürt. Keines der Kinder wollte seine Eltern verraten und deshalb antworteten sie nicht auf die Frage »Wie heißt du?«.

Eine seltsame Epidemie mit sehr hohem Fieber breitete sich unter den eben angekommenen Kindern aus, sie wurde erfolgreich bekämpft, blieb aber ebenfalls namenlos.

Die Dänen, die nicht das Damoklesschwert der Deportation über sich hängen hatten und die in geräumigen und gut eingerichteten Zimmern wohnten, bekamen regelmäßig Hilfssendungen vom Dänischen Roten Kreuz und liebevolle Briefe von Freunden. Sie gaben nur ungern zu, dass der Grund ihrer privilegierten Stellung in Kopenhagen zu suchen war, während in Theresienstadt alle Juden gleich waren. Die Anwesenheit der Dänen war jedoch ein positiver Faktor für die Prognose des Ghettos, sie bestätigte nämlich, dass Theresienstadt ein Sammellager für Juden war, die man nicht unmittelbar liquidieren konnte.

Auch die Tatsache, dass drei Chemiker ankamen, die aufgrund einer Intervention von Hitlers Leibarzt aus Budapest überstellt worden waren und im Ghetto ein Labor für die Penizillinproduktion hätten errichten sollen, nährte meine Hoffnung. Die Idee konnte nicht verwirklicht werden, aber allein die Tatsache, dass das Experiment in Theresienstadt hätte stattfinden sollen, beruhigte mich.

Sehr nützlich für das Ghetto war auch die Anwesenheit einer Gruppe von siebzehn ungarischen Juden, die in deutschen Soldatenuniformen ankamen. Sie waren vom ungarischen Arbeitsdienst an der russischen Front zur Organisation Todt der deutschen Pioniere verlegt und nach vielen Monaten harten Dienstes auf Heimaturlaub nach Deutschland geschickt worden. Auf dem Schlachtfeld hatte man über ihre jüdische Herkunft hinweggesehen, doch in dem kleinen deutschen Kurstädtchen sorgte sie für einen Skandal; Theresienstadt war für sie der einzig angemessene Kurort. Die jungen Männer waren ausgebildete Handwerker, ihre Erfahrung kam den Arbeiten im Ghetto sehr zugute.

Aus einem österreichischen Arbeitslager kam eine weitere Gruppe ungarischer Juden, ebenfalls in Uniform, allerdings nicht in Soldatenuniform, sondern der typischen Uniform der orthodoxen osteuropäischen Juden: schwarzer Kaftan und große Samthüte, wie man sie im 12. und 13. Jahrhundert aus Deutschland übernommen hatte. Als ich eines Tages Rahm bei einem Rundgang über die Baustellen begleitete, hörte ich, wie er zu Haindl sagte: »Schau dir mal diese Gesellen mit den Bärten und den Samthüten an. Mir würde es wirklich gefallen, hin und wieder eine Mannschaft zu mustern, die nur aus so einem Gesindel besteht.«

Bei meiner Rückkehr in die Magdeburger Kaserne ließ ich den Ungarn ausrichten, sie sollten die bewussten Hüte sofort durch Schirmkappen ersetzen. Doch mein Vorschlag wurde entrüstet abgelehnt. Die Orthodoxen, die lieber die Konsequenzen trugen, als sich dem Wahn des Tyrannen zu beugen, liefen nach wie vor mit der gefährlichen Kopfbedeckung herum – bis die Hüte von der Ghettowache beschlagnahmt wurden.

Der Nazi bezeichnet Leute als Gesindel, die eine jahrhundertealte Tradition ihrer Heimat weiterführen; die orthodoxen Juden sind bereit, zu Märtyrern zu werden, nur um deutsche Folklore zu bewahren; der Judenälteste verbietet, dass eine traditionelle Tracht getragen wird. – In der Kette des Aberwitzes fehlt nur noch ein Glied. Gleichzeitig wurde ich von anderen Gruppen heftig kritisiert, weil ich den Orthodoxen Sardinen anstelle von Fleisch gegeben hatte, dessen Verzehr sie für ungesetzlich hielten, und weil ich den Ungarn den traditionellen Sabbat zugestanden hatte. Solche Konflikte entstanden immer nur deshalb, weil es unmöglich war, den wahren Grund vieler Entscheidungen zu nennen.

Die Heizer des Krematoriums sprechen auf eine Empfehlung Bergels bei mir vor. Die Burschen möchten gemeinsam in einem kleinen Häuschen am Rande des Ghettos untergebracht werden, das seit Oktober frei steht. Ich versuche Zeit zu gewinnen, verspreche einen Lokalaugenschein, verschiebe die Entscheidung von Woche zu Woche und sehe mich schließlich gezwungen, meine Zustimmung zu verweigern. Die Gruppe hat bluttriefende Särge aus anderen Konzentrationslagern verbrannt, sie weiß von geheimen Vorgängen, sie könnte irgendwann unerwünscht sein. Wenn man die Heizer am Rande des Ghettos wohnen lässt, besteht die Gefahr, dass ihr Haus bald wieder leer steht. Natürlich kann ich nicht offen darüber sprechen, ich muss mich damit abfinden, dass ich aufgrund von Äußerlichkeiten verurteilt werde.

Die Stimmung war infolge derartiger Zwischenfälle so aufgeheizt, dass viele Ghettoinsassen nicht rechtzeitig bemerkten, dass sich viele Dinge in letzter Zeit zum Besseren gewendet hatten, ohne dass darüber viele Worte verloren wurden.

Die korrupten Personen, die einen Ring gebildet hatten, der das Ghetto seit Jahren umschloss, waren deportiert worden. Die wenigen aus ihrer Mitte, die überlebt hatten, hatten sich von dem Schlag noch nicht erholt und die Reihen noch nicht wieder geschlossen. Zum ersten Mal in der Geschichte des Ghettos erhielten die Insassen ungeschmälerte Portionen. Die normalen Mahlzeiten, die Diätkost in der Krankenhauskantine und die Spezialgerichte in der Kinderküche wurden durch Fett und Konserven aus dem Ausland aufgebessert.

Die schwangeren Frauen durften nun ohne Erlaubnis der SS gebären. Als ich zum ersten Mal mit einer derartigen Bitte auf der Dienststelle erschienen war, hatte mich Rahm wie immer aufgefordert, so zu handeln, wie es meinem Verantwortungsgefühl entsprach. Ich interpretierte das als Erlaubnis, das Risiko auf mich zu nehmen, das durch die Geburt der Kinder entstand.

Die Ausgangssperre war so gut wie abgeschafft worden; die Leute gingen jetzt jederzeit über die Straßen, ohne belästigt zu werden. Die Zellen, die im Hof des Rathauses, der nunmehrigen Dienststelle, gebaut worden waren, dienten nun als Vorratskammern; wenn ein Ghettoinsasse nun auf Befehl des Dienststellenleiters verhaftet wurde, wurde er von Juden bewacht; er wurde zum Verhör auf die Dienststelle und dann zurück in die Dresdener Kaserne gebracht.

Diese Verbesserungen riefen kein dankbares Staunen hervor; im Grunde waren sie ja nur ein kleiner Schritt in Richtung Normalität, das natürliche Recht des Menschen. Rahm wiederum tat, als würde er die Regelverstöße nicht bemerken, er wusste ja, wie dünn der Faden war, an dem das Überleben des Ghettos hing. Von einem Tag auf den anderen konnte alles vorbei sein. Es war nicht der Mühe wert, sich über Kleinigkeiten aufzuregen.

Folke Bernadotte[27] berichtet, er hätte vom Generalmajor der Polizei, SS-Brigadeführer Schellenberg, folgende Information erhalten: Hitler habe Ende des Jahres 1944 die sofortige Liquidierung Theresienstadts und die Verlegung der Juden an einen Ort in 200 Kilometer Entfernung angeordnet; mangels Transportmittel sollte die Strecke zu Fuß zurückgelegt werden. Himmler habe die Ausführung des Befehls verweigert.

Ich kannte keine Einzelheiten, ich konnte die drohende Gefahr nur ahnen, aber ich hatte keinerlei Zweifel daran, dass Rahm den Befehl, alle Dokumente von Toten und Deportierten zu beschlagnahmen, nur deshalb gegeben hatte, weil die Liquidierung des Ghettos bevorstand und man jede Spur der Vergangenheit tilgen wollte, bevor auch die Gegenwart vernichtet wurde.

Ein Alarmzeichen – und vielsagendes Symptom des fortschreitenden Verfalls – war die Tatsache, dass die SS-Männer in diesen Wochen bei allen möglichen Gelegenheiten betrunken waren. Als slowakische Juden aus dem Lager Sered ankamen, war ich gezwungen, Haindl auf seinem Stuhl in einer Ecke festzuhalten, weil er Wutanfälle hatte. Scholz kam strahlend auf mich zu: »Ich bin ein besoffenes Schwein.«

Auf dem Jägerplatz rempelten unsere Burschen einen Rädelsführer der SS fröhlich an, unter dem Vorwand, seinen Mantel abzuklopfen, er hatte sich nämlich im Schnee gewälzt. – Untermalt vom Weinen der slowakischen Frauen, die erst in Theresienstadt feststellten, dass die Waggons mit ihren Männern in Bauschowitz abgekoppelt und sie in ein Arbeitslager gebracht worden waren.

Hin und wieder hatte Rahm beim Morgenrapport noch nicht einmal seinen Rausch ausgeschlafen. Erfolglos versuchte er seine Zunge im Zaum zu halten, er sprach ganz selbstverständlich von Dingen, die für gewöhnlich als tabu galten. Eines seiner unfreiwilligen Geständnisse betraf die Spitzel, die im Oktober deportiert worden waren, weil sie eingeweiht waren. Deshalb wusste er jetzt wenig oder gar nichts. »Prag verlangt Nachrichten und Berichte, aber ich weiß nur das, was Sie mir freundlicherweise erzählen. Los, helfen Sie mir, machen Sie sich nützlich, sonst suche ich mir selbst die Spione, die ich brauche.«

Am nächsten Morgen brachte ich zwei Aktenmappen, die im Stile »Theresienstädter Geheimnisse« verfasst waren, aber Rahm war schon ausgenüchtert und hätte die fatale Rede vom Vortag gerne vergessen. Er warf einen kurzen Blick auf mein Meisterwerk und sagte dann: »Lassen wir das; wir brauchen was Brisantes, die Denunziation von Prominenten.«

Doch ich war bereits tätig geworden, konnte nicht mehr umkehren, wollte nicht riskieren, dass er sich selbst Zuträger suchte, daher erklärte ich, ich wolle noch einen Versuch machen, bevor ich endgültig aufgab. Am nächsten Tag hatte Rahm weitere Akten vor sich. Er blätterte sie durch, unterbrach die Lektüre nach wenigen Minuten, las weiter und sagte schließlich: »Wenn Sie damit einverstanden sind, mir passt es.«

Der anonyme Bericht enthielt eine indirekte Denunziation des Judenältesten. Ich war der »Prominente«, ich hatte mich selbst denunziert und »brisantes« Material geliefert. Bis Kriegsende fuhr ich fort, Selbstanzeigen zu liefern, immer vor dem Hintergrund der allgemeinen Lage, die ich so schilderte, dass sie dem Sicherheitsdienst in Prag genehm war. Die Lösung gefiel Rahm, zumal Günther aus Prag schrieb, er halte den neuen Zuträger für wirklich tüchtig, er wisse Dinge, die normalerweise geheim seien. Strahlend erzählte mir Rahm davon und fügte hinzu: »Geben Sie acht, die Denunziationen richtig zu dosieren, sonst bekommen Sie Schwierigkeiten.«

1947 gab Rahm die Sache zu, leugnete jedoch, ausdrücklich Denunziationen verlangt zu haben. Der vorsitzende Richter stellte fest: »Ich verstehe nicht, warum der Judenälteste auf die Idee gekommen sein sollte, sich selbst zu denunzieren, ohne guten Grund, sich dieser Gefahr auszusetzen.«

Der Angeklagte schwieg.

Im Dezember 1944 waren solche Übereinkünfte möglich, gingen jedoch mit einem Zustand ständiger Spannung einher. Nacht für Nacht wurde ich ans Telefon gerufen, eine unbekannte Stimme sagte: »Obersturmführer Rahm möchte wissen, ob alles in Ordnung ist.«

Der SS-Wachposten hatte den Auftrag zu kontrollieren, ob ich noch im Ghetto war. Ich belauerte meinerseits den Dienststellenleiter bei jeder Bewegung, um zu erraten, was er im Schilde führte.

Eines Tages machte er mir eine Szene, weil ich angeblich die Errichtung von Luftschutzkellern vernachlässigt hatte. Ich rekonstruiere den Dialog, beginnend mit meiner Antwort: »Es fehlt an Arbeitern für die notwendigsten Tätigkeiten, das Material ist knapp. Wie sollte ich da an Luftschutzkeller denken? Außerdem glaube ich nicht, dass die Gefahr von Bombenangriffen besteht.«

»Dann haben Sie also Kontakt mit den Engländern und haben Zusagen erhalten. Ich könnte ja auch gut auf Bunker verzichten, doch ich bestehe darauf, dass klar ist, wer welche Verantwortung trägt. Legen Sie schriftlich nieder, was Sie mir gesagt haben, sonst gibt man noch der deutschen Luftwaffe die Schuld an der Zerstörung Theresienstadts, sonst heißt es noch, wir hätten das Ghetto bombardiert und nicht die Engländer.«

Ich schrieb keinen Bericht, und er kam nicht auf das Thema zurück. Das merkwürdige Gespräch ließ mich dennoch nicht los. Eine Klarstellung war nötig. In derselben Woche sagte ich, nachdem ich Allfälliges besprochen hatte: »Ich würde gerne die Hannoveraner Kaserne wieder öffnen und die Leute, die augenblicklich in der Dresdener Kaserne untergebracht sind, dorthin verlegen. Ich würde die zwei nebeneinanderliegenden Kasernen, die Magdeburger und die Hannoveraner, vom selben Personal verwalten lassen, die Dresdener Kaserne ist zu weit entfernt und braucht einen eigenen Verwaltungsapparat.«

Der Vorschlag klang vernünftig, und Rahm schien ihn huldvoll aufzunehmen. Erst als ich darauf hinwies, dass die Dresdener Kaserne weiter weg war, warf er einen Blick auf den Stadtplan und unterbrach mich schroff: »Das ist unmöglich, lassen wir alles so, wie es ist.« – Es war ihm klar geworden, dass ich eine Teilung der Stadt in einen arischen Sektor hinter der Dienststelle und einen jüdischen Sektor rund um die Magdeburger Kaserne im Sinn hatte. Der Dienststellenleiter fürchtete einen Angriff der RAF nicht weniger als ich einen der Luftwaffe, er brauchte die Juden als Schutzschild. Mein Vorschlag führte immerhin dazu, dass zwei Gebäude in der Nähe der Dienststelle rasch in Heime für Pflegebedürftige umgewandelt wurden; sie sollten im Falle eines englischen Luftangriffs als Schutzschild dienen.

Kaum war der Wahn der Bombenangriffe vorbei, wurde die Fallschirmjäger-Frage aufgeworfen. Rahm war der Ansicht, dass sich unter den Juden im Ghetto durchaus feindliche Agenten verstecken konnten, die von einem Flugzeug abgesprungen waren. Er nahm notwendige Sicherheitsmaßnahmen wie Zählungen, Razzien und

Durchsuchungen in Angriff; ich versuchte derweil Zeit zu gewinnen. Gewisse übelwollende Kräfte, die im Ghetto tätig waren, trugen dazu bei, dass die Lage noch bedrohlicher wurde. In den böhmischen Städten traten erste Versorgungsschwierigkeiten auf, und deshalb wurde die Versuchung, Lebensmittel aus dem Ghetto in die umliegenden Dörfer zu transportieren, immer größer. Die Nachricht, »Unbekannte« hätten das Tor des Zentrallagers aufgebrochen und die Zuckervorräte geplündert, war für mich ein Alarmzeichen. Ich ließ den Lagerleiter und den diensthabenden Wächter festnehmen und teilte ihnen mit, dass von nun an Lagerarbeiter und Wachen im Falle von Diebstählen persönlich die Verantwortung trügen und inhaftiert würden, bis die Diebe gefasst wären.

Der Ältestenrat war sprachlos, als er von meiner Panikreaktion erfuhr; es gab mehrere lebhafte Diskussionen mit Klang, dem Gerichtsvorsitzenden; aber es gab keine Diebstähle mehr, denn die Lagerleiter waren jetzt keine Komplizen mehr, sondern Bluthunde – bereit, jeden anzufallen, der sich dem versperrten Tor näherte.

Der gestohlene Zucker tauchte nicht mehr auf, Haindl erhielt jedoch einen Tipp von einem Spitzel und fand auf dem Gelände der Mechanikerwerkstätten die Ware, die die Diebe als Gegenleistung für den Zucker erhalten hatten: Zigaretten. Ein eindeutiger Beweis für die geheimen Verbindungen zwischen dem Ghetto und dem umliegenden Gebiet. – Festnahmen, Verhöre, Ohrfeigen, Misshandlungen, ein Selbstmordversuch, eine Brandrede beim Morgenrapport: »Jetzt reicht's, ich habe die Zügel zu sehr schleifen lassen; jetzt wird alles anders. Hier sind 16 Punkte, die noch heute veröffentlicht werden müssen; schicken Sie mir sofort einen Entwurf der Mitteilung.«

Für jeden war etwas dabei: Ausgangssperre, Verbot von Theateraufführungen und Vorträgen, Heizungs- und Lichtsperre, Streichung der Zusatzrationen, Zwangsarbeit und viele sonstige Maßnahmen, die angetan waren, das Ghetto in das schlimmste Konzentrationslager zu verwandeln.

Zwei Stunden später sprach ich mit dem gewünschten Entwurf vor. Rahm war etwas ruhiger und sagte mürrisch zu mir: »Ich habe gesagt, Sie sollen mir den Entwurf schicken, nicht bringen, aber zeigen Sie mal.« Nach penibler Durchsicht und nachdem er festgestellt hatte, dass keine der von ihm vorgesehenen Strafen fehlte, setzte er seine Unterschrift darunter: »Jetzt beeilen Sie sich.«

In diesem Augenblick reichte ich ihm noch ein Blatt: »Ich bitte darum, den zuständigen Behörden das Gesuch des Unterzeichneten zu übermitteln, vom Amt des Judenältesten im Ghetto entbunden zu werden.«

Anders als erwartet, bekam er keinen Wutanfall, sondern zeigte eine ziemlich gemäßigte Reaktion: »Wenn einer von uns sich erlauben würde, so etwas zu schreiben, würde er wahrscheinlich erschossen werden; Sie können sich ja vorstellen, was das in Ihrem Fall bedeutet.«

Ich kehrte erst in die Magdeburger Kaserne zurück, als der Dienststellenleiter alle Strafmaßnahmen aufgehoben und versprochen hatte, die Verhafteten freizulassen. Im Gegenzug hatte ich mich verpflichtet, innerhalb von drei Tagen ein umfassendes Geständnis von den Schmugglern zu erhalten. Um die wenigen Verbesserungen, die das Leben der Leute erträglicher machten, nicht zu gefährden, hatte ich einen Pakt mit dem Teufel geschlossen, jetzt musste ich nur noch ein Abkommen mit den Schutzengeln treffen. Ein Geständnis hätte bedeutet, die Lieferanten der beschlagnahmten Zigaretten auffliegen zu lassen und sich den Unmut der tschechoslowakischen Bevölkerung in den umliegenden Dörfern zuzuziehen. Die Mitglieder des Ältestenrats wiesen mich zu Recht auf die politischen Folgen einer solchen Tat und auf die Gefahr hin, »morgen« allein dazustehen; doch auch das Unheil, das das Ghetto »heute« bedrohte, kam zur Sprache. Schließlich wurde beschlossen, bei Ablauf der Frist die Schuld einem der Verhafteten zuzuschieben, er war Däne und lief somit nicht Gefahr, deportiert zu werden. In der Zwischenzeit konnten die Spuren der illegalen Tätigkeit in den umliegenden Dörfern zum Verschwinden gebracht werden.

Im Augenblick bestand berechtigte Hoffnung, dass die Schmuggelaffäre keine Konsequenzen hatte. Dennoch veränderte sich die Situation im Ghetto auf leise, unspektakuläre Weise. Rahm hatte tatsächlich mehrere Wochen lang die Zügel schleifen lassen, doch die kleinen Freiheiten, die in dieser Zeit dem von der Liquidation bedrohten Ghetto zugestanden wurden, hatten die Qualität einer Henkersmahlzeit. Die Hinrichtung war im letzten Moment abgesagt worden, doch der Verurteilte wollte nicht auf die Henkersmahlzeit verzichten und hatte außerdem Lust bekommen zu rauchen. Das war eindeutig zu viel.

Der Brand in einer Baracke bot Rahm die Gelegenheit, unter Beweis zu stellen, dass er die Zügel wieder fest in der Hand hielt: Ohrfeigen und Fußtritte für die Feuerwehrmänner und an mich der strikte Befehl, innerhalb von zwei Tagen die völlig zerstörte Schusterwerkstätte wiederaufzubauen. Der Pastor, der Missionar und viele andere, die an die Stelle der im Oktober deportierten Feuerwehrmänner getreten waren, waren noch nicht so geschickt beim Hantieren mit Hydranten und Wasserschläuchen, dafür ist lange Erfahrung vonnöten. Haindl legte an sieben verschiedenen Stellen in der Stadt Feuer, doch nicht einmal diese Bemühungen konnten ihnen zu mehr Erfahrung verhelfen.

Es wurde immer offensichtlicher, dass der Dienststellenleiter die Absicht hatte, den Kurs zu ändern. Auf dem Gelände des Sportplatzes auf der »Bastei« sollten sechs Baracken errichtet werden, die Türen und Fenster sollten alle nach innen ausgerichtet sein, sodass der Kontakt mit dem Ghetto nur über ein bewachtes Tor erfolgen konnte. Die Baracken sollten ans Stromnetz angebunden werden und mit Wasserleitungen und Sanitäranlagen ausgestattet werden; eine Verbindung zur Bundesstraße sollte hergestellt werden, wobei der Höhenunterschied mit einigen Serpentinen ausgeglichen werden sollte. Die Arbeit unter der Aufsicht von Scharführer Haindl sollte in zwei Wochen fertiggestellt sein.

Das war zweifellos der erste Schritt zur Einführung von Zwangsarbeit. Doch der unheimliche Bau stellte weitere Verschlechterungen in Aussicht.

»Wichtige Persönlichkeiten, die sich zurzeit in Konzentrationslagern befinden, sollen in diese Baracken verlegt werden.« – Rahms Erklärung klang tröstlich, denn die Verlegung von anderswo inhaftierten Personen nach Theresienstadt rückte das Gespenst der Liquidation in weite Ferne. Aber würden dann vielleicht auch Lagermethoden übernommen werden?

Damit der Bau rechtzeitig fertig wurde, mussten sich Männer und Frauen unter 45, auch leitende Funktionäre, dem Bauleiter zur Verfügung stellen und fünf Stunden Zusatzarbeit leisten. Die Baracken, die rechtzeitig fertig wurden, um die neuen Bewohner aufzunehmen, blieben jedoch leer. Wir sind in Theresienstadt. Kaum war die Zeit der Sonder- und Nachtschichten vorbei, stellte sich das Problem, wie man Tausende von Arbeitern, die auf den Straßen herumlungerten, beschäftigen sollte. Sind wir vielleicht im Schlaraffenland gelandet? Nein, in Theresienstadt.

Am 18. Dezember 1943 hatte ein von Gestapo-Chef Müller unterzeichnetes Rundschreiben alle untergeordneten Behörden beauftragt, für die Trennung von Mischehen zu sorgen und die Gatten jüdischer Herkunft nach Theresienstadt zu verlegen. Aufschub war nur jenen Ehepaaren gewährt worden, deren Söhne im Krieg gefallen waren, sowie Familien, deren Trennung die Öffentlichkeit in Aufruhr versetzt hätte.

Die Situation war so heikel, dass man ein Jahr verstreichen ließ, bevor man die Maßnahme umsetzte. Deshalb kamen erst am 31. Januar 1945 tausend jüdische Frauen an, die mit Ariern tschechoslowakischer Herkunft verheiratet waren. Sie waren in einem

Glimmerlager in Prag beschäftigt gewesen und sollten in Theresienstadt mit der Tätigkeit des Glimmerspaltens fortfahren. Weitere Gruppen folgten, Männer und Frauen aus Böhmen-Mähren und aus Deutschland. Gleichzeitig wurden auch slowakische Juden aus dem Lager Sered und ungarische Arbeiter aus Österreich nach Theresienstadt verlegt. Innerhalb weniger Tage stieg die Einwohnerzahl von 11 000 auf 18 000.

Die deutschsprachigen Männer und Frauen kamen aus Städten, die häufig bombardiert worden waren; sie waren an Versorgungsengpässe gewöhnt und hatten nicht mehr Gepäck als einen Rucksack auf den Schultern. Manche hatten nicht einmal das; sie kamen im Arbeitsoverall, denn sie waren bei der Arbeit von den Maschinen weggeholt worden. Da sie gehorsam und autoritätsgläubig waren, fügten sie sich ruhig und ohne sinnlosen Protest in das Getriebe des Ghettos ein.

Ungefähr hundert alte Frauen aus Köln, die für Theresienstadt bestimmt waren, wurden irrtümlich in die Kleine Festung gebracht. Sobald ich davon erfuhr, bat ich Rahm, sich beim Lagerkommandanten dafür einzusetzen, dass die Frauen ins Ghetto kamen; ich musste jedoch erfahren, dass sie bereits alle getötet worden waren. Hauptsturmführer Jöckel hasste Umstände.

Eine Gruppe von Männern war während der Fahrt ohne Transportleitung gewesen, die Hilfspolizisten waren bei einem Bahnhof ausgestiegen. Sie stellten eine »Ehrentransportleitung« zusammen und schafften es allen Schwierigkeiten zum Trotz in Theresienstadt anzukommen.

Die mit Ariern versippten Juden aus Prag und aus anderen böhmischen und mährischen Städten hingegen hatten in einem Milieu gelebt, das alles tat, um sie vor den Verfolgungen durch den gemeinsamen Feind zu schützen. Im Protektorat kannte man keine schlaflosen Nächte im Luftschutzkeller, und die Lebensmittelversorgung funktionierte nach wie vor gut, obwohl es manche Produkte aus dem Ausland nicht mehr gab.

Man wusste, dass es schwierig sein würde, die Männer und Frauen, die an diese angenehmen Umstände gewöhnt waren, ins Ghetto einzugliedern, ohne dass sie protestierten oder Widerstand leisteten. Aus diesem Grund hatte die Gestapo auf die üblichen leeren Versprechen zurückgegriffen: Bewegungsfreiheit, Schreibrecht an die Angehörigen, Verfügungsrecht über die mitgenommene Barschaft sowie die Erlaubnis, alles mitzunehmen, was während des Aufenthalts in Theresienstadt nützlich sein konnte.

Kaum waren die Gutgläubigen aus den Waggons ausgestiegen, mussten sie mit Enttäuschung zur Kenntnis nehmen, dass sie im Ghetto wie alle anderen auch ihrer Freiheit beraubt und alle ihre Besitztümer beschlagnahmt wurden, die nun als Konterbande galten. Der Rest ihres Gepäcks wurde genau durchsucht, die liebevoll eingepackten Schinken und Würste konfisziert. Eine ärztliche Untersuchung, verschiedene Impfungen, Entlausungen machten die Sache komplett.

Da genügend Platz zur Verfügung stand, die Essensrationen über dem Niveau der letzten Jahre lagen und aufgrund der Arbeiten in den letzten dreißig Monaten Verbesserungen erzielt worden waren, wurden die neuen Ghettobewohner ganz anders empfangen als die Alten im Jahr 1942. Diese hatten auf all ihre Besitztümer verzichtet, um auf menschenwürdige Weise untergebracht zu werden; sie waren auf den Ziegelböden der Dachböden gelandet, waren einsam gestorben, resigniert in den Osten abgefahren oder hatten wegen der Übergriffe der anderen, die sie widerspruchslos erduldeten, in ständiger Anspannung gelebt.

Die jungen, kräftigen Männer aus Prag hingegen empfanden allein die Tatsache, dass sie ausgerechnet jetzt, wo das Dritte Reich zerfiel, gezwungen waren, das Los der Juden zu teilen, als Ironie des Schicksals. Die Intrige der Deutschen, die sie in die Falle gelockt hatten, und die Enttäuschung bei der Ankunft machten das Maß voll. Dennoch war es nicht ratsam, bei der SS-Dienststelle zu protestieren; die Deutschen waren zwar an allen Fronten besiegt, konnten aber immer noch die Schlacht von Theresienstadt gewinnen; also machten die jungen Männer aus Prag ihrem Ärger bei der jüdischen Selbstverwaltung Luft.

Die verdammten Juden, die selbst nach so vielen Jahren noch Widerstand leisteten und sich wie Schiffbrüchige an ein Ghetto klammerten, das nur noch ein Wrack war, waren angeblich an allem schuld! – Einmal abgesehen davon, dass die Neuankömmlinge die absurde Behauptung aufstellten, die einzige Gruppe im Ghetto zu sein, die Opfer von Gewalt war, bot ihre Sonderstellung einen Anlass, um etwas zu ihren Gunsten zu unternehmen. Meine Intervention auf der Dienststelle fiel mit den Bemühungen ihrer Prager Verwandten zusammen. Die bei der Ankunft beschlagnahmte Konterbande wurde den arischen Eheteilen zurückgegeben. Die Abschaffung der Zwangsabtreibungen hingegen bestätigte nur den seit Oktober 1944 gültigen Status quo. Wichtig war hingegen die außertourliche Erlaubnis, Briefe zu schreiben; diese wurde nach der Bombardierung Prags, der ersten seit Kriegsbeginn, erteilt. Eppstein hatte im Sommer 1944 alle öffentlichen Äußerungen auf Tschechisch verboten; ich bat darum, dass Theaterstücke und Vorträge in dieser Sprache wieder erlaubt wurden, und erfuhr zu meiner Überraschung, dass Rahm den Gebrauch des Tschechischen nie verboten hatte.

Den »Ansässigen« kamen diese Vergünstigungen als viel vor, den »Fremden« erschienen sie als wenig. Die Spaltung der Insassen in diese beiden Gruppen wurde immer deutlicher. Die einen mühten sich ab, um alle lebensnotwendigen Einrichtungen im Ghetto am Leben zu halten; die anderen schlenderten herum, blieben auf dem Platz vor der Dienststelle stehen, um Neuigkeiten auszutauschen; sie hatten keine Lust, sich in den Arbeitsprozess einzuordnen und maßen ihrer Verweigerung politischen Wert zu.

»Bringen Sie diese Leute zum Arbeiten, egal wie; sonst lasse ich sie zehn Stunden am Tag Steine schleppen. Dieses Spektakel muss aufhören; das ist ja unerhört.« – Es war nicht schwer, den Ausbruch Rahms zu verstehen. Die Deutschen waren überall in die Enge getrieben. Um die Rüstungsindustrie vor dem vollständigen Stillstand zu bewahren, griffen sie auf nicht vertrauenswürdige ausländische Arbeitskräfte zurück, gestanden den Kriegsgefangenen Bewegungsfreiheit zu und forderten sogar Juden aus Auschwitz an; im Ghetto hingegen verschränkten Techniker und Facharbeiter, die man von ihrem Arbeitsplatz weggezerrt hatte, die Arme. Wenn man für diesen Widerspruch empfänglich war, dann war der Platz, der vor Arbeitslosen wimmelte, ein Hohn, und das Geschwätz der Menge klang wie ein höhnischer Kommentar zum Untergang des Reichs.

Besorgt verließ ich Rahms Kanzlei, wer weiß, welche Folgen seine Stimmung haben würde. Für gewöhnlich bezahlt man für seine Fehler; unter den Nazis hingegen bezahlten immer die Juden für die Fehler der anderen. Die Männer, die auf dem Platz über die abgehörten BBC-Sendungen sprachen, konnten das nicht wissen, sie waren erst seit wenigen Tagen im Ghetto. Die ständigen Aufforderungen, Arbeit anzunehmen, um nicht aufzufallen, erschienen ihnen wie eine Aufforderung zum Vaterlandsverrat. Alle waren sich darin einig, dass man Hitlers Untergang nur beschleunigen konnte, wenn man sich weigerte zu arbeiten. Manche konnten es gar nicht erwarten, den eifrigen Überbringer der deutschen Befehle anzuklagen. Der Amboss schickte sich an, zum Hammer zu werden, im perfekten Stil Theresienstadts.

Kapitel XV

SCHATTENTHEATER

»Am Montag geht ein Transport ab.« Mit diesen Worten empfing mich Hans Günther am Samstag, dem 3. Februar 1945. Nachdem er sich eine Zeit lang an meiner Bestürzung geweidet hatte, fügte er hinzu: »... in die Schweiz«. Es folgte der genaue Befehl: »Bereiten Sie eine Liste mit 1200 Personen vor, das ist die erste Gruppe, weitere werden folgen.«

Heute wissen wir, dass der Schweizer Altbundespräsident Jean-Marie Musy seit 1944 mit Himmler verhandelte, um die Befreiung der in deutschen Konzentrationslagern internierten Juden und ihre Verlegung in die Schweiz zu bewirken. Bei einem Treffen in Wien im Januar 1945 hatte Himmler ein Teilzugeständnis gemacht. Er hatte eingewilligt, 5000 Juden aus dem Ghetto Theresienstadt freizulassen – er wollte sehen, wie die ausländische Presse auf diesen Schritt reagierte und wie groß der Widerstand im Inneren war. Als Gegenleistung hatten jüdische Organisationen eine Million Dollar bei einer Schweizer Bank hinterlegt, die auf einen Hilfsfonds des Internationalen Roten Kreuzes eingezahlt wurden, um das Leiden der von den Bombenangriffen betroffenen deutschen Bevölkerung zu lindern. Eine erste Gruppe von 1200 Personen sollte am 5. Februar in die Schweiz abfahren.

In dem Augenblick, in dem ich den Befehl erhielt, wusste ich davon jedoch nichts; ich hatte allerdings nicht vergessen, dass uns ausgerechnet Günther im September 1944 getäuscht und die Verlegung von 5000 Arbeitern in ein Lager in der Nähe von Dresden in Aussicht gestellt hatte. Auch die Selektionskriterien riefen anfangs unheilvolle Erinnerungen wach. Nicht mitfahren durften prägnante Persönlichkeiten, Juden aus Dänemark, mit Ariern versippte

Personen, Verwaltungsbeamte, Facharbeiter sowie alle, die früher Führungspositionen in liquidierten Gemeinden innegehabt hatten. Überraschend war hingegen die Nachricht, dass nur Leute mitfahren durften, die vor dem 28. Oktober 1944 nach Theresienstadt gekommen waren, die keine Beziehungen zum Ausland hatten und keine Angehörigen, die nach Osten deportiert worden waren. Die endgültigen Entscheidungen traf Günther, und zwar Fall für Fall. Aufgrund der Maßnahmen war klar, dass die Spuren der Deportationen verwischt werden und die in Theresienstadt zurückbehaltenen Elemente der ausländischen Presse als Informationsquelle dienen sollten. Das war neu, bisher waren ja immer die Angehörigen der Deportierten und all die, die eingeweiht waren, als Erste abgefahren.

Verwirrt und von Zweifeln geplagt kehrte ich in die Magdeburger Kaserne zurück. Der Ältestenrat und die zu einer Sondersitzung einberufenen Abteilungsleiter waren sich jedoch ganz sicher: Das sei bloß wieder ein Trick von Günther, und die jüdische Selbstverwaltung dürfe sich nicht zum Komplizen solcher Schwindeleien machen. Die Judenräte waren heilfroh, dass sie nicht meine Verantwortung tragen mussten; sie nahmen eine ablehnende Haltung ein und glaubten, damit ihr Seelenheil gerettet zu haben. Meine Situation war nicht so einfach; die Stunden vergingen und es war unmöglich, die eventuell notwendigen Vorbereitungen weiter hinauszuzögern. Ein Versuch, bei einem Gespräch mit Rahm etwas über die Modalitäten der Abreise zu erfahren, schlug fehl, denn plötzlich wurde er von Haindl angerufen und ich musste gehen. In meiner Verzweiflung bat ich um eine weitere Unterredung, in der Hoffnung, endlich unter vier Augen mit dem Dienststellenleiter sprechen zu können. Dieser war überrascht, als ich mich zu einer ungewohnten Stunde fernmündlich bei ihm meldete, und bevor er einwilligte, mich zu einer Unterredung zu treffen, wollte er den Grund dafür erfahren. Nach kurzem Zögern – das Gespräch wurde womöglich abgehört – sagte ich: »Niemand glaubt daran, dass der Transport in die Schweiz geht;

alle sind davon überzeugt, dass es sich um eine Finte handelt, dass eine neue Welle von Deportationen bevorsteht.« Nach einer kurzen Pause drang Rahms honigsüße, schmeichelnde Stimme an mein Ohr: »Die Haltung der Juden ist verständlich, immerhin wurden sie schon zu oft getäuscht. Dieser Transport ist jedoch wirklich fürs Ausland, genauer gesagt für die Schweiz, bestimmt. Glauben Sie mir, und versuchen Sie auch die anderen zu überzeugen. In diesem Fall können wir die Juden im Ghetto ja nicht zur Abfahrt zwingen.« Nun hatte ich die Sicherheit erlangt, die ich die ganze Zeit über gesucht hatte. Doch nicht seine Worte hatten mich überzeugt, sondern sein Tonfall. Rahm war wohl wirklich erschüttert, wenn er so sprach. Ein x-ter Transport wäre für den Dienststellenleiter nichts Neues gewesen; die Verlegung von Theresienstädter Juden ins Ausland war jedoch für das zukünftige Geschehen von solcher Bedeutung, dass sogar ein wenig sensibler Charakter wie er nachdenklich wurde.

Ich berief die Mitglieder des Ältestenrats und die Abteilungsleiter ein und sagte ihnen, ich sei sicher, dass es sich diesmal um keinen Schwindel handelte, und teilte ihnen mit, sofort mit der Zählung der Personen beginnen zu wollen, die dem Aufruf Folge leisteten. Noch während ich sprach, stand der Holländer Meijers auf und ging hinaus, die anderen Judenräte hielten seine schroffe Geste jedoch für einen Ausdruck des Protests und blieben bei ihrer ablehnenden Haltung. Meijers hingegen hielt eine Ansprache an seine Landsleute und forderte sie auf, in den Kanzleien vorstellig zu werden, in denen sich die Freiwilligen melden sollten.

Eine Prüfung der Karteikarten in Hinblick auf die von Günther bekannt gegebenen Selektionskriterien ergab, dass 2000 Personen infrage kamen. Sie wurden aufgefordert, sich auf der Dienststelle zu melden, um ihre Abfahrt zu bestätigen oder darauf zu verzichten, auf jeden Fall aber die Entscheidung mit ihrer Unterschrift zu bekräftigen. Die Meinungen waren geteilt. Die Holländer, die von Meijers überzeugt worden waren, kamen scharenweise gelaufen, die tschechoslowakischen Bürger hingegen wollten die Heimat nicht verlassen; bei den deutschstämmigen Juden überwogen die Alten. Diese waren nicht mehr in einem so elenden Zustand wie in den Jahren davor. Nun, da sie besser genährt und anständig untergebracht waren, hatten die »Muselmänner« ihr Selbstbewusstsein und den Mut, ihr Schicksal selbst in die Hand zu nehmen, wiedererlangt.

Am Sonntagvormittag traf ich auf der Dienststelle nicht nur einen unbekannten SS-Untersturmbannführer, sondern auch einen Vertreter des Deutschen Roten Kreuzes an. Günther teilte sich mit Rahm die Aufgabe, von den 2000 Personen, die sich gemeldet hatten, diejenigen herauszusuchen, die sich für die Reise in die Schweiz am besten eigneten. Nach einer Stunde ließ er mich rufen und fragte mich in Anwesenheit der Gäste: »Nur Frauen und Greise kommen, man bekommt keinen einzigen jungen Mann zu Gesicht. Wo sind die Männer Theresienstadts?« – Einen Augenblick lang war ich sprachlos ob seiner Unverschämtheit, immerhin hatte er im September 1944 die Deportation der Männer befohlen. Ich wollte schon aufbrausen und ihn an das Phantomlager in der Nähe von Dresden erinnern, aber ich riss mich noch rechtzeitig zusammen und antwortete: »Ich weiß es nicht.«

Montag, 5. Februar 1945, ein sonniger Tag. In der Hamburger Kaserne, deren Bewohner jahrelang deportiert worden sind, ertönt heute fröhliches Stimmengewirr. Alle sind sich mittlerweile sicher, dass der Zug, der aus Waggons zweiter Klasse besteht und im Morgengrauen aus Bauschowitz geholt worden ist, sie ins Ausland bringen wird. Rucksäcke und mehr schlecht als recht geschnürte Bündel sind verbannt, das Reisegepäck besteht nur aus vornehmen Koffern. Eine Gruppe junger Arbeiterinnen steht bereit, um den Alten zu helfen; sie fungieren als Gepäckträger, Führer, Gesellschaftsdamen und brave Töchter, mit einem herzlichen und unschuldigen Küsschen verabschieden sie sich von ihrem Großvater, der abfährt, ohne zu wissen, was aus seinen wahren Enkeln geworden ist.

Günther verdarb das Fest mit seinen Launen. Beim Anblick der wohlgeformten und lächelnden jüdischen Mädchen in Arbeitsoveralls verlor er die Fassung. »Es ist verboten, die Koffer der Alten aus der Kaserne hinauszutragen. Wer keine Erlaubnis hat abzufahren, darf sich den Waggons nicht nähern, die anderen hingegen, die abfahren dürfen, müssen ihr Gepäck selber tragen. Um Zeit zu sparen und Durcheinander zu vermeiden, lassen Sie die Leute immer in zwei Waggons gleichzeitig einsteigen, jedoch nicht in zwei Waggons nebeneinander. Los, die Zeit drängt, der Zug hat einen Fahrplan einzuhalten.«

Diese Befehle klangen verrückt, doch im Ghetto hatten wir gelernt, unter allen Bedingungen zu arbeiten. Ich war der Einzige, der sich frei bewegen durfte, deshalb machte ich mich nützlich, lief auf und ab und schleppte das Gepäck der Alten, die nicht mehr imstande waren, ihre Koffer selbst zu tragen. Derweil schleppten sich die anderen vorwärts, die Deutschen spornten sie an, sich zu beeilen. Ich war so beschäftigt, dass ich gar nicht bemerkte, dass Rahm hinter mir stand. Er schubste mich: »So geht es nicht, so kann und darf es nicht gehen; machen Sie nicht für die da den Trottel.« Das Spiel, zu dem er uns zwang, war nicht frei von Gefahren, doch die Tatsache, dass ein Transport ins Ausland ging, stimmte mich euphorisch, ich nahm die Herausforderung an.

Ein paar Gesten reichten, um das Tempo zu verlangsamen. Günther schäumte vor Wut, aber nach zwei Stunden waren gerade einmal 400 Personen eingestiegen, bis zum Ablauf der Frist blieben nur noch 90 Minuten. Er kapitulierte. »Verdammt, machen Sie, wie Sie wollen, aber werden Sie rechtzeitig fertig.« Nach einer Stunde war es geschafft. Natürlich hatte der Obersturmbannführer bemerkt, dass er reingelegt worden war und sann auf Rache. Er fand auch schnell eine Gelegenheit dazu. Wir hatten die Weisung, 1200 Tüten mit rationierten Nährpräparaten in Pulverform vorzubereiten und jeder abfahrenden Person eine zu geben. Der Lagerleiter hatte jedoch in jeden Waggon eine versiegelte 20-kg-Dose stellen lassen. Günther brüllte und spuckte Gift und Galle, so konnten die Nährpräparate ja nicht verteilt werden und die Dosen würden ungeöffnet ins Ausland gelangen. Seiner Meinung nach hatte man versucht, den Befehl zu sabotieren, der Verantwortliche musste auf der Stelle verhaftet werden. Zerknirscht ließ ich die Flüche über mich ergehen, verkniff mir jedoch das Lachen. Der Einfall, dass das Ghetto Nährpräparate auf der Basis von Eiern und Malz *en gros* ins Ausland exportierte, wäre des braven Soldaten Schwejk würdig gewesen, eine ätzende Satire auf das Theater, das man in Theresienstadt selbst bei diesem Transport noch inszenierte.

Günther kontrollierte am Abend überraschenderweise das Gefängnis in der Dresdener Kaserne, um zu sehen, ob der verhaftete Lagerleiter wieder auf freien Fuß gesetzt worden war, dann rief er mich auf die Dienststelle. Er begann mit einer Lobeshymne auf Edelstein und Eppstein: »Die beiden hatten wenigstens Charakter und Persönlichkeit; sie standen für Ideen und verfolgten eine eindeutige Linie; Sie hingegen verlieren sich in Details, mit einem Wort, Sie haben keine Linie.« Für gewöhnlich war es mir ganz recht, dass man mich für dumm hielt; es kam mir sogar oft zupass, dass man mich nicht ernst nahm; das war jedoch ein euphorischer Tag gewesen und ich war noch nicht ganz bei mir. Ich antwortete: »Die größere Linie setzt sich immer aus einzelnen kleinen Punkten zusammen. All die kleinen Dinge, mit denen ich mich beschäftige, ergeben miteinander eine Linie, die vielleicht nicht groß, aber nach wie vor eine Linie ist.«

Er verstand den Witz nicht, glaubte, ich wollte ihn verspotten, und explodierte: »Sie stellen sich immer dumm, Sie sind der erste Leiter des Ghettos, der nicht imstande ist, dem Bedarf an Zigaretten nachzukommen. Sie wollen mich für dumm verkaufen, heute Morgen haben Sie mir einen Streich gespielt. Wissen Sie, wer am besten lacht? Sie werden sicherlich nicht als Letzter lachen. Raus.«

Am nächsten Morgen sagte Rahm zu mir, nachdem er Allfälliges besprochen hatte: »Günther ist überzeugt davon, dass Sie gestern seine Befehle sabotiert haben, um ihn lächerlich zu machen, vielleicht hat er nicht unrecht; er glaubt sogar, dass ich Sie angestiftet habe, aber darin irrt er sich. Haben Sie verstanden?«

Ich antwortete nicht; es war klar, dass er seinem unmittelbaren Vorgesetzten eins ausgewischt hatte und dass er keine Unannehmlichkeiten wollte. Laut Drehbuch war jetzt der Auftritt eines Sündenbocks vorgesehen, und es war klar, dass ich der Sündenbock sein sollte. Ich wollte schon hinausgehen, doch da rief er mich zurück. »Scherz beiseite. Geben Sie acht, Günther will uns beide ablösen, man hat ihm zugetragen, dass ich zu milde mit Ihnen war. Alles, was aus Ihrer Magdeburger Kaserne kommt, landet in den Prager Büros. Natürlich ist der Zuträger einer der Meinen, aber Ihre Leute quatschen entschieden zu viel.« Der vertrauliche Ton war zweifellos darauf zurückzuführen, dass er sich wegen der Abfahrt von 1200 Juden in ein freies Land in einem merkwürdigen Gemütszustand befand, aber im Grunde hatte er recht. Günther wollte einen neuen Dienststellenleiter einsetzen und mich als Judenältesten ablösen. Für Rahm bedeutete das eine Versetzung nach Prag; mir blieb jedoch nur die düstere Aussicht darauf, dass Haindl zu mir sagte: »Kommen Sie mit.«

Meine Euphorie verschwand augenblicklich.

Noch nie hatte ich derart die Last der Einsamkeit verspürt. Am 3. Februar hatte ich als Einziger geglaubt, der Transport würde in die Schweiz gehen, während mich die anderen bedauerten, dass ich die Finte der Deutschen nicht durchschaute, oder mich dafür hassten, dass ich mich angeblich an die SS verkauft hatte. Nachdem die Gruppe in hocheleganten Pullmanwaggons und unter dem Schutz des Roten Kreuzes abgefahren war und vor allem, als die ersten Postkarten aus Schweizer Auffanglagern eintrafen, war ich wieder der Einzige, der die Rückseite der Medaille sah. Ich war immer davon überzeugt gewesen, dass man das Ghetto nur retten konnte, wenn die deutsche Propaganda ein Interesse daran hatte, es internationalen Organisationen als Musterghetto vorzuführen. Seit November 1944 hatte ich alles darangesetzt, so etwas Ähnliches wie ein herzeigbares Siedlungsgebiet zu schaffen. In meinen schriftlichen Berichten an die Dienststelle erwähnte ich bei jeder Gelegenheit die Vorbereitungen für einen ausländischen Besuch, der naive Versuch, auf eine Bemerkung Rahms im mittlerweile lange zurückliegenden Juni 1944 Bezug zu nehmen. Jetzt kamen jedoch keine Ausländer nach Theresienstadt, sondern Juden fuhren ins Ausland; weitere Gruppen sollten folgen. Eine wenn auch nur teilweise Räumung Theresienstadts machte jede Aussicht auf einen Besuch zunichte; ein leeres oder auch halb leeres Ghetto konnte man nicht herzeigen. Die Verlegung eines Teils der Insassen gefährdete sogar die Situation derer, die gezwungen waren zu bleiben. Sie brauchten das Ghetto ja nur zu liquidieren und die Insassen umzubringen, und schon hatten sie ein schönes Alibi: »Wo sind die Juden von Theresienstadt?« – »In die Schweiz und andere neutrale Länder abgefahren; wir waren den Feinden des Reichs gegenüber großzügig.«

Auf den Gängen der Magdeburger Kaserne wimmelte es in diesen Tagen vor Menschen, die sich für die nächste Reise in die Schweiz vormerken lassen wollten. Die Mitglieder des Ältestenrats nannten mir hin und wieder Namen von Persönlichkeiten, die es verdienten, »auf die Liste« gesetzt zu werden. Alle waren gut gelaunt, die harte Zeit ging offenbar zu Ende. Man arbeitete nur noch, um keine Schwierigkeiten zu bekommen; nur ich war so verbohrt, auf der Instandsetzung von Heimen und Unterkünften zu bestehen, obwohl doch alle abreisten.

Wir jauchzten, rasch verkehrte sich's in Klagen. – Dieser Vers Dante Alighieris fällt mir ein, wenn ich an den Optimismus denke, der jetzt im Ghetto herrschte, während wir uns in Wirklichkeit in Todesgefahr befanden. Nach der Sanitärkontrolle durch einen

Vertrauensarzt des Berliner Reichssicherheitsamtes hatte man herzlich gelacht. Dieser hatte gleichmütig die Gänge des Krankenhauses und der Heime besichtigt, hatte schließlich sogar unter die Betten geschaut, um ein Staubkorn zu finden. Ich hätte gern mitgelacht, wusste jedoch, dass der Gast bei seiner Abfahrt Rahm die ungewöhnliche Sauberkeit vorgeworfen hatte. Man hatte ihn beauftragt, über ein Ghetto voller Unrat und Krankheitsherde zu berichten, das man so schnell wie möglich liquidieren musste, um die Epidemiegefahr für die umliegenden Dörfer zu bannen; er hatte einen elenden, jedoch sauberen Ort vorgefunden, unterernährte und schlecht gekleidete Menschen, die allerdings keine Läuse hatten; perfekt organisierte Krankenhäuser und nur zwei Typhusfälle im Pavillon für Infektionskrankheiten. In der ersten Novemberhälfte hätte ein solcher Besuch das Schicksal Theresienstadts endgültig besiegelt, im Februar bedeutete er, dass man auf der Hut sein musste.

Wieder gab es zwei widersprüchliche Haltungen bezüglich des Ghettos. Die eine ging auf Hitler höchstpersönlich zurück; auf Betreiben Kaltenbrunners, des Leiters des RSHA, forderte er die Liquidation; die andere wurde von Himmler vertreten, er hoffte, das Ghetto konnte noch nützlich sein, um von den Alliierten politische Zugeständnisse zu erhalten oder den jüdischen Organisationen finanzielle Mittel abzupressen. Hitler höchstpersönlich verbot die Abfahrt weiterer Gruppen in die Schweiz, nachdem das Auswärtige Amt berichtet hatte, dass die antideutsche Propaganda bei der Ankunft der ersten Juden aus Theresienstadt neu entflammt war. Die Million Dollar, die bei einer Schweizer Bank hinterlegt war, um die Transporte zu finanzieren, musste rückerstattet werden.

Im Februar 1945 wusste ich jedoch nichts von dem Tauziehen an der Spitze. Innerhalb des Ghettos wurden die beiden Haltungen offenbar von Günther und Rahm vertreten, Günther hatte versucht, die Abreise der 1200 zu verhindern oder zumindest zu erschweren,

Rahm war von den Veränderungen sichtlich beeindruckt und geneigt, die neuen Entwicklungen zu fördern. Ich befand mich in der Situation eines Häftlings, der nur Schatten an den Zellenwänden, aber nicht die Personen sieht, von denen sie stammen.

Dann begannen die Schatten Gestalt anzunehmen. Der Bauleiter hielt es für seine Pflicht, mich darauf aufmerksam zu machen, dass die Bauarbeiten zwischen Ravelin XV und Leitmeritzer Straße eine seltsame Entwicklung nahmen: Schaffung gasdichter Räume mit ganz sonderbaren Ventilationsvorrichtungen, die ganz offenbar zum Einblasen dienten, und einer Spezialtüre mit Guckfensterchen. Anders als bisher war befohlen worden, die Arbeit nur auf mündliche Anordnungen hin auszuführen, ohne gezeichneten Plan. Es bestand kein Zweifel – es handelte sich um eine Gaskammer mit einem Fassungsvermögen von 5000 Personen.

Bei einer eiligen Inspektion aller Baustellen kam zutage, dass es noch ein zweites unheimliches Bauvorhaben gab. Ein Plateau im Ravelin XV, auf dem die ganze Einwohnerschaft Theresienstadts Aufstellung nehmen konnte, wurde umzäunt. Um dort hinzugelangen, musste man eine Art Zugbrücke überqueren, die mit einer Treppe verbunden war. Wurde diese Vorrichtung hochgezogen, saß man in der Falle und war leichtes Ziel für ein Exekutionskommando, das auf den benachbarten Wällen bequem postiert werden konnte. Außerdem hätte man nur eine Schleuse öffnen müssen, um den Platz mit Egerwasser zu überfluten. Bald darauf erfuhr ich, dass unbekannte SS-Männer nachts die Baustelle besichtigten. Einer meiner Beobachter machte mich einmal darauf aufmerksam, dass Sturmbannführer Rolf Günther in Begleitung eines SS-Hauptsturmführers am helllichten Tag zum Ravelin XV ging; später erfuhr ich, dass es sich um Heinrich Jöckel, den Kommandanten der Kleinen Festung, gehandelt hatte. Für gewöhnlich hatte ich die Aufgabe, Besucher durch das Ghetto zu führen, bei dieser Gelegenheit war meine Anwesenheit jedoch unerwünscht.

Die Facharbeiter, die auf den beiden Baustellen arbeiteten, kamen jeden Tag mit finsterer Miene zu mir und baten um Anweisungen und gingen aufgrund meiner Hinhaltetaktik enttäuscht weg. Tatsächlich hatte ich schon beschlossen, bei Rahm vorzusprechen, wusste jedoch, dass ein derartiger Schritt unter Umständen verheerende Wirkungen hatte, deshalb wollte ich auf eine günstige Gelegenheit warten und in der Zwischenzeit alles herausfinden, was unter Umständen von Bedeutung war. So erfuhr ich von ehemaligen Offizieren, dass alle Galerien der Kleinen Festung seinerzeit mit Erde gefüllt worden waren, um zu verhindern, dass sich aus dem Militärgefängnis geflohene Häftlinge dort versteckten. Die Galerie des Ravelin XVIII, der gerade in eine Gaskammer umgewandelt wurde, bot Platz für genau die 5000 Personen, die sich in der Kleinen Festung befanden. Das war der Grund für Jöckels Besuch im Ghetto gewesen. Die Insassen von Theresienstadt hingegen konnten auf dem Platz von Ravelin XV liquidiert werden.

Ich unterrichtete den Leiter der Desinfektionsabteilung, er war nämlich Experte für Giftgas, und er erwies sich des Vertrauens würdig, denn er fand etwas sehr Wichtiges heraus: Seit Sommer 1944 wurde Zyklon B, das in Theresienstadt zur Schädlingsbekämpfung eingesetzt wurde, in einem Lager der SS gemeinsam mit Brennstoffen und anderen technischen Materialien aufbewahrt. Die Angestellten der Desinfektionsabteilung gingen hin und wieder in Begleitung eines SS-Mannes hin, um sich kleine Mengen an Gas zu holen, die sie für ihre Arbeit unbedingt brauchten. Bei einem dieser Besuche war das Vorhängeschloss des Lagers durch ein gleichartiges ersetzt worden, und im Ghetto gab es einen Schlüssel dazu. Es wäre also möglich gewesen, einen Brand im Lager zu legen und dabei den Anschein zu erwecken, das brennbare Material habe sich selbst entzündet. Doch auch wenn man die Gaskammer außer Kraft setzte, bestand noch immer die Gefahr einer Massenerschießung auf dem Platz des Ravelin XV, deshalb wollte ich die Aktion nur bewilligen, wenn ich nach meiner Vorsprache bei Rahm auf der Dienststelle festgehalten wurde.

Am Tag darauf begab ich mich in den Abendstunden ins Rathaus und bat um eine Unterredung mit dem Dienststellenleiter. Ich musste fast eine Stunde warten, denn der Leiter der Motorkolonne legte gerade ausführlich die Schwierigkeiten bei der Beschaffung von Ersatzteilen, Reifen und Benzin dar. Schließlich wurde ich zu Rahm vorgelassen. Ich begann meine Rede mit der Ankündigung, dass der Wasserrohrbruch in der SS-Kantine noch in der Nacht behoben werden würde. Rahm unterbrach mich schroff: »Spucken Sie die Kröte aus, Sie kommen doch nicht um diese Uhrzeit, um mir so einen Unsinn zu erzählen. Was wollen Sie?«

»Im Ghetto herrscht eine gewisse Unruhe wegen der Arbeiten im Ravelin XV und Ravelin XVII. Die Leute sind davon überzeugt, dass eine Gaskammer und ein Plateau für Massenexekutionen errichtet werden. Diese Stimmung in der Bevölkerung könnte unvorhersehbare Folgen haben, deshalb bitte ich, die Bauarbeiten zu unterbrechen, bis die Gemüter sich beruhigt haben.«

»Verdammtes Geschwätz, was sind Sie doch für ein Dummkopf. Sie haben nicht für den Bau von Luftschutzkellern gesorgt und werden zu gegebener Zeit zur Verantwortung gezogen werden. Ich erfülle die Vorgaben eines Rundbriefs des Ministeriums, in dem die Dezentralisierung der Magazine und der verschiedenen Lager angeordnet werden, um zu verhindern, dass bei einem Luftangriff alle im Siedlungsgebiet vorhandenen Vorräte vernichtet werden. Im Ravelin XVII soll ein bombensicheres Lebensmittellager entstehen; der Platz von Ravelin XV hingegen soll ein künstlicher Ententeich werden. Der Krieg geht weiter, die Frage der Versorgung wird immer dringlicher; wir müssen uns vermehrt um die Geflügelzucht kümmern. Im Übrigen habe ich Ihnen immer wieder gesagt, Sie sollen dafür sorgen, dass die Männer, die vor Kurzem aus Prag gekommen sind, arbeiten; Sie haben genickt, und nichts ist geschehen. Jetzt habe ich dafür gesorgt; endlich arbeiten sie, die Arbeiten werden wie geplant weitergeführt. Sie haben die Aufgabe, die Juden zu beruhigen, nicht, das dumme Geschwätz nachzubeten.«

»Eben deshalb, weil es meine Aufgabe ist, die Juden zu beruhigen, habe ich darum gebeten, die Arbeiten zu unterbrechen. Ich erlaube mir, die Bitte zu wiederholen, wenn es nämlich zur verzweifelten Geste einer Massenflucht käme, könnte ich nichts dagegen unternehmen. Ich würde vielmehr mit den anderen fliehen. Wenn Tausende flüchten, werden wohl ein paar durchkommen, aus der Gaskammer jedoch gibt es kein Entkommen.«

»Sie sind ganz schön unverschämt, so mit mir zu sprechen, ich habe Ihnen zu viel Freiheit gelassen. Aber das ist nicht der geeignete Augenblick, um die Sache zwischen uns zu regeln. Ich werde mir überlegen, wie man die Angelegenheit in Ordnung bringen kann, ohne etwas zu überstürzen. Gehen Sie, ich habe genug von Ihnen ... einen Augenblick noch, falls Günther kommen sollte, erzählen Sie ihm nichts von dieser Geschichte, sonst sagt er noch, ich sei unfähig ... und außerdem, hat Ingenieur Kohn Sie informiert? Er leitet ja die Arbeiten.«

Leugnen war sinnlos, nur Kohn kannte die technischen Details: »Er hat nur seine Pflicht getan. Ich verlange von allen Mitarbeitern, dass sie mich über ihre Arbeit informieren. Ich allein trage die Verantwortung, Kohn konnte gar nicht anders handeln, er weiß, dass ich nicht mit mir spaßen lasse. Einige nachlässige Funktionäre sind schon eingebuchtet worden.«

»Sie werden sehen, dass auch ich nicht mit mir spaßen lasse, gehen Sie.«

Als ich am nächsten Morgen zum Rapport erschien, war die Tür geschlossen, Rahm war weg. Zwei Tage später kam er zurück, ging direkt zum Ravelin XV und ließ die Arbeit unterbrechen. Dort traf er Kohn: »Das hast du für dein dummes Geschwätz.« Mit einer Ohrfeige streckte er den Architekten zu Boden. Kohn tat mir leid, er war ein begabter Techniker und ein Idealist, und seine Arbeit war für das Ghetto von allerhöchster Bedeutung. Doch alles in allem schien mir der Preis dafür, dass eine große Gefahr vom Ghetto abgewendet worden war, nicht zu hoch.

Die Galerie des Ravelin XVII wurde daraufhin tatsächlich als Lebensmittellager verwendet. 1946, bei seinem Prozess am Leitmeritzer Volksgericht, gab Jöckel zu, es habe einen Plan gegeben, eine Gaskammer zu errichten, in der man die Insassen der Kleinen Festung liquidieren wollte; er fügte jedoch hinzu, er habe die Sache nicht ernst genommen, weil es kein Gas gegeben hätte, um sie in Betrieb zu nehmen. Wie wir gesehen haben, hält die Ausrede nicht stand; die Zyklon-B-Vorräte waren in greifbarer Nähe. Bei einer Gegenüberstellung am 3. April 1947 sagte Karl Rahm vor dem Untersuchungsrichter und in Anwesenheit tschechoslowakischer Juden, von meinen Fragen in die Enge getrieben: »Sie können davon ausgehen, dass Sie recht hatten, als Sie an diesem Abend mit mir über Ravelin XV gesprochen haben.« Beim Prozess hingegen blieb er bei seiner These, man habe ein Lebensmittellager und einen Ententeich errichten wollen.

Voller Euphorie angesichts dieses Erfolgs glaubte ich auf ein ausführliches Gespräch mit dem Ältestenrat verzichten zu können, ich hatte ihm noch immer nicht verziehen, wie er sich anlässlich der Abreise der 1200 in die Schweiz verhalten hatte. Ich beschränkte mich auf eine allgemeine Zusammenfassung des Vorfalls und behielt für mich, was noch nicht durchgesickert war. Das war jedoch ein schwerwiegender Fehler, denn auf diese Weise verpasste ich die Gelegenheit, die Dinge zu klären, und ließ zu, dass unbegründete und verwirrende Gerüchte die Runde machten.

Im Buch der bekannten tschechischen Schriftstellerin Anna Auředníčková, die von 1942 bis 1945 in Theresienstadt interniert war, finden wir folgenden Bericht: ... *Und mit einer Tat hat sich Rahm freigekauft. Damit, dass er 17 000 Menschen vor dem Tod errettet hat.*

Ein gewisser guter Bekannter von mir, ein Theresienstädter Dachdecker, erzählte mir, dass er mit einigen anderen Arbeitern einen sonderbaren Bau baut. Die Deutschen sagten, dass das Ställe für Kaninchen und Enten werden würden, die sie sich in Theresienstadt hielten. Dann bemerkte dieser Dachdecker, ein sehr intelligenter junger Mann, dass er noch nie gehört habe, dass diese Tiere in Räumen gut gedeihen würden, in welche keine Luft eindringen darf; er meint folglich, dass das große Kammern zum Vergasen sind. Wir glaubten das nicht und es fiel uns nicht ein, dass tatsächlich die Gefahr dieses schrecklichen Todes drohte. Dass es wahr war, erfuhren wir erst später. Aus Berlin kam der Befehl, die Einwohner Theresienstadts wie die Ratten zu töten, sobald sich die Alliierten näherten. Rahm erhielt diesen Befehl, führte ihn aber nicht aus. Er gab diesen schrecklichen und unglaublichen Befehl dieser Verbrecher in die Schweiz ans Rote Kreuz weiter. Wie er diese Mitteilung machte, haben wir nicht erfahren. Aber plötzlich war unerwartet eine Schweizer Kommission da. Auf ihre Anordnung hin verschwanden die SS-Leute und in Theresienstadt verblieben nur Rahm und sein Adjutant Haindl, der ein Mitarbeiter aller drei Kommandanten war. Wir wurden vor einem schrecklichen Tod gerettet und Rahm bekam ein Papier, das ihm freies Geleit in die Welt sicherte.[28]

Die beiden Baustellen, die mehr als einen Kilometer voneinander entfernt waren, wurden zusammengelegt; die Enten sollten in einer unterirdischen Galerie gedeihen, Rahm hingegen erhielt einen Glorienschein als Retter des Ghettos.

Sowohl bei der Untersuchung, die nach dem Krieg vom Volksgericht in Leitmeritz durchgeführt wurde, um meine etwaige Schuld zu klären, als auch bei den Prozessen gegen den Dienststellenleiter und den Kommandanten der Kleinen Festung wurden die Geschehnisse in allen Details rekonstruiert, dabei wurde bestätigt, was ich hier sage. Und dennoch sprach ein Zeuge, der am 13. Oktober 1960 vor einem Gericht in Prag aussagte, noch immer von einer »Gaskammer, die man als Ententeich bezeichnete«. Das ganze Durcheinander rührt daher, dass ich es im Februar 1945 für klug hielt, die Sache zu verschweigen, um in hohen SS-Kreisen keine Ressentiments hervorzurufen. Die Unterbrechung der Arbeiten im Ravelin XVII bedeutete zweifellos eine Niederlage für jene Kräfte innerhalb der SS-Hierarchie, die vorhatten, Theresienstadt zu liquidieren; das hieß jedoch nicht, dass Angriffe auf das Ghetto von nun an ausgeschlossen waren. Fest stand nur, dass das Tauziehen nicht mehr lange weitergehen konnte; es würde bald zu einer Entscheidung kommen.

»Eichmann wird in den nächsten Tagen nach Theresienstadt kommen«, sagte Möhs bei einem Überraschungsbesuch am 1. März.

Hans Günther, der am 3. März kam, äußerte sich ausführlicher: »Bereiten Sie einen Bericht für den Obersturmbannführer vor, er möchte über alle Angelegenheiten des Ghettos informiert werden. Achten Sie darauf, nicht in Anwesenheit von Fremden zu sprechen und teilen Sie aufrichtig alle statistischen Daten mit, die Anzahl der Toten, die Anzahl derer, die in den Osten und in andere Konzentrationslager deportiert worden sind. Morgen werde ich einen Rundgang machen, um zu sehen, wie die Stadt aussieht. Nicht, weil wir einen Besuch aus dem Ausland erwarten, es handelt sich um eine interne Angelegenheit. Das missfällt Ihnen? Was halten Sie davon? Ich weiß, ich weiß, Sie haben sich diesbezüglich Illusionen gemacht. Sagen Sie, was halten Sie davon, dass der Besuch ausfällt?«

»Darüber denke ich gar nicht nach.«

»Verschwinden Sie augenblicklich, Ihre dumme Art zu sprechen bringt mich zur Weißglut.«

Am Morgen darauf wurde ich von einem Wachmann darauf aufmerksam gemacht, dass Rahm in den Hof der Magdeburger Kaserne geritten war. Bei seinem Morgenritt war ihm ein Mann aufgefallen, der sich Kaffee wärmte und dafür in einem kleinen Ofen harte Holzstückchen verheizte, die für Gasgeneratoren gedacht waren. Jetzt begann der Kommandant lauthals auf die jüdischen Saboteure zu schimpfen; als er mich sah, überschüttete er mich mit Vorwürfen, ich hätte den Niedergang der Disziplin geduldet. Dann tat er, als ob er Atem schöpfen müsste und sagte leise: »Aufgepasst, Günther hat Ihnen falsche Anweisungen gegeben; bereiten Sie eine Rede für Ausländer vor und vermeiden Sie unbedingt Zahlen und statistische Daten.« Danach hob er die Faust, als ob er mich schlagen wollte, und galoppierte aus der Magdeburger Kaserne hinaus, dabei schrie er: »Ich werde Ihnen schon noch beibringen, wie der Hase läuft!«

Der Saboteur, der in meine Kanzlei geführt wurde, um verwarnt zu werden, sagte hingegen: »Sie machen eine Tragödie daraus. Rahm hat nicht viel Aufhebens davon gemacht.« Es gelang mir nicht, von ihm Einzelheiten über die Spitzel zu erfahren, die sich in den Kanzleien der Magdeburger Kaserne eingeschlichen hatten, aber ein Kommandant, der sich so benahm, wusste wohl Skandalöses über sie.

Eine Stunde später bereitete ich wieder einmal eine Rede vor, die ich in Eichmanns Gegenwart vortragen sollte – da ließ mich ein ungewöhnliches Geräusch im Vorzimmer auffahren.

In diesem Augenblick kam Rahm hereingestürmt. »Wo ist Günther?« – Ohne meine Antwort abzuwarten, lief er türenschlagend davon. Der Konflikt zwischen dem Dienststellenleiter und dem Leiter des Büros zur Lösung der Judenfrage, der bei der Abfahrt der 1200 Juden in die Schweiz aufgebrochen war, hatte sich zugespitzt. Günther hatte mit seinem Rundgang durchs Ghetto in Möhs' Begleitung begonnen, ohne Rahm zu verständigen. Ich wurde erst später dazugerufen, da standen sie alle beisammen und glaubten, die gegenseitige Abneigung hinter eiskalter Höflichkeit verbergen zu können.

In der Kasematte, in der die Begräbnisfeiern der im Ghetto gestorbenen Christen stattfanden, fragte Günther unvermittelt: »Warum hängt kein Kreuz an der Wand?« Ich erklärte, dass ein diesbezügliches Ansuchen Eppsteins 1943 abschlägig beantwortet worden sei, doch Günther tat, als habe er meine Worte gar nicht gehört, und fuhr fort: »Ihre Intoleranz gegenüber Juden, die sich zu einer anderen Religion bekennen, ist erbärmlich, lassen Sie hinter dem Podium ein

Kreuz anbringen.« Im Zentrallager war die Ordnung allzu perfekt: »Nehmen Sie die Etiketten ab und stellen Sie ein wenig Unordnung her. Nicht jeder, der hier hereinkommt, muss sehen, wie viele Vorräte es in Theresienstadt gibt.« Das Sparkassengebäude, in dem bis 1944 die Dienststelle untergebracht war, stand seit acht Monaten leer. »Was würden Sie mit diesem Objekt machen, wenn es Ihnen zur Verfügung stünde?« – »Es würde sich als Kinderheim eignen.« – »Es wird aber das Repräsentationsgebäude der jüdischen Selbstverwaltung.«

Jetzt war alles klar. Rahm hatte die Wahrheit gesagt, man erwartete Besuch aus dem Ausland. Günther hatte Eichmann überzeugen wollen, dass ich nicht geeignet war, einen derartigen Besuch zu empfangen, deshalb hatte er bei der Generalprobe versucht mich auszuschalten und mich angewiesen, geheime statistische Daten zu präsentieren. Allein die vage Möglichkeit, dass Ausländern diese brisanten Daten zu Ohren kamen, hätte schon für meine Ablöse gereicht, und wahrscheinlich auch, dass Eichmann die Lust verging, noch einmal Gäste aus dem Ausland einzuladen. In der Nacht schrieb ich die Rede um, die ich vor einer Schweizer oder schwedischen Kommission halten sollte. Vor Eichmanns Eintreffen nahm mich Rahm noch einmal beiseite: »Wenn Sie Günther mit dem Obersturmbannführer allein lassen, ist alles verloren; knüpfen Sie ein Gespräch an und versuchen Sie immer bei ihnen zu bleiben.« Er hatte gut reden. Wie gesagt, wollte mich Eichmann seit Jahren nicht sehen, seitdem ich 1941 Zweifel bezüglich des Ausgangs des Krieges geäußert hatte. »War es so schwierig zu erraten, dass Deutschland den Krieg gewinnen würde?« Ein Mittelsmann hatte mir von seiner spöttischen Frage berichtet. 1945 rechnete Eichmann wahrscheinlich nicht mehr mit dem Endsieg, ich wusste jedoch nicht, wie er sich mir gegenüber verhalten würde.

Eichmann kam lächelnd herein. »Da ist ja Murmelstein«, sagte er und pflanzte sich in Erwartung des Berichts in meiner Kanzlei auf. Günther hörte sich gleichmütig meine ersten Sätze an, dann stellte er fest, dass ich ein mehr oder weniger positives Bild von Theresienstadt zeichnete, und wurde ungeduldig. Einen Augenblick lang unterbrach ich meine Rede und sah zu Eichmann hin, der aber gab mir ein Zeichen, ich solle fortfahren. Schließlich sagte Günther mit finsterer Miene: »Er hat zu lange gesprochen, jetzt geht sich kein Rundgang durch das Ghetto mehr aus, da bräuchte man ja sechs Stunden.«

Rahm warf mir einen auffordernden Blick zu, darauf sagte ich: »Drei Stunden reichen für einen Rundgang.«

Eichmann ging auf den Ausgang zu, ich folgte ihm rasch, Günther hingegen blieb mit Rahm und Möhs zurück. Beim Verlassen der Magdeburger Kaserne fragte mich der Besucher, wie die jüdische Selbstverwaltung funktionierte. Nach meiner kurzen Darlegung sagte er: »Wie ich sehe, haben Sie weder einen Rivalen noch eine Gegenströmung.«

»Es gibt so gut wie keine Opposition.«

Jetzt war er erstaunt: »Mit wem streiten Sie dann?«

Im Sokolhaus wurde gerade die Tonspur des Films aufgenommen, den man im Sommer 1944 in Theresienstadt gedreht hatte; das Kaffeehaus-Orchester hatte Befehl, ein heiteres Stück zu spielen. Eichmann: »Das ist albern, man hat das Gefühl, hier würde nur musiziert.« Vor dem Krematorium teilt man mir mit, dass die Öfen ausgeschaltet würden, von nun an würden die Toten auf dem 1942 aufgelassenen Friedhof beerdigt. Ausländische jüdische Organisationen seien gegen die Verbrennung, weil diese nicht den jüdischen Religionsvorschriften entspräche. Es freute mich zu hören, dass man in den neutralen Ländern an Theresienstadt dachte; ich gab jedoch zu bedenken, dass der Boden des Friedhofs sehr feucht sei, schon in einer Tiefe von vierzig Zentimetern stoße man auf Wasser, die Särge schwömmen und müssten zu Boden gedrückt werden. Eichmann schien sich über meine Einwände zu ärgern, und Günther nützte die Gelegenheit und schickte mich weg. Die beiden gingen voraus, Möhs und Rahm blieben zurück, ich befand mich auf halbem Weg zwischen den beiden Paaren. Nach einigen Minuten bedeutete mir Eichmann, ich möge zu ihm kommen. Wir standen zu dritt am Straßenrand, während die beiden anderen langsam näher kamen: »Wie Sie wissen, ist Eppstein in ein anderes Ghetto verlegt worden. Nun fällt mir ein, dass es an der Zeit wäre, ihn nach Theresienstadt zurückzubeordern, wo er fast zwei Jahre lang im Amt war; Sie hingegen könnten seinen augenblicklichen Posten einnehmen.« Günther hatte also von seinem Chef die Zustimmung zu meiner Liquidation erhalten. Eppsteins letzte Worte fielen mir ein: »Letztes Jahr Edelstein, heute ich, wir sind alle verloren ... ich habe immer ein Fläschchen bei mir ...«

Ich hatte gar nicht bemerkt, dass das andere Paar schon bei uns war, ich hörte nur Möhs' Stimme hinter mir: »Das ist nicht der geeignete Augenblick für einen Wechsel. Wir erwarten einen Besuch, die Vorbereitungen sind im Gange, einstweilen wäre es besser, die Dinge so zu lassen, wie sie sind.«

Rahm stimmte zu: »Gerade jetzt ist seine Anwesenheit unerlässlich.«

Eichmann sah Günther an und sagte: »Dann bleibt er bis auf Weiteres hier.«

Der Rundgang wurde fortgesetzt.

Das Postamt war geschlossen, doch das schien den Leiter des Referats IV B4 nicht zu stören. Er ließ uns stehen und ging ein paar Minuten alleine auf dem Platz auf und ab, dann kam er zu mir: »Ich schaue mir an, was Sie zustande gebracht haben, die Stadt wirkt verändert.« Zu seinen Männern gewandt fügte er hinzu: »Theresienstadt, so wie es ist, muss jedem gefallen. Wir können den Besuch zulassen, wir werden einen guten Eindruck machen.« Er salutierte und ging, von den anderen gefolgt, zur Dienststelle.

Am selben Tag schrieb Himmler an seinen Leibarzt und Freund Kersten: *Wenn das nationalsozialistische Deutschland zugrunde gehen soll, dann sollen unsere Feinde, die Verräter am großgermanischen Gedanken, die jetzt in den Konzentrationslagern sitzen (...) mit uns verrecken. (...) Das ist der klare und logische Befehl des Führers, und ich werde dafür sorgen, daß er genauestens und gründlich ausgeführt wird.*[29]

Am 10. März teilte mir Günther offiziell mit, dass eine Kommission des Internationalen Roten Kreuzes eingeladen werden würde, das Ghetto zu besichtigen. Die Vorbereitungen waren so gut wie abgeschlossen, ich hatte die Arbeiten nämlich schon einige Monate davor in Auftrag gegeben, ohne auf Befehle zu warten. Die aktuellen Weisungen betrafen vor allem die Umgestaltung des Friedhofs, sodass der Eindruck einer mehr oder weniger normalen Sterblichkeit entstand. Die Massengräber mussten so umgestochen werden, dass der Eindruck von Einzelgräbern entstand. Vor dem Krematorium sollte eine Säule aufgestellt werden, in Gedenken an die Toten. Gleichzeitig sollten sechs Grabsteine angefertigt und in Prag auf den Gräbern aufgestellt werden, wo den Nazis zufolge die papierenen Aschebeutel aus dem Ghetto begraben waren. Das war ein Schwindel, die Asche der toten Juden befand sich am Grunde der Eger.

Zu Ehren der Besucher wurden zwei Theaterstücke aufgeführt: »Glühwürmchen«, eine tschechische Kinderoper, und »Hoffmanns Erzählungen« auf Deutsch. Günther warf mir vor, die Inszenierung sei nicht sehr gelungen. »Eppstein hat mehr zustande gebracht.«

»Mittlerweile gibt es im Ghetto keine hervorragenden Sänger mehr, sie mussten alle im Oktober abfahren.«

»Geben Sie mir ihre Namen, wir holen sie nach Theresienstadt zurück.« – Ein billiger Witz.

Kontrolle der Altersheime. Günther tat, als wäre er ein ausländischer Besucher, betrat freundlich lächelnd ein Zimmer, grüßte und begann eine Unterhaltung. Plötzlich fragte er: »Und Ihre Söhne?«

Der Alte stützte sich auf, rang um Luft, schließlich sagte er weinend: »Sie sind nach Polen abgefahren.«

Günther wandte sich zu mir: »Am Tag des Besuchs will ich hier keine Leute sehen. Haben Sie gehört, was er gesagt hat?« Das war ein

Regiefehler, wenn man leere Altersheime herzeigte, war wohl allen klar, dass es sich nur um eine Inszenierung handelte.

Ich nahm die Befehle widerspruchslos entgegen. Für die Deutschen war der Besuch wahrscheinlich aus Propagandazwecken wichtig; für mich hingegen zählte allein der Umstand, dass eine neutrale Kommission zugelassen wurde. Ich wusste, dass ich nur »bis auf Weiteres« in Theresienstadt bleiben durfte, dass mir nicht viel Zeit zur Verfügung stand, deshalb musste ich die Gelegenheit nutzen, um einen Versuch zu unternehmen, die Liquidierung des Ghettos schwierig, wenn nicht gar unmöglich zu machen. Die Drohung, dass ich bald Eppstein folgen würde, unterstützte mich in meinem Entschluss; ich wusste, dass ich nichts mehr zu verlieren hatte.

Die Verschönerungsarbeiten, die Einrichtung eines Kinderheimes und eines weiteren Siechenheimes liefen auf Hochtouren, reibungslos; die jüdische Selbstverwaltung machte keine Schwierigkeiten; das Ghetto verhielt sich ruhig und wartete auf eine Veränderung. Inmitten dieser Leute fühlte ich mich wie ein unheilbar Kranker in Gesellschaft kerngesunder, fröhlicher Menschen. Ich beneidete die gewöhnlichen Leute, denn sie waren nicht *bis auf Weiteres* im Ghetto. Meine Stimmung war die eines zum Tode Verurteilten; erschwerend kam hinzu, dass ich nie mit meinen Gedanken allein sein konnte. Kein Wunder, dass ich mich hin und wieder zu Wutausbrüchen und Jähzorn hinreißen ließ.

Rahm gab eine Weisung des Generalstabs weiter, man möge augenblicklich vorgefertigte Teile von fünf Baracken, die im Lager von Theresienstadt lagen, an einen gewissen Ort liefern. Das Problem war, dass diese Barackenteile inzwischen verwendet wurden, um das sogenannte Westviertel zu vergrößern. Um den Abbau der Baracken zu verhindern, und damit die Elektro- und Sanitärinstallationen dort nicht umsonst waren, schlug ich dem Dienststellenleiter vor, Teile von Baracken im Stil der französischen Kolonialbaracken zu liefern. Es handelte sich um die Reste eines Fehlkaufs, die seit Jahren im Freien lagen, den Unbilden der Witterung ausgesetzt, und von Dieben auf der Suche nach Brennholz geplündert worden sind. Wären die Barackenteile wie durch ein Wunder unversehrt, entspräche die Oberfläche von fünf Baracken im französischen Barackenstil der Oberfläche einer normalen Baracke; aber es waren immerhin fünf Baracken. Rahm hörte mir zu, nickte, sagte schließlich: »Der Befehl lautet, fünf Baracken zu liefern, ich gebe ihn an Sie weiter, mehr will ich nicht wissen. Die Verantwortung liegt ausschließlich bei Ihnen.«

Ich nahm das Risiko auf mich, ich war nur *bis auf Weiteres* in Theresienstadt. Natürlich mussten wir die französischen Baracken oberflächlich instand setzen, bevor wir sie abschickten, um zu verbergen, dass sie morsch waren. Wieder einmal ergab sich eine für Theresienstadt typische Situation. Die Tischlerwerkstatt glaubte, sie müsse ausgerechnet diese Arbeit sabotieren, um das Kriegspotenzial der Deutschen nicht durch die Übergabe der morschen Reste der französischen Baracken zu stärken. Nur unter Gebrüll und Drohungen gelang es mir, dass die Überreste der Baracken abgeschickt wurden, und die Baracken des Westviertels zu retten. Es gelang mir allerdings nicht, die einstimmige Meinung zu widerlegen, der zufolge ich ein eifriger Kollaborateur der Deutschen war.

Aus dem Lager Sered, das mittlerweile von den Sowjets besetzt war, kam eine letzte Gruppe slowakischer Juden an. Zum Großteil ehemalige Funktionäre, Verwaltungsbeamte und Mitglieder des Ordnungsdienstes. Letztere trugen graugrüne Kappen in der Art deutscher Soldatenkappen, sie verweigerten klipp und klar die Aufforderung der Tschechoslowaken, die Provokation einzustellen. Daraus ergab sich ein Wortwechsel, und einer der Slowaken wurde handgreiflich. In Theresienstadt kannte man keine Schlägereien und Misshandlungen unter Insassen, deshalb erregte die Sache großes Aufsehen. Wenn man den Gerichtsweg beschritten hätte, wäre der Vorfall unweigerlich auf Rahms Schreibtisch gelandet, es wäre wohl schwierig gewesen zu erklären, wie der Streit entstanden war. Ich sprach ein Machtwort und ließ den Schläger illegalerweise – ohne Prozess und ohne Urteilsspruch – in eine Zelle der Dresdener Kaserne sperren. Die Funktionäre aus Sered billigten meine Vorgehensweise nicht, sie fühlten sich durch meinen Willkürakt beleidigt und gingen auf Distanz zu mir. Sie sprachen mit süßsaurem Lächeln, rissen die Augen auf und schauten sich entsetzt um: »Wie können Sie nur?« Außerdem hatte ich den Eindruck, der Kommandant von Sered hätte ihnen vor der Abfahrt versprochen, sie dürften in Theresienstadt eine eigenständige Truppe bilden; jetzt waren sie enttäuscht, weil es augenblicklich klar war, dass die Verwaltung von Theresienstadt so ein Experiment nicht zuließ.

Als sich eine passende Gelegenheit ergab, erwähnte ich Rahm gegenüber das Angebot, ich solle in das angeblich von Eppstein geführte Lager verlegt werden. Die Antwort war zweideutig: »Vergessen Sie es, ich kann Ihnen nichts dazu sagen, es ist ohnehin besser für Sie, wenn Sie gewisse Dinge nicht wissen. Von meiner Seite droht Ihnen keine Gefahr, und ansonsten …«

Der einzige Trost war der bevorstehende Besuch des Internationalen Roten Kreuzes.

Gleichzeitig erhielt Folke Bernadotte von Himmler die Erlaubnis, das Konzentrationslager Neuengamme zu besuchen.[30] Graf Bernadotte war ein Angehöriger der schwedischen Königsfamilie; deren Oberhaupt von den Deutschen immer mit viel Hochachtung behandelt worden war. Er repräsentierte außerdem die öffentliche Meinung in den skandinavischen Ländern, deren Neutralität für Deutschland von großer Bedeutung war. Himmler und sein Stellvertreter Schellenberg hofften, mit Bernadottes Hilfe Verhandlungen mit den Alliierten aufnehmen zu können. Kein Wunder also, dass die Deutschen versuchten, ihm entgegenzukommen, sie übergaben die in deutschen Lagern internierten Dänen an das Schwedische Rote Kreuz und erlaubten diesem, das Lager Neuengamme zu besuchen. Dem Internationalen Roten Kreuz war eine ähnliche Bitte abschlägig beantwortet worden. Am 23. März 1945 erklärte Gestapochef Müller schließlich einem Delegierten des Internationalen Roten Kreuzes, dass Lagerbesuche nicht möglich seien, bloß Theresienstadt könne in den nächsten Tagen gezeigt werden, »um der Lügenpropaganda des Feindes ein Ende zu machen«.[31] Die offizielle Einladung wurde am 24. März vom deutschen Generalkonsul in Genf überbracht. Die Rettung der im letzten noch bestehenden Ghetto inhaftierten Juden ging also im Wesentlichen auf das Konto der Bemühungen der internationalen Hilfsorganisationen und der jüdischen Organisationen. Erleichtert wurden diese Bemühungen allerdings dadurch, dass man vor Ort alles getan hatte, um das Siedlungsgebiet herzeigbar zu machen. Auf diese Weise lieferte man den Deutschen ein Argument, das zwar kein besonderes Gewicht hatte, das aber in der Situation, in der sich das Reich im Frühjahr 1945 befand, nicht völlig zu vernachlässigen war. Nur so lässt sich die Entscheidung Müllers erklären: Keine Besuche in Konzentrationslagern, jedoch in Theresienstadt, in der Hoffnung, »der Lügenpropaganda des Feindes ein Ende zu machen«, indem man ein verschönertes und herausgeputztes Ghetto herzeigte.

Um die Gerüchte von Massendeportationen zu widerlegen, beschloss Möhs zuzugeben, dass insgesamt 18 000 Personen abgefahren waren, davon 10 000 im Oktober 1944. Man wollte Verwirrung stiften, um die Erzählungen der Juden, die in die Schweiz gefahren waren, zu dementieren: Deportationen im Oktober? Ja, 10 000 Arbeiter waren nach Deutschland geschickt worden. Waren es nicht doch 18 000? So viele Juden seien insgesamt aus Theresienstadt in andere Lager verlegt worden. Ursprünglich wollte man die Gesamtzahl der Insassen mit 30 000 angeben, doch nach einer kurzen Diskussion sah Möhs ein, dass es kontraproduktiv war, den Eindruck einer Überbelegung zu erwecken. Wir einigten uns also auf 20 000, eine Zahl, die der Wirklichkeit sehr nahekam. Der für Eichmann vorbereitete Bericht wurde in zwanzigfacher Ausfertigung verfasst, damit alle Beteiligten eine Abschrift bekamen. Rahm hielt sich für den geistigen Vater dieses Meisterwerks, immerhin hatte er die zerstörerischen Pläne Günthers vereitelt. Stolz sagte er: »Himmler höchstpersönlich hat Ihre Rede gelesen und genehmigt.«

Ausgerechnet am 6. April, als ich die Kommission des Internationalen Roten Kreuzes empfangen sollte, lag Rahm mit Fieber im Bett. Trotzdem teilte er mir mit, dass drei Ausländer kommen würden, ein jeder in Begleitung eines deutschen Beamten in Zivil. Ich sollte achtgeben, sie nicht zu verwechseln. Tatsächlich stand ich drei Paaren elegant gekleideter, lächelnder Herren gegenüber; im ersten Augenblick wusste ich nicht, wer die Schweizer und wer die Deutschen waren. Erst später erfuhr ich, dass die Herren Lehner, Dunant und Buchmüller Vertreter des Genfer Komitees waren; begleitet wurden sie von den deutschen Diplomaten von Luckwald, von Thadden und einem dritten, den ich nicht kannte. Eichmann kam in Begleitung des Befehlshabers der Sicherheitspolizei in Prag, Weinmann, gefolgt von Möhs, Günther und dessen Sekretär Günel.

Ich empfing die Besucher in dem extra für diesen Zweck eingerichteten »Repräsentationsgebäude« der Verwaltung. Nach den üblichen Höflichkeitsformeln die berühmte Rede, ein Besuch in den Kanzleien, ein Rundgang durch die Magdeburger Kaserne mit einem kurzen Aufenthalt in dem von mir bewohnten Zimmer. Die Straßen waren leer, weil in der Umgebung Fliegeralarm gegeben worden war. In der Sokolhalle tanzten die »Glühwürmchen«; zahlreiches Publikum lauschte an einem Werktag um 11 Uhr Vormittag einer Konzertveranstaltung. Perfekt ausgestattete Ambulanzen in der Hamburger Kaserne, das Kinderheim, dann das Siechenheim in der Geniekaserne und die Unterkünfte für nicht pflegebedürftige Alte, es gab zwar Fließwasser in jedem Zimmer, aber keine Bewohner; diese waren auf Befehl Günthers entfernt worden. Von den Fenstern des Waisenhauses aus wollte ich die Brunnen zeigen, die die Stadt versorgten, doch Eichmann höchstpersönlich zerrte mich weg. Ich hatte nicht bemerkt, dass man vom Fenster auch den Hof der Sudetenkaserne sah, wo SS-Männer gerade die Kartei des RSHA verbrannten.

In der Bäckerei versuchte Günther ganz aufgeregt, Eichmann etwas zu erklären. Anders als am 3. März konnte an diesem Tag kein Matzen-Backen vorgezeigt werden. Das jüdische Osterfest war vorbei, wir brauchten keine Matzen mehr. Günther war überzeugt, ich hätte hinterhältigerweise die Anordnung dazu gegeben, um der deutschen Propaganda zu schaden; er hätte nämlich gerne vorgezeigt, dass in Theresienstadt Matzen gebacken wurden, zum Beweis des großzügigen Umgangs mit den Juden im Musterghetto. Mit einer Stippvisite in der Bank endete der erste Teil des Rundgangs.

Während die Gäste in der SS-Kantine das Mittagmahl einnehmen, kann ich eine erste Zwischenbilanz des Besuchs ziehen. Ich bin bestürzt darüber, dass die Bevölkerung die Straßen geräumt hat. Die Kommission könnte zu dem Schluss gelangen, in einer Geisterstadt gelandet zu sein, auf Befehl Günthers waren nämlich auch die Alten- und Siechenheime so gut wie leer. Das war zwar einerseits ein schwerer Schlag für die deutsche Propaganda, andererseits bedeutete es auch das Scheitern der Hoffnung, der Besuch könne zur Rettung des Ghettos beitragen. Man kann nicht hoffen, Hilfe für eine Gemeinschaft zu erhalten, die beim Lokalaugenschein nicht anwesend ist. In aller Eile sorgte ich dafür, dass die Straßen während des zweiten Rundgangs bevölkert waren, ich ließ die Werkstätten schließen und die Baustellen räumen; ich fand sogar Mittel und Wege, vor den Mitgliedern der Kommission das Gerücht einer schweigenden Kundgebung zu verbreiten. Als um drei Uhr der Rundgang fortgesetzt wurde, hatte der Wagenkonvoi Mühe, sich in der Menge einen Weg zu bahnen.

Bei der Besichtigung des Postamts stellte man mir eine Reihe Fragen bezüglich des Schicksals der Postpakete, die an Personen adressiert waren, die bereits tot oder verlegt worden waren. Ein paar Sammler von Vollmachten, deren florierende Geschäfte aufgrund meines Verbots im November 1944 beeinträchtigt worden waren, hatten bei ihrer Ankunft in der Schweiz nichts Besseres zu tun gehabt, als dem Internationalen Roten Kreuz die Unterschlagung der Geschenkpakete anzuzeigen. Die Fragen wurden in strengem Ton vorgebracht, die Besucher sahen mich argwöhnisch an. Die Deutschen zogen sich sofort in eine Ecke zurück, um nicht in den Verdacht zu geraten, mitschuldig zu sein. Ich legte meinen Standpunkt dar, beschrieb den Kampf gegen die Geschäftemacher, die Lebensmittel in die benachbarten Städte lieferten, wies darauf hin, dass man Vollmachten zu ergattern versuchte, indem man Todkranke umwarb; natürlich verschwieg ich, dass auch am Vorabend der Transporte Geschäfte gemacht wurden. Als ich am Ende meines Plädoyers Zahlen nannte, um darzulegen, was mit den beschlagnahmten Waren geschehen war, nahm die Spannung ab, man lächelte wieder, der Rundgang konnte fortgeführt werden. Unter dem Eindruck meiner Rede schrieb Dr. Lehner in seinem Bericht über den Besuch in Theresienstadt, er habe im Ghetto ein Sozialsystem vorgefunden, das auf einer Art idealisiertem Kommunismus basiere.

Tanzmusik im Kaffeehaus, Duft von Würsten in der Metzgerei. Die Feuerwehr probt auf dem Dach der Tischlerei einen Einsatz. Noch ein Siechenheim, Schneiderei, Schusterwerkstätte, Ambulanzen in den Werkstätten, noch ein Kinderheim, das Krankenhaus mit Operationssälen, Fernheizwerk, öffentliches Bad und Essensverteilung in einer Musterküche. Großes Finale auf dem Kinderspielplatz. Überall Kleinkinder, Schaukelpferde, Schaukeln, ein Ringelspiel und eine Art Achterbahn.

Die Besucher versammelten sich an den Tischen des vollkommen leeren Glaspavillons und tauschten ihre Eindrücke aus. Während sie sich unterhielten, rief Günther mich in eine Ecke: »Wie immer stiften Sie Verwirrung. Sie haben kein einziges Mal erwähnt, dass wir das Material geliefert haben, das Sie für Ihre Bauarbeiten gebraucht haben.«

»Das versteht sich doch von selbst, sie werden ja nicht glauben, dass wir nach Prag fahren können, um dort einzukaufen. Abgesehen davon ist das Manuskript meiner Rede mehrmals durchgelesen und bewilligt worden; wenn mich jemand darauf hingewiesen hätte, hätte ich es gesagt, es ist ja wahr.«

»Schluss mit dem Geschwätz. Vor ihrer Abreise werden sie noch einige Fragen stellen, da haben Sie Gelegenheit, ein paar Worte zum Abschied zu sagen. Bei dieser Gelegenheit können Sie sich für die Hilfe aus dem Ausland bedanken, Sie sagen aber auch, dass Sie von uns Material erhalten, das woanders nicht zu finden ist.«

Nach ein paar Minuten allgemeinen Gesprächs stellte mir der Chef der Delegation Fragen.

»Wie viele Einwohner gibt es in Theresienstadt?«

»Fast 20 000.« Es folgten statistische Daten zu Alter und Geschlecht der Bevölkerung.

»Aus welchen Ländern stammen sie?«

»Aus Böhmen-Mähren, Deutschland, Holland, Dänemark.« Österreich und Luxemburg waren Teil des Reichs.

»Gibt es keine Staatsbürger anderer Länder?«

»Nein.« Ich musste so antworten, obwohl sich der französische Ex-Minister Meyer mit seiner Familie in Theresienstadt befand, außerdem ein Paar mit schwedischer Staatsbürgerschaft, und obwohl es einige Fälle ungeklärter Staatsbürgerschaft – Amerikaner oder Südamerikaner – gab.

»Wie viele Juden wurden aus Theresienstadt in andere Lager verlegt?« Ich blickte mich um und antwortete nicht.

Der Befehlshaber der Sicherheitspolizei in Prag sprang ein: »Auf diese Frage kann Murmelstein keine Antwort geben, denn die diesbezüglichen Daten liegen nur in unseren Kanzleien auf. Aus Theresienstadt sind insgesamt 18 000 Juden abgefahren, davon 10 000 im letzten Oktober. Diese arbeiten jetzt in Deutschland, aber sie scheinen nach wie vor im Stand des Ghettos auf und erhalten Verpflegung aus Theresienstadt.«

Dr. Lehner schrieb in seinem Bericht: »Dr. Weinmann me répondit que les derniers transports ...« – Das bestätigt, dass ich diese Frage nicht beantwortet habe.

Obwohl Weinmann eingesprungen war, herrschte nun Schweigen, eine gewisse Spannung machte sich bemerkbar.

Günther stand auf: »Wir gehen jetzt, wenn Sie noch einige Dankesworte an die Herren richten möchten, haben Sie jetzt Gelegenheit dazu.«

Zum zweiten Mal an diesem Tag hielt ich eine Rede. Ich fasste kurz zusammen, was wir heute alles gesehen hatten, dann versuchte ich Günther zufriedenzustellen; ich sagte, sein Amt stellte uns alle notwendigen Materialien zur Verfügung, ich brachte die Dankbarkeit des Ghettos für die Hilfslieferungen aus dem Ausland zum Ausdruck und bat die Vertreter des Internationalen Roten Kreuzes, sie mögen sich auch in Zukunft um Theresienstadt kümmern, denn – in diesem Augenblick hielt ich inne und redete erst weiter, als ich sah, dass alle sich erstaunt umblickten – »die Zukunft des Ghettos bereitet mir große Sorgen«. Ich tat so, als hätte ich mich versprochen, und wiederholte verwirrt den Schlusssatz: »Die Zukunft des Ghettos bereitet mir große Sorgen.«

Die Schweizer verabschiedeten sich mit einer gewissen Herzlichkeit, die SS-Männer hingegen standen mit steinernem Gesicht da, nur Weinmann strahlte; er hatte begriffen, dass meine Improvisation nicht geplant war, und freute sich, dass ich Eichmann einen Streich gespielt hatte. Der Befehlshaber der Sicherheitspolizei wollte mir die Hand drücken, doch ich gab ihm mit meiner widerstrebenden Haltung zu verstehen, dass das Schauspiel vorbei war.

Die Stadt besitzt vier große Krankenhäuser, acht Altersheime, fünf oder sechs Kinderheime, Erziehungsheime für Knaben und Mädchen. Alle diese öffentlichen Anstalten sind sehr gut eingerichtet. Als Beispiel zitieren wir die Krankenhäuser, von denen fast jedes einen Röntgenapparat besitzt und deren übrige Einrichtungen derart sind, dass die Ärzte fast wie in einer Universitätsklinik arbeiten können. Die Stadt besitzt eigene Theater, ein öffentliches Kaffee-Haus, eigene Schlächtereien, eigene Bäckereien, und alles, was zu einem geordneten Stadtbetrieb gehört. (...) Die einzelnen Gewerbegruppen sind in einer Art Gewerkschaft eingeteilt mit eigenen rechtlichen Pflichten. Jede Gewerkschaft bewohnt einen eigenen Block, und je nach Leistung sind die Wohnungen mehr oder weniger eingerichtet. Ein guter Handwerker hat ungefähr Berechtigung auf die gleichen Wohnungseinrichtungen wie ein Beamter oder Künstler (...) Jeder arbeitende Theresienstädter erhält je nach Leistung als Prämie einige Bons zugeteilt, die zum Ankauf von verschiedenen Naturalien verwendet werden können.[32]

Was die Aufführung auf der Bühne des Sokolhauses anbelangte, so hätte man leicht sagen können, die Kommission hätte die »Glühwürmchen« mit Laternen verwechselt. Das war meine Schuld, sofern man von Schuld überhaupt sprechen konnte. Die Beschreibung Dr. Lehners entsprach der Wahrheit – sofern man eine Bilanz als richtig bezeichnen kann, die nur die Aktiva aufweist und die enormen Passiva unter den Tisch fallen lässt. Außerdem war meine Darstellung zu Beginn des Besuches sehr eingeschränkt, sie hatte ja von Himmler höchstpersönlich genehmigt werden müssen. Von entscheidender Bedeutung war der Besuch an und für sich, während die unvermeidliche Inszenierung wenig zählte. Die Kommission, die von den Deutschen eingeladen worden war, einen Blick auf das jüdische Siedlungsgebiet zu werfen, hatte vorgehabt, viel mehr zu erreichen, und als sie von den *großen Sorgen bezüglich der Zukunft des Ghettos* hörte, reagierte sie mit bewunderungswürdiger Geistesgegenwart.

Aufgrund der bereits erwähnten Dokumentensammlung des Internationalen Roten Kreuzes, der Aussagen von Reichsminister Frank 1946 vor dem Gericht in Prag und einiger einfacher Andeutungen Dr. Lehners, den ich 1947 in Prag traf, ist es möglich, ein genaues Bild der Ereignisse nach der Rückkehr der Kommission nach Prag zu zeichnen.

Am Abend des 6. April gab Frank zu Ehren der Gäste einen Empfang auf der Prager Burg. Eichmann erklärte den Schweizern, warum Theresienstadt überhaupt gegründet worden war: »Die Regierung des Reichs hatte die Absicht, eine selbstständige jüdische Gemeinschaft mit eigenständiger Verwaltung zu gründen, um im Kleinen die Organisation eines jüdischen Staates auszuprobieren, der nach Kriegsende auf einem noch festzulegenden Territorium entstehen sollte.«[33]

Eichmann wies auch darauf hin, dass sich Himmlers Haltung in der Judenfrage verändert habe, er sagte, er selbst sei zwar nicht damit einverstanden, fügte sich jedoch als guter Soldat den Befehlen seines Oberbefehlshabers. Es war nicht unbemerkt geblieben, dass ich auf die Frage nach den Deportierten nicht geantwortet und damit Weinmann auf den Plan gerufen hatte. In die Enge getrieben, gab der Befehlshaber der Sicherheitspolizei zu, nur einen kleinen Teil angegeben zu haben, 18 000 anstatt 90 000. Es war nicht schwierig, einen Zusammenhang zwischen dieser Zahl und den *großen Sorgen bezüglich der Zukunft des Ghettos* herzustellen.

Dr. Lehner schließt seinen Bericht mit den Worten: »Ich verabschiede mich von meinen Gesprächspartnern, nachdem ich das Versprechen des Oberführers Eichmann und das Ehrenwort Dr. Weinmanns erhalten hatte, dass kein Jude mehr aus dem Lager Theresienstadt deportiert werden würde.«

In der Chronik des Ghettos anlässlich der Verkündigung des Urteils gegen Rahm vom 30. April 1947 am Gericht von Leitmeritz heißt es: *Der Leiter der jüdischen Selbstverwaltung fügte seiner von der Zensur genehmigten Rede einen nicht im Vorhinein genehmigen Passus hinzu, in dem er sagte, die Zukunft des Ghettos bereite ihm Sorgen. Dieser Passus blieb nicht ohne Konsequenzen; er hatte weitere Bemühungen des Internationalen Roten Kreuzes zugunsten der Juden von Theresienstadt zur Folge.*

Resigniert ging ich am 6. April in die Magdeburger Kaserne zurück. Man hatte mich »bis auf Weiteres« beziehungsweise bis zum Besuch aus der Schweiz in Theresienstadt belassen; die Frist war verstrichen, mir blieb nichts anderes übrig als zu warten.

Als ich die Fragen des Ältestenrats und der Abteilungsleiter beantworten musste, die darauf warteten, ausführlich über den Besuch informiert zu werden, hätte ich gern die Karten offen auf den Tisch gelegt und der Versammlung alles erzählt, was geschehen war. Mir fiel jedoch ein, dass »die Leute aus der Magdeburger Kaserne zu viel quatschen« und blieb zugeknöpft. Natürlich entging ihnen meine Zurückhaltung nicht, alle musterten mich argwöhnisch, das war wieder eine verpasste Gelegenheit. Ich kümmerte mich nicht darum, ich war nur *bis auf Weiteres* hier, und das, was man später über mich denken würde, war mir herzlich egal.

Am 9. April wurde ich zu Günther gerufen. Ich traf ihn in Gesellschaft Möhs' und des Hauptsturmführers Alois Brunner an, Eichmanns Statthalter in der Zentralstelle für Jüdische Auswanderung in Wien, und dessen rechte Hand in Bulgarien, Griechenland, Frankreich und Ungarn; zuletzt war er Kommandant des Lagers Sered gewesen.

»Als Sie sich von der Kommission verabschiedet haben, haben Sie gesagt, Sie machten sich Sorgen um die Zukunft des Ghettos. Erklären Sie mir, wie Sie das gemeint haben, ich muss Ihre Aussagen protokollieren.«

»Ich habe mich für die in der Vergangenheit gewährte Hilfe bedankt, und danach habe ich darum gebeten, auch in Zukunft an Theresienstadt zu denken und uns weitere Lebensmittellieferungen zukommen zu lassen, wie etwa jene, die vor Kurzem von einer Motorkolonne gebracht wurde. Ich mache mir Sorgen um die Zukunft des Ghettos, weil die Lieferungen ausgeblieben sind. In den letzten Wochen hat die Reichsbahn keine Lieferungen an Theresienstadt mehr angenommen.«

»Wenn Sie nur das sagen wollten, haben Sie es auf ziemlich unglückliche Weise zum Ausdruck gebracht.«

»Ich hatte meine Rede schon zu Beginn des Besuches gehalten und wusste nicht, dass ich noch einmal sprechen sollte. Ihr Befehl, mich von der Kommission zu verabschieden, hat mich überrascht, ich musste improvisieren und habe mein Bestes getan. Es täte mir leid ...«

»Schweigen Sie, das reicht, wir werden Ihre Aussagen zu Protokoll nehmen, aber hüten Sie sich, mir Märchen zu erzählen. Unterschreiben Sie, wir werden sehen, wie die Dinge ausgehen. Bis auf Weiteres sind wir fertig.«

Wieder *bis auf Weiteres*, immer dieses verdammte *bis auf Weiteres*.

Günther hatte gesagt, »wir sind fertig«, doch er war noch nicht fertig damit, mir Unannehmlichkeiten zu bereiten.

Brunner hatte erfahren, dass ein Slowake handgreiflich geworden und seit Tagen inhaftiert war. Er rief mich zu sich und verlangte seine sofortige Freilassung, er war ja ihm unterstellt. Während wir auf ihn warteten, gab mir der Hauptsturmführer Unterricht in Sachen Moral: »Die Slowaken sind wirklich ehrlich und loyal. Zwei von ihnen blieben allein auf einem Bahnhof zurück und nützten nicht die Gelegenheit, auf die Russen und die Partisanen zu warten, die schon in der Nähe sind, sondern schlossen sich wieder dem Zug an und kamen mit den anderen nach Theresienstadt. Was sagen Sie dazu?«

Ich sagte nichts. Die beiden hatten zweifellos guten Grund gehabt, den Aufenthalt in Theresienstadt einer eventuellen Begegnung mit den Partisanen vorzuziehen, doch das konnte ich nicht sagen.

»Es hat Ihnen die Rede verschlagen, weil Sie nicht wissen, was Loyalität ist. Stellen Sie diesen Leuten Kanzleien, Lagerräume und Räumlichkeiten für Werkstätten zur Verfügung. Lassen Sie den inhaftierten Mann in Ruhe, Sie haben etwas gegen ihn, weil er nicht so korrupt ist wie Sie. Heute Morgen haben wir von Sturmbannführer

Günther ja was Schönes über Sie gehört. Jetzt ist alles klar, Sie können gehen.«

Als ich Jahre später über diese Episode nachdachte, hatte ich nicht den Eindruck, dass alles klar gewesen war. Der Krieg war inzwischen vorbei, die loyalen Personen hatten natürlich die Farbe gewechselt, die berühmten Kappen – der Grund des Aufruhrs – waren verschwunden; neue Zeiten, neue Kopfbedeckungen; die Predigt kam jetzt zwar von einer anderen Kanzel, war jedoch dieselbe. Die anderen waren immer aufrichtig und loyal, ich hingegen ... Nun ja, so war es nun mal.

Brunners Haltung ließ darauf schließen, dass er fest vorhatte, sich in Theresienstadt niederzulassen, nachdem er den Russen das Lager Sered hätte überlassen müssen. »Günther will uns beide ablösen«, hatte Rahm im Februar gesagt. Ich wusste nicht, ob er wirklich krank war und ob er sich hatte zurückziehen müssen. Auf jeden Fall informierte ich den Dienststellenleiter über Brunners Pläne, und ich war froh, als er am Tag darauf wieder auftauchte, mit roten Augen und aufgedunsen, jedoch entschlossen, wieder an die Arbeit zu gehen.

Bei der ersten Begegnung herrschte er mich an: »Was haben Sie getan? Ich brauche ja nur ein paar Tage im Bett zu liegen und schon geht hier alles drunter und drüber.« Es blieb mir nichts anderes übrig, als die Ausrede zu wiederholen, die ich am Vortag bereits Günther gegeben hatte. Auch Rahm glaubte nicht, dass ich dabei nur ans Essen gedacht hätte: »Ich warne Sie noch einmal, von meiner Seite haben Sie nichts zu befürchten, alles andere ist Ihr Problem.«

Bei dieser Gelegenheit erfuhr ich auch, dass es sehr dumm von mir gewesen war, den Gästen zu verraten, dass in Theresienstadt Rauchverbot herrschte. In den Geschenkpaketen aus der Schweiz befanden sich nämlich auch Zigaretten, sie wurden regelmäßig konfisziert und auf der Dienststelle einbehalten.

Aufgrund meiner Mitteilung entstand beim Mittagessen in der SS-Kantine eine Diskussion, und Günther versprach, das Rauchverbot aufzuheben.

»Bringen Sie mir ein schriftliches Gesuch, Ihnen 100 000 Zigaretten zu liefern.« Das sagte Günther wie nebenbei, doch ich hatte eindeutig das Gefühl, dass das ein Vorbeben war – der totale Zusammenbruch stand unmittelbar bevor.

Kapitel XVI

DER VORHANG FÄLLT

Theresienstadt ist von einer schwedischen Abteilung besetzt worden. – Die Dänen fahren heim. – Bald reisen wir alle ab. – Diese Gerüchte, die die Gemüter in Aufregung versetzten, schienen unglaubwürdig, dennoch entsprachen sie der Wirklichkeit. Vor der Jägerkaserne standen Lastwagen, die von Soldaten der Sanitätspolizei bewacht wurden. Eine Motorkolonne des Schwedischen Roten Kreuzes war am Abend des 14. April gekommen, um die Dänen abzuholen. Graf Bernadotte hatte bei Verhandlungen mit Himmler und Schellenberg die Befreiung aller in Deutschland inhaftierten Skandinavier erreicht. In allen anderen Lagern war die Aktion bereits durchgeführt worden; in Theresienstadt hingegen war sie mit einer gewissen Verspätung angelaufen, weil die Deutschen vor dem Besuch am 6. April das Ghetto nicht in Unruhe versetzen wollten. Jetzt diskutierte der Kommandant der Gruppe, ein schwedischer Leutnant, mit Rahm über die Modalitäten der Abreise; der war nicht einverstanden, gestikulierte und schrie. Die Juden, die sich um ihn versammelt hatten, genossen das Schauspiel, schließlich kam jemand, der sich gegen Rahm durchsetzen konnte.

In der Nacht kam Günther, wie immer bemüht, den Schein zu wahren: »Das ist eine außenpolitische Angelegenheit, die Sie nichts angeht. Weisen Sie die Juden an, sie sollen sich jeglicher Sympathie- oder Protestbekundung enthalten. Bei der Abfahrt der Autobusse will ich keine Leute auf der Straße sehen. Sie können sicher sein, dass ich alle Maßnahmen ergriffen habe, um jeglichen Akt des Ungehorsams im Keim zu ersticken.« Damit meinte er eine Truppe von Burschen, die dem Volkssturm angehört hatten und ins Lager gebracht worden waren. Die Sechzehnjährigen, die schüchtern und verängstigt auf der Straße auf und ab gingen, stellten nur deshalb eine Gefahr dar, weil es nicht sicher war, ob man sie vor der aufgebrachten Menge schützen konnte. Ein Zwischenfall hätte jedoch andere Kräfte auf den Plan rufen können; der Militärposten der Kleinen Festung hätte jederzeit in Aktion treten können.

Die Nacht verging mit Vorbereitungen für die Abfahrt und mit politischen Diskussionen. Ich ließ ein paar tschechische Würdenträger aufwecken; sie sollten kraft ihrer Autorität die Menschen überzeugen, die Straßen zu räumen und nicht ans Fenster zu treten, wenn die Dänen das Ghetto verließen. Bei Tagesanbruch glaubte ich, ich hätte das Schlimmste verhindert; doch es kam ein Gegenbefehl. Günther rief mich an: »Die Bevölkerung Theresienstadts soll sich von den Dänen feierlich verabschieden, die Stadtkapelle soll aufspielen.«

Während ich die Musiker aus den Betten holen ließ, liefen die Boten durch die Magdeburger Kaserne: *Kommt und verabschiedet euch von den Dänen, eure Anwesenheit auf dem Platz ist erwünscht!* Die Leute lachten: Vor zwei Stunden hatte man sie aufgefordert, zu Hause zu bleiben, jetzt holte man sie aus dem Bett. So etwas Verrücktes!

Von den 466 Juden, die im Herbst 1943 aus Dänemark gekommen waren, waren in der Zwischenzeit 52 gestorben; einer konnte nicht mitfahren, weil er wegen Zigarettenschmuggels verhaftet und zwar von Rahm freigelassen worden war, sich jetzt jedoch auf Befehl Günthers in der Kleinen Festung befand. Die Zahl der Abreisenden hätte demnach 413 betragen müssen; sie betrug jedoch 423, in Theresienstadt war manchmal auch die Mathematik uneindeutig. Neun junge Männer hatten die Erlaubnis erhalten, ihre Verlobten, die sie in Theresienstadt kennengelernt hatten, mitzunehmen, außerdem fuhr noch ein Waisenjunge mit, der zwar aus Berlin stammte, jedoch dänischer Herkunft war. Vier verliebten Pärchen musste ich den Wunsch auf Abreise abschlagen, denn Dr. Friediger zufolge waren die vier Heiratswilligen schon mit dänischen Frauen verheiratet. Die Mädchen, die am 15. April nicht mitfahren durften, wurden im Juni 1945 von einer anderen Kolonne des Roten Kreuzes abgeholt.

Während die Autobusse mit den Untertanen von Christian X. an Bord in Richtung Leitmeritz abfuhren, brachte eine Lokomotive aus Bauschowitz einen Transport ungarischer Juden, die aus einem österreichischen Arbeitslager kamen, in die Jägerkaserne. Nachdem ich ein paar der Neuankömmlinge willkommen geheißen hatte, wollte ich mich für den Rest des Tages zurückziehen. Unterwegs sah ich Rahm neben einem Auto stehen, das mit einer kleinen Fahne des Roten Kreuzes gekennzeichnet war. »He, Sie, warten Sie, ich muss Ihnen etwas sehr Wichtiges mitteilen.« Er verabschiedete sich von einem Ausländer und kam zu mir. »Dieser Herr, der Sohn eines ehemaligen Schweizer Bundespräsidenten, wird morgen das Ghetto besichtigen und den bereits festgelegten Rundgang machen. Bereiten Sie alles vor, gemäß den Befehlen vom 6. April. In den Nachmittagsstunden wird noch ein Gast erwartet, ein ungarischer Jude. Was haben Sie? Ja, ein ungarischer Jude, er heißt Kasztner; für ihn ist dasselbe Programm vorgesehen. Sie halten am Vormittag und am Nachmittag die bereits genehmigte Rede, unterstehen Sie sich jedoch, von Ihren dummen Sorgen zu sprechen. Haben Sie verstanden? Sie müssen die Fragen mit Vorbehalt beantworten, je weniger Sie sprechen, desto besser. Der Schweizer darf nichts vom Besuch Kasztners erfahren. Haben wir uns verstanden? Keine Überraschungen morgen, ich warne Sie!«

Ich war sauer, mein Ziel war es ja nicht gewesen, Theresienstadt in eine Fremdenverkehrsattraktion zu verwandeln. Am 6. April hatte ich alles auf eine Karte gesetzt und mit meinen *großen Sorgen* für Unruhe gesorgt; waren der Sohn des Präsidenten und der ungarische Jude etwa Provokateure, die herausfinden sollten, wie es um meine »Sorgen« wirklich steht?

Benoît Musy, der Sohn von Jean-Marie Musy, der die Verlegung der Juden in die Schweiz veranlasst hatte, kam am Vormittag des 16.

April. Sofort hatte ich das Gefühl, es mit einem Gentleman zu tun zu haben, der uns freundschaftlich gesinnt war. Mit viel Verständnis und endloser Geduld hörte er sich meine lange Rede an, und er wunderte sich auch nicht darüber, dass mitten am Vormittag zahlreiches Publikum einem Kindersingspiel und einer Konzertveranstaltung beiwohnte. Von ausgesuchter Höflichkeit, stellte er die ganze Zeit über keine einzige peinliche Frage. Vor dem Theater kam es allerdings zu einem Zwischenfall; die Kinder, die er dort traf, waren blass, obwohl man mir im März den Befehl gegeben hatte, dafür zu sorgen, dass die kleinen Sänger sonnengebräunt waren.

Nach dem Rundgang blieb ich mehr als eine halbe Stunde mit Musy allein, denn Rahm war dringend weggerufen worden. Ich begleitete den Gast in die SS-Kantine, wo er von Günther empfangen wurde. Rahm sagte, er wolle die Gelegenheit nutzen, die Details des Besuchs am Nachmittag zu besprechen – stattdessen stellte er mir folgende Frage: »Haben Sie Musy ein paar Botschaften für das Ausland zugesteckt?«

»Nein!«

»Die Gelegenheit dazu hätten Sie gehabt, ich habe Sie allein gelassen.«

»Ich habe die Situation nicht ausgenützt.«

»Sie sind ein Lügner.«

»Bitte entschuldigen Sie mich; die Zuschauer im Theater sitzen seit sieben Uhr morgens im Publikum. Die Wachleute bewachen die Ausgänge, damit sie nicht vor der Ankunft des zweiten Besuches davonlaufen. Ich muss dafür sorgen, dass sie eine Jause bekommen, sonst kann ich nicht dafür garantieren, was am Nachmittag passiert.«

»Beeilen Sie sich. Wir sprechen morgen weiter.«

Der Name des Gastes, der am Nachmittag des 16. April kam, war allseits bekannt. In der internationalen Presse war immer wieder die Rede davon gewesen, dass Dr. Rudolf Kasztner Verhandlungen führte, um die Freilassung einer großen Zahl von Juden, die noch immer unter deutscher Herrschaft waren, im Austausch gegen Lastwagen zu bewirken. Eichmann hatte die Übergabe einer Million Juden im Austausch gegen 10 000 Lastwagen versprochen. Ein Lastwagen entsprach 100 Juden. 1957 stand Kasztner dann im Mittelpunkt eines aufsehenerregenden Verleumdungsprozesses und wurde von jungen Fanatikern ermordet.

1945 erfuhr ich von slowakischen Juden, dass er dem Jüdischen Komitee in Budapest angehört hatte und dass es ihm gelungen war, eine Gruppe ungarischer Juden aus dem Lager Bergen-Belsen in die Schweiz ausreisen zu lassen. Dieser Zufall erschien mir bedeutsam und besorgniserregend. Immer wenn Juden ins Ausland ausreisen durften, bedeutete das, dass sich zwar ein Teil retten konnte, die anderen jedoch, die bleiben durften, dem Untergang geweiht waren.

Kasztner kam mir in Begleitung eines mir unbekannten Obersturmbannführers und Obersturmführer Günels entgegen. Der Rundgang war schnell erledigt. Das unglückliche Theaterpublikum, das den ganzen Tag im Sokolhaus hatte bleiben müssen, wurde nach zehn Stunden Zwangsunterhaltung endlich entlassen. In der Kantine des Ghettos knüpfte der Gast ein Gespräch mit den Leuten an, die auf das Abendessen warteten, und gab sich als Jude zu erkennen. Blitzschnell verbreitete sich die Kunde, dass ein Jude mit allen Ehren von SS-Männern begleitet wurde, die Neuigkeit wurde kommentiert und regte die Fantasie an. Eine neugierige und aufgeregte Menschenmenge scharte sich um uns. Als die Deutschen sich anschickten, den Platz zu überqueren – für gewöhnlich das Zeichen, dass der Besuch zu Ende war –, war ich ziemlich erleichtert. Diesmal gab es jedoch noch eine Überraschung; wir gingen zur Bodenbachkaserne, um der Projektion des Films beizuwohnen, der im August 1944 in Theresienstadt gedreht worden war.

Während der Vorführung tauschte Günther mit seinem Sekretär Günel Platz, um neben mir zu sitzen. Er stellte mir sehr persönliche Fragen, ich hatte den Eindruck, dass er Material für einen Nachruf sammelte, und versuchte mich der makabren Befragung zu entziehen. Nach einigen Minuten des Schweigens begann er von vorne. »Ich würde gerne wissen, was Sie von dem Film halten.«

Auch diesmal versuchte ich so gut wie möglich auszuweichen, aber er ließ nicht locker, und so sagte ich notgedrungenerweise: »Der Film ist bloß eine Inszenierung, und noch dazu so schlecht, dass er sich nicht einmal zu Propagandazwecken eignet.«

Jetzt brach der Sturmbannführer das Gespräch ab. Bevor Kasztner sich verabschiedete und sich in die SS-Kantine begab, übergab er mir eine Notiz mit den Namen der Personen, die der Leiter der Wiener Gemeinde für eine baldige Ausreise in die Schweiz empfohlen hatte. Er verabschiedete sich von mir mit der englischen Redewendung »Captain last« – der Kapitän verlässt als Letzter das sinkende Schiff.

Bis heute weiß ich nicht, warum die tschechoslowakischen Behörden 1946 dem Nachmittag des 16. April 1945 so große Bedeutung beimaßen. Die Ermittler wollten alle Details über Kasztners Besuch und mein Gespräch mit Günther erfahren. Meine diesbezügliche Aussage wurde voll und ganz von Günels Verhör bestätigt.

In seinem Bericht[34] behauptet Kasztner, er sei in Begleitung eines SS-Offiziers nach Theresienstadt gekommen, und dieser habe den Befehl überbracht, das Lager den Alliierten zu übergeben. Aus den Akten der Prager Prozesse im Jahr 1946 gegen Karl Hermann Frank, die Mitglieder der Schattenregierung des Protektorats und den Generaldirektor der Škodawerke geht jedoch hervor, dass Kaltenbrunner den Befehl höchstpersönlich am 14. April gegeben hat. Und auch Rahm erklärte, als er 1947 diesbezüglich befragt wurde, er habe sich am 14. April in der Kleinen Festung mit dem Leiter des RSHA getroffen, um Befehle betreffend die kampflose Übergabe des Ghettos zu erhalten. Keine Rede von der Mission eines SS-Offiziers, der zwei Tage später in Begleitung Kasztners eintraf.

Am 17. April kam ich mit einer Menge Akten in die Dienststelle, um endlich Allfälliges zu erledigen, das während der letzten zwei Wochen liegen geblieben war. Während ich wartete, fragte mich Hauptscharführer Baltrusch, der Sekretär des Dienststellenleiters: »Gestern haben Sie Günther verärgert, er war den ganzen Abend lang sauer. Was haben Sie zu ihm gesagt?«

»Wir haben uns über den Film unterhalten, der in Theresienstadt gedreht worden ist.«

»Verstehe, auch jemand von uns hat schlecht über den Film gesprochen. Deshalb war Günther so sauer, er hat nämlich den Schnitt besorgt und glaubt, er sei für den Misserfolg verantwortlich.«

Rahm betrachtete resigniert den Aktenberg, den ich auf seinem Schreibtisch angehäuft hatte: »Ich verstehe die Welt nicht mehr, man zwingt mich, den Fremdenführer für einen Juden zu spielen.«

Ich dachte an das Ende von Hebbels »Maria Magdalena«, bei dem eine Figur, deren Welt gerade zusammenbricht, dieselben Worte – »Ich verstehe die Welt nicht mehr« - ausspricht, und fügte gedankenlos hinzu: » ... und ihn zum Abendessen einzuladen.«

Er beachtete das gar nicht. »Alles hat sich verändert. Sie wissen wahrscheinlich, dass auch Wien schon von den Russen besetzt ist.«

Am Nachmittag sprach ich bei einer Versammlung der Ältestenräte und der Abteilungsleiter über die Ereignisse der letzten Tage. Auch diesmal war ich nicht imstande, auf alle Fragen zu antworten, ich war ja auch über viele Dinge im Unklaren. Jemand schlug vor, eine Mitteilung über die Besuche am 16. April zu veröffentlichen, um den wilden Gerüchten, die sich im Ghetto überschlugen, eine offizielle Version entgegenzusetzen. Ich beging den Fehler, diesen klugen Rat nicht anzunehmen, ich dachte nicht einmal darüber nach. Ich schlief ein, wobei ich mechanisch die Nachricht wiederholte, die ich im letzten Augenblick erhalten hatte: »In der Hannoveraner Kaserne herrscht Fröhlichkeit, die Leute singen.«

Nach wenigen Minuten wurde ich geweckt, das Telefon in meinem Zimmer klingelte, jemand klopfte an die Tür. Ich hob ab, der SS-Wachposten hatte dieselbe Aufgabe wie immer: Rahm wollte wissen, ob es was Neues gäbe. Ich versicherte dem unbekannten Anrufer, dass alles in Ordnung sei und ging zur Tür, um zu öffnen. Ein junger Mitarbeiter stürmte herein, mit hochrotem Gesicht: »Der Krieg ist vorbei, die Menschen strömen auf die Straßen und singen Nationalhymnen, die Deutschen sind geflohen.«

Rahm will wissen, ob es was Neues gibt ... die Deutschen sind geflohen ... in der Hannoveraner Kaserne wird gesungen ... – in meinem Kopf ging es drunter und drüber. Der Zuträger zog mich in die Kanzlei nebenan, deren Fenster auf die Straße gehen. Vor der Magdeburger Kaserne sangen die Menschen Hymnen auf die wiedergeborene tschechoslowakische Republik, manche umarmten sich, eine Gruppe Jugendlicher führte einen wilden Tanz auf. – Wieder ein Anruf, der Vorarbeiter der Elektriker fragte mich, ob das Rundschreiben, das er eben erhalten hätte, echt sei: Der Krieg sei aus, das Ghetto frei, die Deutschen nicht mehr in Theresienstadt, bis zur Ankunft der Alliierten herrsche eine neue Ordnung. Das Ganze mit meiner Unterschrift bestätigt. – Plötzlich wurde mir alles klar. Das Rundschreiben war frei erfunden, meine Unterschrift gefälscht, jemand versuchte aus undurchsichtigen Gründen das Ghetto in Aufruhr zu versetzen. Um beim Spiel des unsichtbaren Gegners nicht mitzuspielen, mussten die Straßen so schnell wie möglich geräumt werden.

Als von der SS eingesetzter Ghettoleiter hatte ich die Jugendlichen und die Frauen gezwungen, bis zu 15 Stunden am Tag zu arbeiten; manche hatten auf meinen Befehl hin wochenlang im Gefängnis gesessen, viele waren aufgrund meiner Wutausbrüche beleidigt gewesen, hatten sich verletzt gefühlt, weil ich sie angefahren oder schroff weggeschickt hatte. Jetzt war ich der ausgelassenen Menge ausgeliefert, war mit einem Mal jeglicher Autorität beraubt und ohne Schutz – doch daran dachte ich in diesem Augenblick nicht. Ich musste sie überzeugen. »Das ist ein Trick. Es stimmt nicht, dass die Deutschen geflohen sind. Der Krieg ist noch nicht vorbei. Geht schlafen.«

Sie hörten mich augenzwinkernd an, als wollten sie sagen: Du wirst schon deine Gründe haben, aber wir wissen es besser. Erst nachdem ich sie ein paar Minuten lang beschworen hatte, wurden ein paar von den Vorsichtigeren unschlüssig und schenkten mir Gehör; ein kleines Grüppchen Freiwilliger scharte sich um mich und unterstützte mich bei meiner Überzeugungsarbeit. Schließlich war die Menge bereit sich zurückzuziehen; die Feiern wurden unterbrochen, morgen war auch noch ein Tag.

Um Mitternacht waren die Straßen um die Magdeburger Kaserne wieder ruhig. Ich verabschiedete gerade den kleinen Trupp der spontan einberufenen Ordnungskräfte, da tauchte plötzlich der Blockälteste der slowakischen Juden auf: Das Fest im Zentrum sei zwar beendet worden, doch in der Nähe der Gendarmenkaserne würde noch immer gefeiert!

Im Laufschritt eilte ich zu den Häusern der Slowaken. In der Nähe der Sparkasse hörte ich ein lautes »Halt!« – und ich stand einer von Rahm angeführten SS-Abteilung gegenüber.

»Wohin gehen Sie?«

»Ich mache einen Kontrollgang.«

»Um diese Uhrzeit?«

»Ich habe bemerkt, dass die Arbeiter in den Baracken neben der Magdeburger Kaserne nicht schlafen. Nachdem ich für die Einhaltung der Nachtruhe gesorgt habe, möchte ich nachsehen, ob das Licht wirklich aus ist.«

»Ich glaube Ihnen nicht ...«

In diesem Augenblick wurde er von einem jungen Pärchen unterbrochen, das bis jetzt auf einer Bank auf dem Platz gesessen war. Von der SS aufgescheucht, versuchten die beiden Turteltauben so schnell wie möglich zu verschwinden, aber in der Hitze des Gefechts kamen sie ausgerechnet Rahm in die Quere. Der Junge bekam eine Ohrfeige, ließ sich aber nichts anmerken, nahm sein Mädchen an der Hand und führte es mit einer gewissen Würde zum Block der

Holländer. Dieser Zwischenfall war zwar banal, hatte jedoch einen entscheidenden Einfluss auf die Entwicklung des Geschehens. Rahm hatte den unglückseligen Romeo geohrfeigt und Dampf abgelassen; die SS-Männer hatten ein paar anzügliche Witze über die frischgebackene Julia gemacht, die im Dunkel der Nacht verschwunden war; die Spannung hatte sich gelegt.

»Gehen wir zu den Baracken.« Unterwegs erfuhr ich, dass einige Tschechoslowaken versucht hatten, das Ghetto zu verlassen, um so bald wie möglich nach Hause zu gelangen. Von ihnen hatte der diensthabende Gendarm erfahren, dass der Krieg aus war, er hatte jedoch versucht, von seinem Untersturmbannführer eine fernmündliche Bestätigung zu bekommen. Dieser hatte sich an Rahm gewandt und ihm mitgeteilt, was die Juden sagten.

Die Männer in den Baracken, die schon im Bett lagen, mussten wieder aufstehen: »Antreten!«

Während die SS-Männer sich anschickten, den Befehl zu exekutieren, trat ich vor: »Auch diese Leute verstehen die Welt nicht mehr. Ein Besuch des Roten Kreuzes, die Abreise der Dänen, schließlich läuft ein Jude frei durch das Ghetto, das ist in einer Woche alles zu viel.«

Die Antwort war kurz und bündig: »Lassen Sie mich machen.« Erst als alle zur Zählung angetreten waren, gab es eine Überraschung.

Der Dienststellenleiter forderte die Männer auf, sich im Halbkreis um ihn aufzustellen: »Meine Herren ...« – Es folgte eine höfliche, fast väterliche Aufforderung, keine Dummheiten zu begehen, Geduld zu haben; der Krieg wäre bald zu Ende, bald würden alle nach Hause gehen.

Nach der Rede gab Rahm seinen Männern den Befehl abzutreten, diese blieben jedoch verwirrt und unentschlossen stehen, sie wirkten wie Jagdhunde, die man zurückgepfiffen hatte, als sie gerade drauf und dran waren, die lang gehetzte Beute zu ergreifen. Ihre offensichtliche Unzufriedenheit äußerte sich in Murren und Drohungen, doch sie wurden energisch zum Schweigen gebracht. »Ich weiß, was ich tun muss, habt acht, marsch!« Die Truppe setzte sich im Bewegung, der Albtraum war vorbei.

Als ich wie immer zum Morgenrapport kam, war Rahm in Gedanken versunken. Eine Zeit lang sahen wir uns wortlos an, schließlich brach er das Schweigen: »Was sagen Sie dazu?«

»Ich würde dem Gauner, der die Sache mit dem falschen Rundschreiben angerichtet hat, gerne an die Gurgel gehen.«

»Das wird Ihnen nicht gelingen.«

»Ich tue alles, um die Sache zu durchschauen.«

»Dann haben Sie also wirklich nichts begriffen.«

»Was soll das heißen?«

»Vergessen Sie es ... zum Glück habe ich keine Leute auf der Straße angetroffen, sonst hätte ich schießen müssen ... in solchen Fällen darf man keine Nachsicht üben ... das schicke ich jedenfalls nicht nach Prag, das ist nicht notwendig.«

Er hatte eine Abschrift des berüchtigten Rundschreibens in der Hand.

Bei seinem Verhör 1947 fügte Rahm zu dem, was er mir an diesem Morgen gesagt hatte, nichts Neues hinzu, er beschränkte sich darauf, meine Aussage zu bestätigen. Von der Verteidigung wurde diese Tatsache jedoch als Entlastung angeführt.

In allernächster Nähe des Ghettos, in der Kleinen Festung, wurden noch am Vorabend der bedingungslosen Kapitulation am 2. Mai 1945 51 Häftlinge hingerichtet.

Meiner Meinung nach lassen sich auch die Geschehnisse des 17. April mit dem Konflikt zwischen zwei widerstrebenden Tendenzen in der SS-Hierarchie erklären. Während die einen ein Abkommen mit dem Internationalen Roten Kreuz trafen, versuchten die anderen noch im allerletzten Augenblick die Liquidation des Ghettos zu bewirken. Wie aus einer Aussage von SS-Hauptsturmführer Wisliceny hervorgeht, hatte Eichmann versucht, den von Himmler im

Januar 1945 erteilten Befehl zu sabotieren, die Konzentrationslager, die vom Vorrücken der Alliierten bedroht waren, zu räumen, ohne die Insassen zu liquidieren. In einem Telegramm des Referats IV B4 an die einzelnen Kommandanten heißt es: »Prinzipiell müsste das Leben der Juden geschont werden, doch in Fällen des Widerstands oder in schwierigen Fällen muss man ohne jegliche Rücksicht vorgehen.«[35]

In der Nacht vom 17. auf den 18. April hatte man versucht, die Voraussetzungen für ein Vorgehen *ohne jegliche Rücksicht* künstlich herzustellen.

In der Nähe des Ghettos lagerten Abteilungen der sogenannten Wlassow-Armee. Die beiden SS-Schulungslager in Leitmeritz waren voll; ein Wachbataillon unter dem Kommando von Obersturmbannführer Kneisel war in die Nähe verlegt worden. Der Militärposten der Kleinen Festung hätte als Exekutionskommando fungieren sollen, wie Jöckel 1946 bestätigte. Rahm versuchte zwar die Tragweite dieser Maßnahmen herunterzuspielen, 1947 konnte er jedoch nicht leugnen, seine Zustimmung gegeben zu haben. Ungefähr 1500 Männer waren bereit, im Ghetto einzugreifen; alles lief nach einem sorgfältig vorbereiteten Plan ab.

Ein Jude war mit allen Ehren auf seinem Rundgang durch das Ghetto begleitet worden. Kasztner hatte 1944 Budapest verlassen, um sich mit einem Vertreter der jüdischen Organisationen an der Schweizer Grenze zu treffen; er konnte nicht mehr in die ungarische Hauptstadt zurückkehren, weil diese mittlerweile von den Russen besetzt war. »Nach den Ereignissen in Ungarn schleppten ihn manche Nazis als Talisman mit.« – So beschreibt Henry A. Zeiger[36] die Lage Kasztners im April 1945; die Nazis nützten sie aus, um die Situation im Ghetto noch unüberschaubarer zu machen. So lässt sich auch der strikte Befehl »Der Schweizer darf nichts vom Besuch Kasztners erfahren!« erklären. Derjenige, der diese Intrige angezettelt hatte, wollte den Insassen Theresienstadts mithilfe von Kasztners Besuch beweisen, dass sich »mittlerweile alles verändert« hatte.

Das Rundschreiben mit meiner gefälschten Unterschrift und die von Provokateuren verbreiteten Gerüchte, der Krieg sei vorbei, sollte die Stimmung noch zusätzlich aufheizen. Wenn Leute Hymnen auf die tschechische Republik sangen, konnte man die Liquidierung des Ghettos leicht rechtfertigen. Immerhin konnte mittlerweile nicht nur das Internationale Rote Kreuz, sondern auch ein angesehener Jude die Existenz der Musterghettos bezeugen. – Schade nur, dass sich die Juden der Großzügigkeit als unwürdig erwiesen und einen Aufstand angezettelt hatten ... Man befand sich im Krieg, und in »solchen Fällen konnte man keine Nachsicht üben«.

Staatsminister Frank hingegen wollte eine Liquidierung um jeden Preis verhindern, er hoffte, bei Verhandlungen mit den Alliierten die Juden aus Theresienstadt als Pfand einsetzen zu können. Um von den Schweizern das Versprechen, einen Brief an General Eisenhower weiterzuleiten, und die Anerkennung von Prag als Lazarettstadt zu erhalten, hatte er die Errichtung eines Büros des Internationalen Roten Kreuzes in Prag erlaubt, das ausschließlich dem Schutz Theresienstadts diente.

Rahm hatte auf Waffengebrauch verzichtet und den »Rebellen« gegenüber einen väterlichen Ton angeschlagen, er hatte sich coram publico auf Franks Seite geschlagen, gegen die von Günther und wahrscheinlich auch von Eichmann vertretene Haltung.

Die Auflösung der deutschen Streitkräfte schien unmittelbar bevorzustehen, und der vollständige Zusammenbruch der Front war nur noch eine Frage von Tagen. Deutschland konnte nur noch in der »Alpenfestung« verteidigt werden, wo Kaltenbrunner, Eichmann und all jene Zuflucht gesucht hatten, die die endgültige Kapitulation hinauszögern wollten, weil sie zu sehr kompromittiert waren. Auch in der letzten Phase der nationalsozialistischen Politik spielte das Ghetto eine wichtige Rolle.

Lebensmittel, die das Internationale Rote Kreuz geschickt hatte, wurden – so etwas war bisher nie vorgekommen – weggebracht; in den Lagern wurden Kleidungsstücke und Werkzeuge beschlagnahmt, um die Ausrüstung derer zu vervollständigen, die dabei waren, sich in die Alpenfestung zurückzuziehen oder unterzutauchen. Die Befehle waren wirr, manchmal grotesk: *Stellen Sie zehn Tonnen Medikamente zur Verfügung … – Bereiten Sie eine Liste von 1800 Personen vor: Techniker, Handwerker, Ärzte und Facharbeiter.* – Das alles nur, um Zeit zu gewinnen.

Die Herrenrasse war zwar besiegt und hatte sich in die Alpenfestung zurückgezogen, konnte jedoch nicht auf Untergebene verzichten, die zur Sklaverei bestimmt waren, weil sie minderwertig waren. Ich weigerte mich und wies darauf hin, ich hätte schon im Oktober 1944 unter Beweis gestellt, dass ich mich nicht eignete, Listen zu erstellen.

»Ich stelle Ihnen die auf den letzten Stand gebrachte Kartei der Dienststelle zur Verfügung, so erfährt niemand, was im Gange ist.«

»Ich will mich nicht verstecken; die Sache kommt einfach nicht infrage.« Rahm lächelte, spielte auf meine Familie an, fragte mich, ob ich Theresienstadt lebend verlassen wollte – das war alles. Ich hatte den Eindruck, er machte das nur, um später berichten zu können, er habe es auf die harte Tour bei mir probiert.

Am 19. April wurde die baldige Abfahrt einer Gruppe prominenter und im Ausland bekannter Juden in die Schweiz bekannt gegeben. Am 5. Februar war es Angehörigen dieser beiden Gruppen nicht erlaubt worden, Theresienstadt zu verlassen; wahrscheinlich war der vereinbarte Preis nicht hoch genug gewesen, jetzt schienen die Verhandlungen ans Ziel geführt zu haben.

Es gab keinen Grund, die Glaubwürdigkeit dieser Mitteilung anzuzweifeln, denn nach dem Gelingen der ersten Abreise hatte man immer mit der Abfahrt weiterer Gruppen gerechnet. Tatsächlich hatte Jean-Marie Musy mit Himmler die Abmachung getroffen, dass in regelmäßigen Abständen fünf Transporte von Theresienstadt abfahren sollten. Außerdem hatte mir Dr. Kasztner am 16. April einen

Brief mit den Namen von Personen überreicht, die in die Schweiz abreisen sollten, und mich aufgefordert: »Captain last«.

Die Bevölkerung nahm die Nachricht gleichmütig auf. Noch vor einigen Wochen hätte eine solche Abreise die Rettung bedeutet; kurz vor der Kapitulation der Deutschen schien die Reise jedoch überflüssig, niemand war sauer, dass er nicht mitfahren durfte. Die Prominenten hingegen durften nicht absagen, sie mussten mitfahren. Das bedeutete, dass auch die Mitglieder des Ältestenrats das Ghetto verlassen mussten. Ich versuchte zu intervenieren, wurde jedoch abgewiesen. »Sie brauchen den Rat der Judenältesten nicht.«

Die Ältestenräte gingen nur ungern; mit Tränen in den Augen sagte Meissner zu mir: »Ich möchte nicht über Zürich nach Prag zurückkehren.« Das war die einzige Diskussion bezüglich der zweiten Abreise in die Schweiz.

»Bereiten Sie sich darauf vor, einen Transport mit tausend Männern aufzunehmen.« Diese fernmündliche Ankündigung am 20. April klang wie eine normale Verwaltungsangelegenheit. Seit dem 28. Oktober war kein Transport mehr abgefahren, doch es waren immer wieder Transporte angekommen. Ärzte, Gepäckträger, Sekretäre der Zentralevidenz und Mädchen mit einer Tasse dampfenden Milchkaffees in der Hand standen bereit, als die Lokomotive mit dem Zug im Schlepptau vor der Hamburger Kaserne hielt. An den Fenstern erschienen Männer in gestreifter Häftlingskleidung, der Uniform der Konzentrationslager. Manche trugen aber auch eine Stoffjacke und -hose, die mit den roten Lackbuchstaben KL gekennzeichnet waren, aufgemalt mit groben Pinselstrichen. Die Juden waren aus Konzentrationslagern evakuiert worden und hatten seit mehreren Tagen nichts mehr gegessen. Beim Anblick des Milchkaffees zuckten sie zusammen, innerhalb weniger Minuten entstand eine wilde Rauferei um den Karren, auf dem die Becher standen; die weinenden Mädchen flohen. Unter tausend Schwierigkeiten begann die übliche Prozedur: Speisung, Registrierung, Desinfektionsbad, Zuweisung der Unterkunft.

Inzwischen war noch ein Zug mit Frauen angekommen. Diesmal gab es keine Rauferei, doch die Mädchen, die ihre Geschlechtsgenossinnen in Empfang nehmen sollten, brachen in Tränen aus. In diesem Zug befanden sich unter anderem auch Frauen, die Theresienstadt im Oktober 1944 verlassen hatten. Im Lager Auschwitz hatte man festgestellt, dass sie arbeitsfähig waren, so waren sie der Vernichtung entkommen. Jetzt kehrten sie aus den liquidierten Arbeitslagern zurück und waren froh, wieder zu Hause ... im Ghetto ... zu sein. An der Kreuzung mit der Bundesstraße nach Kopisty übergaben bewaffnete Wächterinnen den Ghettoorganen eine Gruppe von Mädchen, die einen »Todesmarsch« überlebt hatten. Hilfspolizisten brachten 500 Männer, gaben jedoch zu, mit 2500 aufgebrochen zu sein.

Die Eisenbahnverbindung ist blockiert, weil Züge auf den Gleisen stehen, in denen Tote liegen. Vor den Schranken des Ghettos liegen die Leichen derer, die es bis hierher, aber nicht weiter geschafft haben. Ein Sprachenbabel: Franzosen, Holländer, Ungarn, Polen und Slowaken.

An diesem ersten Tag baten 7000 um Aufnahme, weitere 6000 kamen in den nächsten Stunden. Auf den Gängen und in den Kasematten, auf den Hängen der Wälle und den Böschungen, überall hockten halb verhungerte Gestalten.

Das Ghetto, von dem Kasztner in seinem Bericht gesagt hatte, es herrsche »bedrückende« Sauberkeit, wurde von Läusen heimgesucht. Die Krankenhäuser, wo man nicht einmal unter den Betten ein Staubkörnchen hätte finden können, waren voll mit schmutzstarrenden Bettlägerigen. Die tausend Männer, die als Erste gekommen waren, wurden sofort in die Duschen geführt und durften ihre Unterkünfte beziehen. Allerdings hätte man eine Woche gebraucht, um 7000 Personen dieser Prozedur zu unterziehen. Die Überlebenden aus den Lagern wollten nicht in die Dusche, sie schrien verzweifelt: Gas, Gas! Die Zeit drängte, man konnte nicht länger warten, man musste ihnen Unterkünfte zuweisen. Truppen von Frauen und

Mädchen arbeiteten die ganze Nacht, um die Hamburger und die Dresdener Kaserne zu räumen.

Es bestand kein Zweifel, dass es Fälle von Flecktyphus gab. Eine strenge Absonderung der beiden Kasernen wurde durchgesetzt. Es war schwierig, einem eventuellen Helfer zu verbieten näher zu kommen, trotzdem blieb nichts anderes übrig, als die beiden Kasernen in eine Art Quarantänestation umzuwandeln und die Kontakte zwischen dem »gesunden« und dem »verdächtigen« Teil des Ghettos so weit wie möglich einzuschränken.

Wachen an den Kasernentoren, Barrikaden vor den Fenstern, Leute, die aus dem ersten Stockwerk sprangen; Personen mit krimineller Vergangenheit drohten, in die Lager einzubrechen: So sah Theresienstadt nunmehr aus.

Die wenigen Ampullen mit Serum wurden dazu verwendet, die Gruppe von Frauen zu impfen, die für die Essensausgabe sorgten. Dreimal täglich gingen sie mit Karren in die Kasernen, auf denen volle Kesseln standen. In den einzelnen Schlafsälen war ein Ordnungsdienst organisiert worden; doch beim Anblick der Speisen stellte sich heraus, dass alle Bemühungen vergeblich waren. Die Stärkeren drängten sich vor und stießen die anderen zurück; die Schwachen, die Hinfälligen schafften es nicht bis zur Schöpfkelle; sie blieben zurück und standen nicht mehr auf. Die Frauen kamen jedes Mal mit Kratzern im Gesicht und zerrissenen Kleidern heraus, kamen jedoch nach ein paar Stunden zurück, um einen weiteren Versuch zu unternehmen.

Im Winter hatten es die Frauen geschafft, das dem Untergang geweihte Ghetto am Leben zu erhalten, sie hatten Wache geschoben, sie hatten als Lastenträger, Maurer, Köche und Packer gearbeitet – in diesen Stunden veränderten sie sich: vom Weinen geschwollene Augen, zusammengepresste Lippen, harte Gesichtszüge. Von den Überlebenden aus Auschwitz hatten sie all das erfahren, was sie seit längerer Zeit zu verdrängen versucht hatten. Auf den Albtraum des

Zweifels folgte nun die schreckliche Gewissheit. Jetzt wussten sie, was ihren Eltern, Männern, Söhnen, Freunden zugestoßen war, allen, die in einen nicht näher definierten Osten abgefahren waren, in ein unbekanntes Lager namens Birkenau; sie waren in Auschwitz gelandet und selektiert worden: Hier die, die sterben sollten, dort die, die Zwangsarbeit verrichten mussten.

Einige Tage davor hatten die Deutschen Dokumente, Briefe, Fotografien beschlagnahmt, alles, was an die Deportierten erinnerte; nun waren die Überlebenden, denen die schreckliche Realität widerfahren war, im Ghetto. Was bedeutete die Ankunft der Überlebenden? Endlich war Theresienstadt ein schmutziges Ghetto voller Infektionsherde. Würden die Nazis das als Vorwand nehmen, um zur Liquidierung dieses gefährlichen Infektionsherds zu schreiten? Am Tag darauf erhielten wir Antwort auf diese Frage. Rahm kündigte die Ankunft von Herrn Dunant vom Internationalen Roten Kreuz an. Er war in Prag geblieben, um die Verhandlungen, die am 6. April aufgenommen worden waren, abzuschließen.

Dunant kam – in Begleitung eines amtlichen Dolmetschers – gemeinsam mit Rahm; bei einer Sitzung des Ältestenrats gab er folgende Erklärung ab:

Das Internationale Rote Kreuz hat mich beauftragt, mich in spezieller Weise um Ihre Interessen zu kümmern. Seit meinem Besuch am 6. April bis heute habe ich mich ausschließlich darum gekümmert. Die Regierung des Protektorats hat mir versichert, dass außer im Fall strategischer Notwendigkeiten niemand mehr aus dem Lager verlegt wird, bis zu dem Tag, an dem das Lager liquidiert wird. Die Liquidation wird vom Internationalen Komitee in Zusammenarbeit mit den jüdischen Organisationen abgewickelt werden. Ich bitte Sie, mir meine Aufgabe in der Übergangszeit zu erleichtern, indem Sie weiter für Ordnung sorgen und die Verwaltung abwickeln, wie Sie es bisher getan haben und wie Sie es weiter unter Aufsicht der deutschen Behörden tun werden. Wahrscheinlich werden Sie in Theresienstadt Glaubensgenossen aufnehmen müssen, die aus anderen Lagern evakuiert werden, internierte Zivilisten, Kriegsgefangene und Verletzte …

Dunants Besuch war wohl um einige Tage aufgeschoben worden, denn zu dem Zeitpunkt, als er die Ankunft der Überlebenden ankündigte, befanden sich diese zum Großteil schon im Ghetto. Eine genaue Einschätzung dessen, was er bei den Verhandlungen in Prag bei Frank erreicht hatte, war jedoch erst später möglich, als man erfuhr, dass Himmler in einem Gespräch mit dem Vertreter des Jüdischen Weltkongresses am 20. April erklärt hatte, er wolle dem Internationalen Roten Kreuz die holländischen Juden aus Theresienstadt übergeben, weitere Zugeständnisse jedoch verweigert hatte. Frank hingegen hatte mehr oder weniger das ganze Ghetto dem Internationalen Roten Kreuz übergeben. Die Nazibonzen handelten mittlerweile nach Eigenermessen, nach dem Motto »rette sich, wer kann«; alle waren jedoch der Überzeugung, dass das Musterghetto bei den Verhandlungen mit den Alliierten nützlich sein konnte.

Außer im Falle strategischer Notwendigkeit durfte niemand mehr aus Theresienstadt verlegt werden; der Schutz durch das Internationale Rote Kreuz hing von der Aufrechterhaltung der Ordnung und, wie insgeheim angedeutet worden war, von der Zusammenarbeit mit den deutschen Behörden ab. Allem Wenn und Aber zum Trotz war ein großer Schritt vorwärts gemacht.

Am 22. April veröffentlichte ich die Erklärung Dunants in folgender Form:

Herr Dunant, ein Mitglied der Kommission des Internationalen Roten Kreuzes, welcher am 6. April das jüdische Siedlungsgebiet Theresienstadt besucht hatte, ist gestern, am 21. April 1945, erneut hier eingetroffen und hat in einer Sitzung des Ältestenrats dem Judenältesten und den Mitgliedern des Ältestenrates eine Erklärung abgegeben: Diese Erklärung besagt, dass das jüdische Siedlungsgebiet Theresienstadt weiterhin der Unterstützung durch das Internationale Rote Kreuz in jeder Hinsicht gewiss bleiben darf. (…) Diese Erklärung wird den Einwohnern des jüdischen Siedlungsgebietes Theresienstadt mit der bestimmten Erwartung zur Kenntnis gebracht, dass jeder Einzelne sich seiner Verantwortung für die Gemeinschaft bewusst das Seinige dazu beitragen wird, die Fortführung und den Erfolg der im Gange befindlichen Arbeiten zu sichern und an der Aufrechterhaltung der Ruhe und der Ordnung mitzuwirken.

Als ich Rahm bat, den Entwurf der Mitteilung zu bewilligen, sagte er: »Sie müssen nicht das Internationale Rote Kreuz bemühen, um an die Juden zu appellieren. Das Reich verfügt immer noch über ausreichende Mittel, um die Ordnung in Theresienstadt zu gewährleisten.« Nach ein paar Stunden änderte er seine Meinung und setzte murrend seine Unterschrift unter den Entwurf. Die Mitglieder des Ältestenrats wiederum waren der Ansicht, der von mir verfasste Text sei zu verhalten. Eine pathetische Erklärung wäre ihnen lieber gewesen, allerdings hätte nach wie vor ich die Aufgabe gehabt, das vorzeitige Jubelgeschrei, das dann vielleicht ausgebrochen wäre, einzudämmen. Für mich waren das schwierige Tage. Rahm war reizbar und misstrauisch, die Mitglieder des Ältestenrats verziehen mir nicht, dass es mir noch nicht gelungen war, ihre Abreise in die Schweiz zu verhindern.

Angesichts der Verpflichtung, die Frank übernommen hatte – keine Verlegung bis zur Liquidierung des Ghettos –, war die Abreise der Prominenten auf den ersten Blick zwar unmöglich, doch Rahm antwortete auf meine diesbezügliche Frage kurz angebunden: »Mischen Sie sich nicht in politische Angelegenheiten ein. Dunant darf nichts von diesem Transport erfahren.«

Ich hielt es für nicht sehr loyal, die Zusammenarbeit mit dem Internationalen Roten Kreuz auf diese Weise zu beginnen, doch es gab genug Argumente, die es gerechtfertigt scheinen ließen abzuwarten. Als Dunant am 22. April wieder nach Theresienstadt kam, wusste er nichts von der Abreise der Dänen in der Vorwoche, deswegen schien es nicht befremdlich, dass es auch im Falle der

Schweizer so sein sollte. Eine mögliche Erklärung war: Den Deutschen war als Gegenleistung für die Prominenten eine ordentliche Summe versprochen worden, sie wollten sich das Geschäft nicht entgehen lassen.

Am 24. erhielt ich dann einen Befehl, der mich endgültig mit dem Rücken zur Wand stellte und mich zwang, aus der Reserve zu gehen und alle tröstlichen Gedanken aufzugeben: »Stellen Sie eine 40 Mann starke Barackenbaugruppe zur sofortigen Abreise zusammen.« Derartige Truppen waren auch früher schon zusammengestellt worden und waren nach Erledigung der Arbeit immer ins Ghetto zurückgekehrt. Diesmal hatte Frank jedoch sein Wort gegeben, dass niemand mehr aus Theresienstadt verlegt werden sollte. Außerdem war die Front inzwischen derart nahe, dass die Männer, sobald sie das Ghetto verließen, unter Umständen abgeschnitten waren. Es gab keine Zeit mehr zu verlieren.

Rahm war zu Bett gegangen, nachdem er den fatalen Befehl erteilt hatte, deshalb versuchte ich von Haindl Einzelheiten über das Ziel der Barackenbaugruppe zu erfahren. Dieser glaubte, ich hätte schon alles von Rahm erfahren, und gab preis, dass die Arbeiter Baracken in einem Zwischenlager errichten sollten, das die Prominenten von Theresienstadt aufnehmen sollte. Mehr sagte er nicht. Noch am selben Abend gelang es mir, dass mich Rahm in seiner Privatunterkunft empfing; da jedoch auch Haindl bei dem Gespräch anwesend war, konnte ich nicht mehr sagen, als dass es unmöglich sei, eine Gruppe von Tischlern zusammenzustellen, über die Abreise der Prominenten konnte ich nicht sprechen. Rahm ließ sich nicht erweichen: »Wenn die Arbeiter morgen früh nicht auf der Dienststelle erscheinen, werden meine Männer einen Sprung ins Ghetto machen und sie aufstöbern.« Am Tag darauf kam er in meine Kanzlei, warf einen Blick auf die 70 im Hof angetretenen Männer und rief mich zu sich. »Darf ich erfahren, was Sie im Schilde führen? Sie allein sind schuld, wenn ich gezwungen bin, Gewalt anzuwenden.«

Jetzt oder nie: »Der Transport der Prominenten beunruhigt mich. Ich habe gehört, er soll in ein Lager abgehen, das erst zu errichten ist, und das widerspricht den Weisungen Minister Franks und stellt eine offensichtliche Verletzung des Abkommens mit dem Internationalen Roten Kreuz dar. Die Inhaftierung der Prominenten würde international eine Welle der Empörung und der Missbilligung hervorrufen, ohne auch nur irgendeinen Vorteil zu bieten. Es handelt sich um alte Menschen, Minister, Generäle und Professoren; in einem provisorischen Lager würden sie bald sterben, als Geiseln sind sie nicht zu gebrauchen, sie würden bald ein Haufen Leichen sein.«

Anders als erwartet, blieb er ruhig: »Ich gebe Ihnen völlig recht. Anfangs kannte ich die Hintergründe nicht. Als ich Ihnen von der Schweiz erzählte, glaubte ich, die Wahrheit zu sagen; sonst hätte ich Ihnen nicht den Befehl gegeben, eine Liste zu erstellen. Ich habe allerdings einen Verweis erhalten, dass ich zu leichtfertig gehandelt habe und Sie mit dieser Aufgabe betraut habe. Ich warte auf Eichmann, er sollte dieser Tage nach Theresienstadt kommen; ich werde ihm berichten, was Sie mir gesagt haben, danach sehen wir.«

Eine halbe Stunde später teilte mir der Lagerverwalter mit, er hätte von Rahm höchstpersönlich den Befehl erhalten, die Vorbereitungen für die Abreise der Barackenbaugruppe, die Abreise der Prominenten und die Spedition der beschlagnahmten Medikamente und Werkzeuge einzustellen. Nach der morgendlichen Unterredung hatte es der Dienststellenleiter vorgezogen, direkt zu handeln, um eine weitere Begegnung mit mir zu vermeiden.

Als Dunant von dem fehlgeschlagenen Versuch die Prominenten zu deportieren, erfuhr, schrieb er in seinem Bericht: »Das Vorhaben der deutschen Behörden, dreihundert Honoratioren aus dem Ghetto an einen sicheren Ort zu bringen, ist nicht verwirklicht worden. Frank hat Wort gehalten.«[37]

Die Alten waren froh, in Theresienstadt bleiben zu dürfen und warfen mir vor, sie hätten schon bei der Abreise der ersten Gruppe in die Schweiz Zweifel gehegt. Ein paar waren enttäuscht, als sie erfuhren, dass die Reise nicht stattfand, aber die Prominenten zogen es vor, im Ghetto auf das Kriegsende zu warten. Als sich die Flut an Gerüchten und Gerede zurückgezogen hatte, stellte sich heraus, dass auf dem Sandstrand ein kleines Ungeheuer zurückgeblieben war.

Bei seinem dritten Besuch in Theresienstadt teilte mir Dunant mit, Frank habe mir erlaubt, eine Einladung des Internationalen Roten Kreuzes anzunehmen und Theresienstadt zu verlassen. Ich dachte nicht allzu lange darüber nach und erklärte, ich wolle bis zur Ankunft der Alliierten im Ghetto bleiben. Ich machte mir bezüglich meiner Möglichkeiten keine allzu großen Hoffnungen, aber ich war überzeugt, dass ein Wechsel der Lagerleitung vor dem Abzug der SS den Insassen zum Nachteil gereichen würde. Die wohlwollende Haltung Franks schloss zwar eine Kurzschlusshandlung Günthers oder Eichmanns nicht aus, vielleicht würden sie mich Eppstein nachschicken, bevor es zu spät war. Wenn ich in die Schweiz gefahren wäre, hätte ich diese Gefahr endgültig gebannt. Doch andererseits begann nun auch ich allmählich ein »Morgen« zu sehen und wusste, dass ich nach Kriegsende Verantwortung würde übernehmen müssen. Eine überstürzte Reise in die Schweiz hätte als Versuch ausgelegt werden können, mich der Abrechnung zu entziehen.

Bald verbreitete sich im Ghetto das Gerücht, ich hätte es abgelehnt, in die Schweiz zu reisen. Natürlich hüteten sich meine »Freunde« davor hinzuzufügen, dass ich eine Einladung des Internationalen Roten Kreuzes erhalten und abgelehnt hatte, und erzählten herum, ich hätte mich aus der Falle des Prominententransports befreit, weil ich immer gewusst hätte, wohin er gehen sollte.

Erst 1946 konnte die Verwirrung beseitigt werden, dank der Aussagen von Klang und Meijers, und vor allem aufgrund der gewichtigen Erklärung des ehemaligen Justizministers Meissner. Eine endgültige Klärung gab es dann am 29. April 1947, als Rahm bei einer öffentlichen Anhörung im Rahmen des Prozesses gegen ihn gestand, er habe mir gegenüber immer behauptet, der Transport ginge in die Schweiz, und er habe die Wahrheit erst zugegeben, als ich die näheren Umstände von Haindl erfahren hatte.

Im April musste ich jedoch die Verleumdungen über mich ergehen lassen, ohne dass ich mich zur Wehr hätte setzen können.

Dunant hatte versprochen, in den ersten Maitagen sein Büro von Prag nach Theresienstadt zu verlegen, deshalb beschloss ich, die Gelegenheit zu nützen und aus meinem Amt zu scheiden.

Die Tage der deutschen Besatzung waren mittlerweile gezählt, die zukünftige tschechoslowakische Regierung hatte die Aufgabe das Ghetto zu liquidieren, und ein Mann ihres Vertrauens sollte die Internierten in die Heimat überführen.

Als Dunant eintraf, kam es auf der Dienststelle zu einer Art Fehlzündung. Rahm hatte eine Zeit lang die Zügel schleifen lassen, jetzt wollte er klarstellen, dass noch immer er die Geschicke Theresienstadts leitete.

Am 30. April war ich zum Rapport erschienen, um die Rückgabe der Sudetenkaserne zu fordern, die man im Sommer 1943 dem Ghetto weggenommen hatte. Rahm sah ich dann am Morgen des 4. Mai im Südviertel wieder, wo die Feuerwehrleute gerade einen Barackenbrand löschten. Bei dieser Gelegenheit erfuhr ich, dass der Leiter der Sicherheitspolizei die Zustimmung erteilt hatte, die Sudetenkaserne zurückzugeben.

Kaum gehörte die Kaserne wieder zum Ghetto, wurde sie auch schon wieder unserem Einfluss entzogen. Dunant teilte mit, er wolle dort 300 Frauen unterbringen, deren Befreiung aus der Kleinen Festung im Laufe des Tages bevorstand. Eine Gruppe von Ärzten, die aus Prag gekommen war, um die Freigelassenen zu betreuen, stellte fest, dass die Kaserne für diesen Zweck ungeeignet sei; sie bevorzugte eine Südbaracke. Rahm zwang mich jedoch, die Frauen in die Kaserne zurückzubringen, sie wurden dort so gut wie möglich untergebracht.

Am Nachmittag erlebte ich eine Überraschung; der Dienststellenleiter tauchte mit stolzgeschwellter Brust bei einer Versammlung des Ältestenrats und der Abteilungsleiter auf: »Die Dinge gehen nicht so zu Ende, wie Sie glauben; manchmal stellt die Diplomatie die Dinge auf den Kopf.« Es folgte eine Reihe von Befehlen, die in den nächsten Tagen ausgeführt werden sollten. Ich wurde persönlich fernmündlich aufgefordert: »Sie müssen mich bei allem, was Sie tun, um Zustimmung bitten. Ich habe bemerkt, dass Sie seit Tagen keine Unterlagen bezüglich des Stands abgegeben haben; ich erwarte Sie morgen zur üblichen Stunde.«

Rahm brüllte, Dunant traf die Entscheidungen, und Beamte der herbeigesehnten tschechoslowakischen Regierung gaben die Befehle. Ich erklärte Dunant die Lage: Mein Ausscheiden aus dem Amt würde ihm Gelegenheit geben, Minister Frank zu bitten, Rahm abzuberufen.

Als ich am 5. Mai auf der Dienststelle erschien, musste ich warten, denn Dunant war vor mir in Rahms Kanzlei gegangen. Beim Hinausgehen sagte der Schweizer: »Er ist abberufen worden.«

Im letzten übergebenen Vermerk heißt es: *Die Bitte um Neugestaltung der Leitung der jüdischen Selbstverwaltung ist übergeben worden.*

Rahm wusste inzwischen alles und sagte nichts. Er glaubte, er müsse mir mitteilen, dass Frank mir seinerzeit die Erlaubnis gegeben hatte, Theresienstadt mit dem Roten Kreuz zu verlassen, und wunderte sich, als ich ihm sagte, ich hätte beschlossen zu bleiben. »Wenn Sie Ihren Rücktritt eingereicht haben, können Sie noch heute abreisen.«

Ich konnte ihm nicht erklären, dass ich *heute* nicht abreisen wollte, damit ich *morgen* anwesend war.

Ich zog mich zurück in der Hoffnung, dass nun alles zu Ende war. Doch dann erzählte man mir, ein Aufmarsch von Jugendlichen auf dem Platz sei zerstreut worden und die Fahne der wiederauferstandenen tschechoslowakischen Republik sei von den Gendarmen gehisst und auf Befehl von Rahm wieder eingezogen worden.

Am Nachmittag rief der Leiter des Sekretariats an: »Rahm möchte ein Mitglied des Ältestenrats treffen.«

»Das geht mich nichts an.«

»Ich kann keinen der Herren erreichen, um Rahms Wunsch zu übermitteln.«

»Das geht mich nichts an.«

Nach einer Viertelstunde noch ein Anruf: »Rahm ruft immer wieder an, doch ich kann keinen Judenältesten finden.«

»Das ist deine Angelegenheit, mich geht das nichts an.«

Ich legte auf, doch gleich darauf klingelte es wieder, es war Rahm: »Sie sind abgehauen, kommen Sie.«

»Mich geht das nichts an, ich bin nicht mehr im Amt.«

»Die alten Hosenscheißer haben sich verkrochen, kommen Sie ... Haben Sie sich auch angeschissen?«

Noch einmal überquerte ich den Platz und begab mich in die SS-Kantine. Rahm hatte darauf bestanden, er wollte mir einen bescheidenen Kassenfonds und eine aus dem Lager geliehene Geige übergeben. In den letzten Tagen waren aus Prag 30 000 000 Banknoten in Protektoratswährung auf die Sparkasse von Bauschowitz überwiesen worden, damit die Ausgaben des Ghettos in den nächsten Tagen bestritten werden konnten. Die Bewilligung, die Summe abzuheben, war bereits unterschrieben, ich ließ sie auf Meissner ausstellen. Als wir die Angelegenheit erledigt hatten, fragte mich Rahm: »Haben Sie mir nichts zu sagen?« – »Obwohl ich auf der anderen Seite stand, habe ich versucht, loyal zu sein.« Er hatte sich wohl etwas anderes erwartet, er schien enttäuscht; wortlos machte er dem einzigen SS-Mann, der noch bei ihm war, ein Zeichen. Die Inszenierung war zu Ende; einer der Solisten ging mit der Geige unter dem Arm nach Hause.

In der Magdeburger Kaserne waren die Mitglieder des Ältestenrats vollständig versammelt. Als sie die Bevollmächtigung für die Sparkasse von Bauschowitz sahen, verzogen ein paar den Mund, sie war ja auf Deutsch. Würde man sie akzeptieren? Ich hatte vergessen, Rahm um ein Dokument in der neuen Amtssprache zu bitten. Das war jedoch der letzte Fehler, den ich in Theresienstadt beging.

Am nächsten Tag erhielt ich einen Brief von Dunant, in dem unser Abkommen vom Freitagabend bestätigt wurde. Ich war Dunant für seine freundlichen Worte sehr dankbar; seinen Vorschlag, mich als Experten für Ghettoangelegenheiten zur Verfügung zu stellen, lehnte ich jedoch ab: Ich ging bei der Tür hinaus, ich wollte nicht durchs Fenster wieder hinein. Außerdem lag die Verwaltung in guten Händen, Dunant persönlich hatte mir in seinem Brief geschrieben: »Die von ihnen geschaffene Organisation hat es möglich gemacht, das Regime, das in dieser Stadt an der Macht war, auf friedliche Weise auszuschalten.« Die Führung von Theresienstadt wurde vorübergehend von Dunant als Vertreter des Roten Kreuzes übernommen; die Mitglieder des Ältestenrats fungierten nunmehr als Vertreter der einzelnen Gruppen. Diese Übergangszeit dauerte nur vier Tage; am 10. Mai 1945 begann unter der Leitung von Ing. Georg Vogel die Auflösung des Ghettos Theresienstadt.

In den eineinhalb Jahrhunderten ihres Bestehens war die Festung kein einziges Mal bombardiert worden, doch am letzten Kriegstag explodierten einige Geschoße im Stadtinneren. Absurdes Finale einer absurden Geschichte.

FAST EIN EPILOG

Das Gerichtsverfahren am Volksgericht Leitmeritz gegen mich wurde am 3. Dezember 1946 eingestellt, da der Staatsanwalt die Anklage wegen Kollaboration gemäß § 109 des tschechoslowakischen Strafrechts fallen ließ. (»Es gibt keinen Tatbestand.«) – Nach meinem Freispruch und 18 Monaten Untersuchungshaft wurde ich entlassen.

Im Januar 1947 wurde der letzte Kommandant des Ghettos Theresienstadt, Karl Rahm, den tschechoslowakischen Behörden übergeben. Meine Position als Zeuge der Anklage gegen Rahm wurde dadurch erschwert, dass ich zuerst das Leiden der Juden im Ghetto und die Schrecken der Deportation schilderte, dann jedoch darlegen musste, dass der Angeklagte toleriert hatte, dass ich mich um die Verbesserung der Lebensbedingungen im Ghetto kümmerte, und dass er dazu beigetragen hatte, die Machenschaften derer aufzudecken, die versucht hatten, den Besuch einer Kommission des Internationalen Roten Kreuzes zu verhindern.

»Murmelsteins Aussage gegen Rahm war in wichtigen Punkten der Anklage ausschlaggebend.«[38]

»Der Leiter der jüdischen Selbstverwaltung, Dr. B. Murmelstein, der selbst einige Monate in Haft war, weil er den Deutschen Dienste erwiesen hatte, versuchte in seiner Aussage, Rahm zu verteidigen; er ging sogar so weit zu behaupten, dieser habe Sympathie für die tschechoslowakischen Juden empfunden und sei der fähigste Kommandant des Ghettos gewesen.«[39]

Der Vorsitzende des Leitmeritzer Volksgerichtes (20 Todesstrafen, 23 Verurteilungen zu lebenslanger Haft und verschiedene Haftstrafen, die sich insgesamt auf 5334 Jahre beliefen), sagte in einem Interview mit der Tageszeitung *Mladá Fronta:* »Beim Prozess gegen Rahm war die Persönlichkeit des Zeugen Murmelstein von Interesse. Die tschechoslowakischen Juden beurteilen ihn in unterschiedlicher

Weise; die einen äußern sich eindeutig ablehnend über ihn; während andere hingegen gut über ihn sprechen. Vom Standpunkt des Gerichts müssen wir zugeben, dass Murmelsteins Aussage gegen Rahm in wichtigen Punkten der Anklage ausschlaggebend war. Rahm wusste das, wenn er Belastendes über Murmelstein gewusst hätte, hätte er es sicher geäußert.«[40]

Das Urteil 441/47, das am 30. April 1947 gegen Rahm gefällt wurde, ist danach protokolliert worden, gemeinsam mit einer umfassenden Begründung, es ist darin die Geschichte Theresienstadts zusammengefasst. Meiner Rolle beim Prozess ist folgende Erklärung gewidmet:

Beim Prozess gegen den Angeklagten (Rahm) musste das Gericht die Glaubwürdigkeit des Hauptzeugen, Dr. Benjamin Murmelstein, Leiter der jüdischen Selbstverwaltung vom 28. September 1944 bis zum 5. Mai 1945, überprüfen; dieser wurde von etlichen Ghettoinsassen beschuldigt, mit dem deutschen Kommandanten kollaboriert zu haben ... Aus der Akte Tk IX 1408/46 am Gericht Leitmeritz geht hervor, dass das Gerichtsverfahren gegen Murmelstein eingestellt worden ist, da es diesem gelungen war, alle Beschuldigungen zurückzuweisen ...

Obwohl zugegeben werden muss, dass der Zeuge Dr. Murmelstein aufgrund seiner Handlungsweise bei einem Teil der Bevölkerung nicht sehr beliebt war, ist anzunehmen, dass er von rachsüchtigen Personen, die die Wahrheit nicht kannten, verfolgt wurde ... aufgrund der Akte Tk IX 1408/46 ist Dr. Murmelstein jedenfalls völlig rehabilitiert, und das Gericht betrachtet ihn als glaubwürdigen Zeugen, der aufgrund seiner Kenntnis der Tatsachen einen hervorragenden Beitrag zur Klärung der kriminellen Tätigkeit des Angeklagten geleistet hat.

Ich habe die Geschichte Theresienstadts durch diese kurze Aufzählung ergänzt, ohne polemische Absicht und mit derselben Gelassenheit, die ich während der letzten fünfzehn Jahre bewahrt habe, in denen ich Gerüchte und Gerede über mich habe ergehen lassen müssen.

Ich zähle Tatsachen auf und zitiere Dokumente, um auf diese Weise die Erklärung des für die Theresienstädter Ereignisse zuständigen Gerichts zu untermauern, das meine Zeugenaussage für glaubwürdig erklärt und bestätigt hat, dass ich meine Kenntnis der Sachlage in den Dienst der Justiz gestellt und »einen hervorragenden Beitrag« zur Klärung der Geschehnisse geleistet habe.

Der Nürnberger Gerichtshof und die Gerichte der einzelnen Länder, die von der Tyrannei der Nazis befreit worden sind, haben das Menschenrecht, sich gegen rassistische Angriffe zu verteidigen, sanktioniert, indem sie die größten Kriegsverbrecher angeklagt haben.

Die Tatsache, dass Adolf Eichmann vor seine Richter getreten ist, stellt zweifellos einen großen Erfolg in diesem Kampf dar, der nun schon seit mehr als fünfzehn Jahren andauert.

Der entscheidende Sieg wird aber erst an jenem Tag erreicht sein, an dem nicht mehr die Gerichte über den Hass richten und ihn verurteilen, sondern alle Menschen.

Als ich mich anschickte, dieses Buch zu schreiben, war ich mir voll und ganz bewusst, dass ich damit ein Zeugnis ablege vor jenen, die aufgerufen sind, das endgültige Urteil vor den Menschen zu verkünden.

Im Bewusstsein dieser enormen Verantwortung wiederhole ich am Ende dieser Seiten meine anfängliche Bemerkung:

Das ist die Geschichte des Ghettos Theresienstadt.

ANMERKUNGEN

1 Rundschreiben des Außenministeriums an die diplomatischen Vertretungen des Reichs, 25. Januar 1939.

2 Luther, Hans, Untersekretär im Außenamt.

3 Ders., Notiz.

4 Rademacher, Gesandtschaftsrat, zit. n. Wucher, Albert, Eichmanns gab es viele. München – Zürich 1961, S. 73 f.

5 Poliakov, Léon, Das Dritte Reich und die Juden. Wiesbaden 1955.

6 Eichmann, Adolf, Memoiren (Auszug), veröffentlicht in der Zeitschrift Life im Herbst 1960.

7 Verträge, die die Juden unterschrieben, um in Theresienstadt Kost und Logis zu erhalten, Anm.

8 Adler, H. G., Die verheimlichte Wahrheit. Tübingen 1958, S. 131.

9 Kaltenbrunner, Ernst, Eilbrief an die Behörde Himmlers.

10 Antwort auf den vorhergehenden Brief vom 16. Februar 1943, zit. n. Adler, H. G., Die verheimlichte Wahrheit, Tübingen 1958, S. 296 ff.

11 Eichmann, Adolf, Memoiren (Auszug), veröffentlicht in der Zeitschrift Life im Herbst 1960.

12 Adler, H.G., Theresienstadt, Tübingen 1960, S. 170.

13 MdS [Mitteilungen der Selbstverwaltung] vom 24. 6. 1944.

14 Henningsen, Juel, Dänisches Rotes Kreuz; zit. n. Adler, H. G., Theresienstadt, S. 748.

15 Hvass, Frants, Leiter der politischen Abteilung im Kopenhagener Außenministerium; ebd., S. 752.

16 Rossel, M., IRK; zit. n. Adler, H. G., Die verheimlichte Wahrheit, S. 312.

17 Mohr, Otto Carl, dänischer Gesandter in Berlin; ebd., S. 358.

18 Steengracht von Moyland, Gustav Adolf, Staatssekretär im Auswärtigen Amt, beim Verhör bei den Nürnberger Prozessen; ebd., S. 358.

19 MdS [Mitteilungen der Selbstverwaltung] vom 31. 8. 1944.

20 Notiz Eppsteins.

21 Aktenvermerk vom 23. September 1944.

22 Eppstein, zit. n. Simonsohn, B., in: Jüdische Sozialarbeit, Frankfurt a. M. 1959, Nr. 3/4.

23 Urteil 441/47 des Volksgerichtshofes von Leitmeritz gegen Karl Rahm (30. April 1947).

24 Zur Aufstellung aller Verschickungen aus und nach Theresienstadt und ihrer Herkunfts- und Zielorte siehe Lederer, Z., Theresienstadt, London 1953.

25 Himmler, Rede am 4. Oktober.

26 Von mir unterzeichneter Appell vom 9. November.

27 Bernadotte, Folke, Das Ende. Meine Verhandlungen in Deutschland im Frühjahr 1945 und ihre politischen Folgen, Zürich 1945.

28 Auředníčková, Anna, Tři léta v Terezíně [Drei Jahre in Theresienstadt], Prag 1946, S. 56.

29 Besgen, Achim, Der stille Befehl, München 1960, S. 39; 48 f.

30 Vgl. Bernadotte, Folke, Das Ende. Meine Verhandlungen in Deutschland im Frühjahr 1945 und ihre politischen Folgen, Zürich 1945.

31 CICR (Hg.): Documents sur l'activité du Comité international de la Croix-Rouge en faveur des civils déténus dans les camps de concentration en Allemagne 1939–1945 [IKRK (Hg.): Dokumentation über die Tätigkeit des Internationalen Komitees des Roten Kreuzes zugunsten der in den deutschen Konzentrationslagern inhaftierten Zivilpersonen 1939–1945], Genf 1946, S. 97.

32 Lehner, O., Bericht, zit. n. Adler, H. G., Die verheimlichte Wahrheit, S. 356.

33 Ebd.

34 Zitiert n.: Adler, H. G., Theresienstadt, S. 204.

35 Wucher, A., Eichmanns gab es viele, München – Zürich 1961, S. 248.

36 Zeiger, Henry A., The case against Adolf Eichmann, New York 1960.

37 Documents, S. 132.

38 Mladá fronta, Bodenbach 9. Mai 1947.

39 Rudé právo, Prag 2. April 1947.

40 Mladá Fronta, Bodenbach 9. Mai 1947.

BIBLIOGRAFIE

ADLER, H.G., Die verheimlichte Wahrheit. Tübingen, 1958.

ADLER, H.G., Theresienstadt, Tübingen 1960, S. 170.

ARENDT, Hannah, Eichmann in Jerusalem. Ein Bericht von der Banalität des Bösen, München 1964.

AUŘEDNÍČKOVÁ, Anna, Tři léta v Terezíně [Drei Jahre in Theresienstadt], Prag 1946.

BERNADOTTE, Folke, Das Ende. Meine Verhandlungen in Deutschland im Frühjahr 1945 und ihre politischen Folgen, Zürich 1945.

BESGEN, Achim, Der stille Befehl, München 1960.

DAWIDOWICZ, L. S., Der Krieg gegen die Juden, München 1979.

CICR (Hg.): Documents sur l'activité du Comité international de la Croix-Rouge en faveur des civils détenus dans les camps de concentration en Allemagne 1939–1945 [IKRK (Hg.): Dokumentation über die Tätigkeit des Internationalen Komitees des Roten Kreuzes zugunsten der in den deutschen Konzentrationslagern inhaftierten Zivilpersonen 1939–1945], Genf 1946.

EHRLICH, Leonard H.; EHRLICH, Edith, Choices under the Duress of the Holocaust. Vol. 1 Vienna 1938–1945, Vol 2 Theresienstadt 1941–1945.

EICHMANN, Adolf, Memoiren (Auszug), in: Life, Herbst 1960.

FRIEDLÄNDER, Saul, Das Dritte Reich und die Juden, 2 Bde., München 1998/2006.

HILBERG, Raul, Die Vernichtung der europäischen Juden, Frankfurt/M. 1990.

LEDERER, Zdenek, Theresienstadt, London 1953.

MLADÁ FRONTA, Bodenbach, 9. Mai 1947.

MURMELSTEIN, Benjamin, Geschichtlicher Überblick (Die Juden in Theresienstadt), maschingeschriebenes Manuskript, aufbewahrt im Archiv des Jüdischen Museums von Prag, online: http://collections.jewishmuseum.cz/index.php/Detail/Object/Show/object-id/5837

MURMELSTEIN, Benjamin, FEUCHTWANG, David, Einige Fragen an Prof. Dr. P. Severin Grill, O. Cist., Verfasser der theolog. Studie „Der Talmud und Schulchan Aruch“, Wien 1935.

Poliakov, Leon, Das Dritte Reich und die Juden, Wiesbaden 1955.

Rude Pravo, Prag, 2. April 1947.

Simonsohn, B., in: Jüdische Sozialarbeit, Frankfurt/M. 1959, Nr. 3/4.

Wucher, Albert, Eichmanns gab es viele. München – Zürich, 1961.

Zeiger, Henry A., The case against Adolf Eichmann, New York, 1960.

NACHWORT VON WOLF MURMELSTEIN

»Der ungehörte Zeuge«

In der *Encyclopaedia Judaica* wird Benjamin Murmelstein als »Rabbiner, Gelehrter, Gemeindevorstand in der Zeit des Holocaust« beschrieben. Er war der letzte Überlebende der jüdischen Funktionäre, die ihre Gemeinden beim Nazistaat »vertreten« sollten; ihre undankbare Aufgabe hatte im Grunde nur darin bestanden, die immer härter werdenden Befehle eines zunehmend repressiven Apparats weiterzuleiten: zuerst Diskriminierung, dann Ausgrenzung, Delogierung, Deportation in die Ghettos Osteuropas (Polen, Baltikum, Weißrussland) und schließlich Deportation in die Konzentrationslager. Fast alle dieser unglücklichen Funktionäre sind gemeinsam mit ihren Familien umgekommen. Benjamin Murmelstein überlebte, trug zeitlebens die Last der Erinnerungen mit sich und musste sich den Vorwürfen und Anschuldigungen derer stellen, die in diesen Jahren in Sicherheit gewesen, mit der Realität des Ghettos nicht in Berührung gekommen waren oder einen unbequemen Zeugen zum Schweigen bringen wollten.

Als Rabbiner eines dicht bevölkerten Wiener Bezirks hatte Murmelstein die Probleme der Armen und Schwachen kennengelernt. Als Gelehrter hatte er mehrere Aufsätze zu den jüdischen Wurzeln gewisser Texte des Neuen Testaments verfasst und das antisemitische Buch des Zisterziensers Severin Grill widerlegt.[1] Auf diese Weise hatte er seine Fähigkeit unter Beweis gestellt, sich mit Thesen auseinanderzusetzen, die seiner Meinung zuwiderliefen, und die Geschichte der Verfolgung des jüdischen Volks studiert. Als Lehrer und Aufsichtsperson in einem Gymnasium hatte er die Möglichkeit gehabt, mit nichtjüdischen Knaben – zumeist Antisemiten – zu reden und so ihre Mentalität kennenzulernen. Deshalb wusste er, als die Nazis 1938 in

Österreich an die Macht kamen, über die tatsächlichen Bedürfnisse seiner Gemeinde Bescheid und wusste auch, wie man mit Beamten und SS-Offizieren der Nazis reden musste, ohne dabei seine Würde zu verlieren.

1938 war er der jüngste der achtzehn Wiener Gemeinderabbiner und hätte sich aufgrund seiner wissenschaftlichen Qualifikationen auf Privilegien berufen und in Sicherheit bringen können. Er war jedoch der Meinung, dass er als Rabbiner nicht als Erster davonlaufen dürfe und es seine Pflicht sei, der Aufforderung des Gemeindevorstehers nachzukommen und die Auswanderungsabteilung zu leiten, die wichtigste der »neuen Aufgaben«. Im Mai 1938 traf er deshalb in einer Abstellkammer des Wiener Gestapogebäudes Adolf Eichmann, der im August desselben Jahres die berüchtigte Zentralstelle für Jüdische Auswanderung ins Leben rief.

Zwischen 1938 und 1941 wickelte er trotz immer größer werdender Schwierigkeiten 110 000 Auswanderungsgenehmigungen ab und brachte damit viele Juden in Sicherheit. Schon damals hagelte es Vorwürfe und Anschuldigungen – vor allem von jenen, die den Unterschied zwischen einem Reisebüro und einer von den Nazis streng kontrollierten Auswanderungsabteilung nicht sehen wollten. Die Antwort, die Murmelstein dem britischen Konsul in Wien gab, bringt seine Aufgabe auf den Punkt: »Unter Hitler kann sich ein Jude nicht wie ein Gentleman benehmen.« Es gab viele böswillige Gerüchte über ihn, unter anderem: *Was, nimmt er wirklich Geld an? – Nicht er persönlich, sein Sohn, ein Student, kassiert das Geld!* Der Autor dieser Zeilen, Murmelsteins einziger Sohn, war damals noch nicht einmal drei Jahre alt.

In der »Reichskristallnacht« vom 9. auf den 10. November 1938 war Murmelstein sofort zur Stelle, als man ihm mitteilte, dass die SS in die Synagoge im Gebäude der jüdischen Kultusgemeinde eingedrungen war. Dort musste er mitansehen, wie unter dem Kommando Eichmanns das Innere der Synagoge verwüstet wurde. In dieser dramatischen Situation schickte Eichmann Murmelstein und einen weiteren Gemeindefunktionär in ein anderes Zimmer; nach ein paar Stunden ließ er sie gehen und schrie: »Jetzt wird aber ausgewandert!«

Die Zentralstelle für Jüdische Auswanderung war dem Sicherheitsdienst (SD) untergeordnet und stand somit in Konkurrenz zum Judenreferat der Gestapo. Aus jüdischer Sicht musste man sehr vorsichtig sein, um nicht zwischen die Fronten zu geraten und Opfer rivalisierender »Kameraden« zu werden.

Eine neuerliche Wende gab es mit dem Beginn des Zweiten Weltkriegs und der Aufteilung Polens zwischen Deutschland und der Sowjetunion. Im Oktober 1939 wurde Murmelstein gemeinsam mit einigen Leidensgenossen nach Polen geschickt, mit der Aufgabe, in Nisko, in der Nähe von Lublin (und der Demarkationslinie zwischen Deutschland und der Sowjetunion) ein Auffanglager für Juden zu errichten. Laut den Plänen der Nazis, »Lebensraum für das deutsche Volk« zu schaffen, hätte dieses Gebiet tatsächlich besiedelt und »jüdisches Siedlungsgebiet« werden sollen. Im Buch wird die Rede zitiert, die Eichmann bei dieser Gelegenheit hielt und die in dem grotesken Schlusswort gipfelte: »Sonst heißt es eben sterben.« Wie Murmelstein erzählt, hatte sich der nazistische Generalgouverneur von Polen, Hans Frank, gewehrt, Juden aus dem Westen zu übernehmen, weshalb der Gruppe befohlen wurde, in die Heimat zurückzukehren. Eichmann schien desavouiert; doch anders als erwartet, wurde er befördert und in Berlin zum Leiter des Referats IV D4 des Reichssicherheitshauptamts (RSHA) unter Reinhard Heydrich bestellt.

Aus heutiger Sicht erscheint die Angelegenheit als Inszenierung, mit der man den arabischen Nationalisten beweisen wollte, dass das Reich nicht vorhatte, die jüdischen Auswanderungsströme nach Palästina zu lenken. In der Abhandlung über jüdische Auswanderung, die Eichmann im Dezember 1940 bei Murmelstein in Auftrag gab, hatte dieser den Mut zu behaupten, es gäbe keine Lösung außerhalb von Palästina, im Schutz »jener Macht, die am Ende des

Konflikts im Nahen Osten bestimmend sein wird«. Später erfuhr er, dass der Nazi-Bonze gesagt hatte: »Murmelstein weiß offenbar nicht, dass nur Deutschland den Krieg gewinnen kann.«

Tatsächlich kannte Murmelstein Hitlers Pläne nicht, der in diesem Augenblick auf eine günstige Gelegenheit wartete, um in Libyen und Griechenland einzumarschieren, von wo die italienischen Truppen soeben zurückgekehrt waren. Im Führerhauptquartier und im Oberkommando der Wehrmacht wurde gerade das berühmte Afrikakorps gebildet. Es erscheint mehr als wahrscheinlich, dass Hitler seit 1937, in Erwartung des Konflikts mit Großbritannien, Italien als Sprungbrett ansah, um über Nordafrika in den Nahen Osten vorzudringen. Von den vielen Ereignissen des Jahres 1937, auf die sich Murmelstein in diesem Buch bezieht, müssen wir folgende zueinander in Beziehung setzen: Polnische Nationalisten schlugen der französischen Regierung vor, mindestens eine Million Juden nach Madagaskar zu vertreiben, die polnische Regierung der »Obristen« beschränkte die Autonomie der jüdischen Gemeinden, während Erwin Rommel eine »Vergnügungsreise« nach Libyen unternahm und Eichmann sich nach Palästina und Ägypten begab, wo er Vertreter der arabischen Nationalisten traf.

Nach der Landung des Afrikakorps in Tripolis im Februar 1941 und der darauf folgenden ersten Ägyptenoffensive Rommels wurde der prodeutsche Raschid Ali al-Gailani nach einem Militärputsch Ministerpräsident im Irak; es kam zu Ausschreitungen gegen die jüdischen Gemeinden. Als Rommel 1942 die zweite Ägyptenoffensive unternahm, in Richtung Suezkanal und Naher Osten vordrang, landete SS-Obersturmbannführer Walter Rauff mit drei weiteren Offizieren in Tripolis. Den Quellen zufolge zielten Hitlers politische Machenschaften darauf ab, die »Endlösung« auf den Nahen Osten auszudehnen und dort auf die Hilfe »lokaler Elemente« – arabischer Nationalisten – zurückzugreifen.

Im Laufe des Kriegsgeschehens – Deutschland besetzte Holland; Belgien, Frankreich und Italien traten in den Krieg ein – hatten die

Juden immer weniger Möglichkeiten auszuwandern. Über Wien hing hingegen das »Versprechen« Hermann Görings, die Stadt werde nach zwei Jahren Naziherrschaft judenfrei sein.

In den drei Jahren zwischen 1938 (dem Anschluss Österreichs) und 1941 (Ende der Auswanderung) verschlechterten sich die Arbeitsbedingungen der Leiter der jüdischen Gemeinden zusehends, denn jeder Anruf – zuerst von Eichmann und dann von seinen Stellvertretern – konnte der letzte sein. Sie mussten weiterhin verhandeln und dabei die Denkweise von Individuen berücksichtigen, die mit voller Absicht skurrile und brutale Formulierungen gebrauchten. Sie mussten sich vor Spitzeln und Provokateuren schützen und konnten nicht begründen, warum sie dem einen oder anderen eine Gefälligkeit gewährten – oder nicht. Die wenigen Glücklichen, die zwischen Herbst 1940 und Frühling 1941 die Stadt verlassen konnten – in Zügen, die bis an die Grenze von der SS eskortiert wurden –, mussten ohne Aufschub zur festgelegten Stunde erscheinen.

Im September 1941 wurde für Juden der gelbe Stern eingeführt sowie Lebensmittelkarten, die mit der Verringerung von Lebensmittelrationen einhergingen. Am Vorabend von Jom Kippur wurde der Beginn der Transporte zur »Wiederansiedelung im Osten« verkündet. Deportiert werden sollten all jene, denen es nicht gelungen war zu emigrieren – im März 1938 ungefähr ein Drittel der Wiener jüdischen Bevölkerung. Die Wiener Gemeinde weigerte sich, Selektionen durchzuführen und Deportationslisten zu erstellen. Die Kultusgemeinde musste eigene Angestellte entsenden, um den unglücklichen Selektierten beizustehen, nachdem Alois Brunner die Mithilfe der fanatischen Hitlerjugend in Aussicht gestellt hatte.

Unter den speziellen Wiener Bedingungen versuchte Murmelstein den *Beschluss von Lod* zu befolgen, eine Vorschrift für die jüdische Gemeinde, die im 3. Jahrhundert, einer Zeit der Verfolgung, erlassen worden war.[2] Leo Baeck in Berlin hingegen nahm Rücksicht auf die Situation im Altreich; er vertrat die Meinung, dass nur ein Judenrat die Selektion auf menschliche Weise durchführen könne.

Die folgenden Monate waren die reine Hölle. Der Wunsch nach Verschonung gewisser Personen oder ganzer Gruppen (Alte, Kriegsversehrte ...) musste so begründet werden, dass ihn sogar ein SS-Mann verstehen und akzeptieren konnte; Protest oder prinzipielle Einwände waren undenkbar. Anfang 1942 kamen die Deportationen zum Stillstand und Murmelstein hoffte, sie seien zu Ende; er wusste nicht, dass alle Eisenbahnen für den Nachschub an die russische Front gebraucht wurden und es sich nur um eine vorübergehende Unterbrechung handelte. Die ersten Transporte gingen in den Osten ab, und wer zu Beginn verschont worden war, landete früher oder später im Ghetto von Theresienstadt.

Im September 1942 waren fast alle Wiener Juden deportiert worden; der Großteil derer, die noch in der Stadt lebten, waren entweder »arisch versippt« oder Mischlinge. In der einzigen Synagoge, die noch geöffnet war, sollte der Gottesdienst für die gläubigen Juden gefeiert werden. Am Vorabend von Jom Kippur befiel Murmelstein eine Krise, er fühlte sich nicht berufen, den Gottesdienst mit dem »Versöhnungsgebet« zu halten. Er sagte zu sich: »Ich bin mit dem ganzen Schmutz in Berührung gekommen, ich habe am Sabbat gearbeitet, in bester Absicht zwar, aber ... – Wie kann ich am Versöhnungstag die höchsten Gebete sprechen?« Doch er hielt den Gottesdienst, weil er der letzte Rabbiner in Wien war.

Am 30. Januar 1943, dem zehnjährigen Jubiläum der Machtergreifung durch die Nazis, wurden einige jüdische Funktionäre mit ihren Familien nach Theresienstadt deportiert. Unter ihnen Jakob Edelstein aus Prag, Paul Eppstein aus Berlin und Benjamin Murmelstein aus Wien. Sie hatten sich nicht rechtzeitig in Sicherheit gebracht, sondern dafür gesorgt, dass viele andere auswandern konnten, jetzt fanden sie sich gemeinsam im Ghetto wieder. Nur Murmelstein überlebte und konnte Zeugnis ablegen.

Im Ghetto wurde Murmelstein zum Stellvertreter des neuen Judenältesten Eppstein ernannt; er war außerdem Dezernent für das Gesundheitswesen und die Technische Abteilung – zwei Abteilungen, in denen vor allem Personen aus Böhmen-Mähren tätig waren. Offiziell wurde im Ghetto Deutsch gesprochen, aber die Kenntnis des Tschechischen war sehr hilfreich. (Murmelstein, der in Lemberg zur Welt gekommen war, sprach Polnisch, deshalb konnte er sich auch auf Tschechisch unterhalten.)

In diesem Buch legt Murmelstein Zeugnis vom Leben in Theresienstadt ab, bis hin zur Abfahrt des letzten uniformierten und bewaffneten Kommandanten – Obersturmführer Karl Rahm – am 5. Mai 1945, nachdem das Ghetto vom Delegierten des Internationalen Roten Kreuzes Paul Dunant übernommen worden war.

Am 6. und 7. Mai 1945 eröffneten SS-Gruppen, die sich auf dem Rückzug befanden, das Feuer auf Theresienstadt; die Rote Armee traf erst am 8. Mai um 21 Uhr ein. Feldmarschall Schörner, dessen Truppen noch in Nordböhmen standen, legte erst am 11. Mai 1945 die Waffen nieder.

Aus dem Protokoll der Sitzung des Ältestenrats, die am 3. Mai 1945 mit Paul Dunant und den Abteilungsleitern stattfand, geht hervor, dass der Berliner Rabbiner Leo Baeck seine Gefühle der aufrichtigen Dankbarkeit für die Tätigkeit Murmelsteins ausdrückte sowie er die Hoffnung hegte, seine organisatorischen Fähigkeiten der neuen Leitung zur Verfügung stellen zu können. Unter den Akten beim Volksgericht in Leitmeritz befindet sich das Original des Briefs vom 6. Mai 1945, in dem Leo Baeck auch im Namen des Ältestenrats seinen Dank für die unter schwierigen Umständen geleistete Arbeit ausdrückte. Weise stellt Baeck fest, dass eine Person, die das Ghetto bis zu seiner Auflösung geführt hat, wohl auch geeignet sei, die schrittweise Auflösung sowie den Transport der Insassen in die Heimat abzuwickeln.

Das Drama der Überlebenden begann genau damit: mit ihrer Rückkehr in die Heimat, denn dort wurden sie oft gefragt: »Wieso bist du wieder da?« Andere fragten: » Wie konnte er überleben?«, und fügten hinzu: »Er hat mit Leben gehandelt und ist so am Leben geblieben.« Die, die es schafften, nach Hause zurückzukehren, wurden mit Vorwürfen und Beschuldigungen konfrontiert (in Polen und Ungarn kam es sogar zu Ausschreitungen), und zwar von jenen, die ihr Schicksal nicht geteilt hatten, die keine Ahnung von den harten Bedingungen und der Unterdrückung hatten, oder die sich gar die Umstände zunutze gemacht und sich das Vermögen der Überlebenden angeeignet hatten.

In den besetzten Ländern hatten sich viele Kollaborateure der »Neuen Ordnung« angeschlossen und auf einen Sieg der Nazis gehofft. Obwohl es absurd war, solche Erwartungen den Judenältesten zuzumuten, wurden fast alle der wenigen Überlebenden vor Gericht gestellt, allerdings waren diese Prozesse mehr Medienereignis denn Gerichtsverfahren. Viele Märtyrer wurden scharf kritisiert –oft diffamiert –, vor allem von Leuten, die keine Ahnung hatten.

Einige Tage nach dem Eintreffen der Roten Armee in Theresienstadt wurde Murmelstein zum sowjetischen Kommando beordert und von einem hohen KGB-Offizier verhört; am Ende des Gesprächs wurde er aufgefordert, eine kurze Geschichte des Ghettos zu schreiben,[3] später wurde er von einem Journalisten aus den USA aufgesucht. Nie wurde er jedoch von einem Vertreter der großen jüdischen Organisationen kontaktiert. Letztlich wollte er sich einer Gruppe anschließen, die auf dem Weg nach Paris war, um dem JOINT Bericht zu erstatten, jener großen Hilfsorganisation, die Mittel für die Emigration zur Verfügung gestellt und Hilfsdienste geleistet hatte. Im Augenblick der Abreise wurde Murmelstein jedoch von einer Gruppe von Kommunisten aufgehalten, die seine Papiere und die seiner Familie konfiszierten.

Nun begann sein Leidensweg. Zuerst wurde er in Theresienstadt inhaftiert, und dann nach Prag in das berüchtigte Pankratz-Gefängnis überstellt. Seine Familie musste nach Budapest zu Verwandten fliehen.

Einerseits gab es zwar Personen, die wussten, was er für die Rettung Theresienstadts geleistet hatte, und die den Mut besaßen, ihm zur Seite zu stehen; sie unterstützten ihn und kamen für die Anwaltskosten auf. Andererseits gab es Personen, die den Vorwurf der Kollaboration gegen ihn erhoben und auch andere dazu anstifteten. Im Zuge der Ermittlungen der Staatspolizei, die im Februar 1946 die Vorerhebungen einstellte, wurde die Anklage jedoch fallen gelassen. Die zuständige politische Kommission beschloss aber auf Druck des kommunistischen Vertreters, den Akt an das Volksgericht von Leitmeritz weiterzuleiten, um ihn erneut zu prüfen und »neue Zeugen« zu verhören. Im Dezember 1946 verkündete der Untersuchungsrichter den Freispruch: »Es gibt keinen Tatbestand«; der Staatsanwalt hatte nicht einmal einen Strafantrag gestellt und auch keinen Prozess beantragt.

Beim Prozess gegen den dritten und letzten Lagerkommandanten, Karl Rahm, sagte Benjamin Murmelstein als Zeuge aus, er war mittlerweile völlig rehabilitiert. Bei einem Verhör vor dem Untersuchungsrichter antwortete Rahm spöttisch auf die hinterhältige Frage Theodor Horowitz', des Vertreters der Prager Jüdischen Gemeinde: »Nee, so wars net, Murmelstein hat uns keine Weisungen gegeben.« Horowitz erhielt in seiner Eigenschaft als Korrespondent der Nachrichtenagentur JTA die Erlaubnis, den Angeklagten im Gefängnis zu interviewen. Auf die erste Frage antwortete Karl Rahm: »Ich hatte den Eindruck, Murmelstein wollte die Lebensbedingungen im Ghetto verbessern.« Das Interview wurde nie veröffentlicht.

1945 sorgte die kommunistische Leitung der Wiener Jüdischen Gemeinde, die von der sowjetischen Besatzung eingesetzt worden war, auf verschiedene Weise – auch mithilfe von Einschüchterungen – dafür, dass wieder Vorwürfe gegen Benjamin Murmelstein erhoben wurden. Die Anklage wurde später von der Staatsanwaltschaft fallen gelassen, es stellte sich nämlich heraus, dass die Denunzianten Benjamin Murmelstein nicht einmal gekannt hatten und darüber hinaus die Umstände seiner Deportation völlig falsch angegeben hatten. Trotz des Freispruchs des bekanntermaßen strengen Volksgerichts Leitmeritz ging die Verleumdungskampagne gegen Benjamin Murmelstein weiter. Im November 1963 schrieb der berühmte jüdische Religionshistoriker Gershom Scholem in einer Debatte in der Zeitung *Die Welt* sowie in der *Neuen Zürcher Zeitung*: »Wie alle mir versicherten, hätte Murmelstein verdient gehängt zu werden.« Selbst Hannah Arendt, die Eichmann als banalen kleinen Buchhalter dargestellt hat, erwähnt nicht, dass Murmelstein bei dessen Prozess nicht aussagen durfte, da er nicht als Zeuge geladen war.[4]

Das Zeugnis, das Benjamin Murmelstein in diesem Buch ablegt, beweist die Unhaltbarkeit von Hannah Arendts bekannten Thesen, sowohl in Bezug auf die Banalität des Angeklagten Eichmann als auch in Bezug auf die illusorische »Pflicht« der jüdischen Funktionäre, »die Mitwirkung zu verweigern«.

In der *Encyclopaedia judaica* heißt es, Murmelstein habe sich in Rom niedergelassen und eine Dozentur am Pontifico Istituto Biblico erhalten. In Wirklichkeit war er von 1947 bis 1973 als Handelsvertreter tätig und durfte nur die Bibliothek des Istituto Pontifico Biblico benutzen, wo sich mehrere seiner Schriften befinden. Das Institut hatte ihm dazu die Erlaubnis erteilt, dort erinnert man sich an ihn als einen »außergewöhnlichen Gelehrten«. In Wirklichkeit war Benjamin Murmelsteins Gelehrtenkarriere 1938 abgebrochen worden und konnte nicht wiederaufgenommen werden.

In der *Encyclopaedia judaica* heißt es weiter: »ohne am Gemeindeleben teilzunehmen«. Unter diesem Aspekt muss man ergänzen, dass der damalige Oberrabbiner David Prato, von 1939 bis 1945 in Sicherheit, Murmelstein 1947 aufforderte, Rom augenblicklich zu verlassen, er könne nämlich »nicht für seine Sicherheit garantieren«; und er fügte hinzu: »Sie wissen zu viel, um hier zu bleiben.«

Obwohl vom Gemeindeleben ausgeschlossen, war Murmelstein ein eifriger Publizist, in *Il Tempo* replizierte er 1956 auf die Artikel

Arthur Koestlers, der das Judentum falsch und verächtlich darstellte, und in *La voce repubblicana* antwortete er auf die Thesen Francesco Carneluttis, der den Eichmann-Prozess mit dem Prozess gegen Jesus Christus verglich.

Wie viele andere litt Murmelstein unter dem »Überlebendensyndrom«; er wurde von Zweifeln geplagt. Sein Sohn, Verfasser dieser Zeilen, hat sich mit der Shoah befasst, um zu beweisen, wie unbegründet solche Zweifel waren und sind.[5] Benjamin Murmelstein wurde jedoch nur selten von Historikern befragt, und seine Aussagen wurden kaum jemals berücksichtigt.

Benjamin Murmelstein starb 1989 nach langem Leiden infolge der Erfahrungen in den finsteren Jahren und danach. Elio Toaff, der Großrabbiner von Rom, der ihm schon 1983 die Aufnahme in die Gemeinde verweigert hatte, verweigerte ihm nun auch die Bestattung im Grab seiner Frau. Benjamin Murmelsteins Wunsch, neben seiner Gattin zu ruhen, die vierzig Jahre lang Ängste und Demütigungen mit ihm geteilt hatte, wurde nicht erfüllt. Auch das Totengebet in der Synagoge wurde ihm verweigert. Auf Beschwerden beim Rabbinischen Rat begründete Elio Toaff seine Entscheidung mit allgemeiner »übler Nachrede«. Dem Rabbiner Murmelstein, der seiner Gemeinde stets treu geblieben war, wurde eine Grabstelle »hinter der Hecke«, am Rand des neuen Flaminio-Friedhofs, zugewiesen. Im Laufe der Zeit haben sich einige Grabsteine dazugesellt. Heute befindet sich das Grab Benjamin Murmelsteins inmitten der Gräber einiger Auschwitz-Überlebender.

Das vorliegende Buch schließt eine beträchtliche Lücke in der Geschichtsschreibung der Shoah[6] und gibt dem Leben in Theresesienstadt seine historische Würde zurück.

Anmerkungen

1 Murmelstein, B., Feuchtwang, D., Einige Fragen an Prof. Dr. P. Severin Grill, O. Cist., Verfasser der theolog. Studie »Der Talmud und Schulchan Aruch«, Wien 1935.

2 »Wenn ihr von Banditen umzingelt seid und sie euch auffordern, irgendeinen auszuliefern, dürft ihr ihn nicht ausliefern. Wenn sie euch jedoch unter Androhung des Todes auffordern, einen bereits Verurteilten auszuliefern, dann liefert ihn aus.«

3 Murmelstein, B., Geschichtlicher Überblick (Die Juden in Theresienstadt), maschingeschriebenes Manuskript, aufbewahrt im Archiv des Jüdischen Museums von Prag, online abzurufen unter: http://collections.jewishmuseum.cz/index.php/Detail/Object/Show/object-id/5837

4 Arendt, Hannah, Eichmann in Jerusalem. Ein Bericht von der Banalität des Bösen, München 1964.

5 Artikel auf Deutsch, Englisch und Italienisch im Internet.

6 Hilberg, Raul, Die Vernichtung der europäischen Juden, Frankfurt/M. 1990; Dawidowicz, L. S., Der Krieg gegen die Juden, München 1979; Friedländer, Saul, Das Dritte Reich und die Juden, 2 Bde., München 1998/2006.

NACHBEMERKUNGEN DER HERAUSGEBER

Die Veröffentlichung einer deutschen Übersetzung von Benjamin Murmelsteins »Terezin – Il ghetto-modello di Eichmann«, im Jahr 1961 auf Italienisch erschienen, war längst überfällig. Zwei äußere Anlässe waren es, die die Herausgeber schließlich motivierten, dieses geschichtliche Dokument übersetzen zu lassen und die Publikation zu besorgen:

In der jüngst erschienenen Monografie von Wolfgang Benz, »Theresienstadt. Eine Geschichte von Täuschung und Vernichtung« (München: C. H. Beck 2013), wird Benjamin Murmelstein zwar an einigen Stellen erwähnt, doch wird über ihn nicht viel mehr gesagt, als dass ihm »bis zu seinem Lebensende das Odium des Verräters anhing« (ebd., S. 50), dass ihm, »weil er nicht [...] den Märtyrertod durch NS-Schergen starb, nach der Befreiung noch jahrelang die Rolle des Schurken zugewiesen (wurde), des Nazi-Kollaborateurs, des angeblich willigen Handlangers der Judenmörder [...]. Als Murmelstein 1989 in Rom starb [...], war er immer noch geächtet und moralisch nicht rehabilitiert.« (ebd., S. 57)

Wolfgang Benz zitiert zustimmend – und diese Passage seines Buches abschließend – Jonny Moser: »Murmelstein war gewiß kein hilfsbereiter Mensch, aber er war auch kein Kollaborateur. Die Frage bleibt daher offen: Soll Murmelstein ewig ein Beschuldigter bleiben?«

Benz selbst leistet aber keinen Beitrag, einer Antwort auf diese Frage näherzukommen. Warum etwa wird in seinem ausführlichen Literaturverzeichnis Benjamin Murmelsteins Buch nicht einmal erwähnt? Warum wird Benjamin Murmelsteins öffentliche Verteidigung Hannah Arendts und Gershom Scholems (die beide postuliert hatten, man hätte Benjamin Murmelstein aufhängen sollen!) aus dem Jahr 1963 nicht genutzt? Warum wird das von Claude

Lanzmann mit Benjamin Murmelstein geführte Interview[1] nicht erwähnt? Warum werden die von Leonard Ehrlich mit Benjamin Murmelstein geführten Interviews[2] nicht zurate gezogen, oder doch wenigstens darauf hingewiesen? Warum lässt Benz die Leserinnen und Leser seines Buches über die Ergebnisse der historischen Forschung in Unkenntnis?

Wolfgang Benz weist somit zwar semantisch auf die Bedenklichkeit hin, die dem gegen Murmelstein erhobenen Kollaborationsvorwurf innewohnt, aber in der Sache prolongiert er diesen Vorwurf, weil er alles, was Leserinnen und Leser seines Buches in den Stand versetzen würde, die mangelnde Berechtigung dieser Vorwürfe nachzuvollziehen, stillschweigend ignoriert.

Die vorliegende Edition will Benjamin Murmelstein deshalb selbst zu Wort kommen lassen. Man muss nicht mit den Grundsätzen des Römischen Rechts vertraut sein, um den Anspruch auf rechtliches Gehör zuzubilligen (»audiatur et altera pars«), man kann auch die Selbstverständlichkeit des niederdeutschen Rechtssprichwortes »enes Mannes Rede ist nur die halbe Rede, man soll sie billig hören beede« beherzigen. Murmelsteins eigenen Worten soll hier endlich auch im deutschen Sprachraum Gehör verschafft werden.

Benjamin Murmelstein Gehör zu verschaffen, ist aber nicht nur aus prinzipiellen Gründen der Fairness ein berechtigtes Anliegen. Er hatte sich 1961 für den gegen Adolf Eichmann geführten Prozess als Zeuge angeboten, war aber vom Jerusalemer Bezirksgericht nicht geladen worden. Im Prozess selbst verteidigte sich Eichmann

1 Das Filmmaterial befindet sich im Steven Spielberg Film and Video Archive des United States Holocaust Memorial Museum, Washington, D. C., Claude Lanzmann Shoah Collection, Interview mit Benjamin Murmelstein, RG-60.5009, Tape 3158-3190 – es ist seit Frühling 2007 öffentlich zugänglich.

2 Vgl. www.youtube.com/watch?v=fzINy_XsOOw: L. H. und E. Ehrlich, Geschätzt und gescholten: Benjamin Murmelstein in Wien 1938–43 (Wiener Institut für Holocaust-Studien – 2. Simon Wiesenthal Lecture am 13. Mai 2008 im Jüdischen Museum Wien).

bekanntlich damit, nur Befehle ausgeführt zu haben – seine in offenkundiger Verteidigungsabsicht dargestellte Rolle, ein bloßer Befehlsempfänger gewesen zu sein, der für den Tod von Millionen Juden keine Verantwortung zu tragen habe, führte Hannah Arendt zu der Formel von der »Banalität des Bösen« und zur Beschreibung Eichmanns als »Hanswurst«, als eines »normalen Menschen«, der nicht übermäßig antisemitisch gewesen sei.[3]

Hätte man Benjamin Murmelstein damals die Möglichkeit gegeben, über Eichmann auszusagen, so wäre dieser schon 1961 in ganz anderem Licht dagestanden: Er wäre auch vor Gericht erkennbar geworden als rücksichtsloser Verbrecher, der selbst Hand anlegte und hetzte, so wie ihn Benjamin Murmelstein persönlich in Wien erlebt hatte. Es kann nur eine Vermutung sein, aber es ist wenig wahrscheinlich, dass Eichmann seine Selbstinszenierung vor dem Jerusalemer Bezirksgericht und der Weltöffentlichkeit derart gelungen wäre, wenn er sich vor Gericht mit Benjamin Murmelstein hätte auseinandersetzen müssen.[4]

Vielleicht wäre durch eine Aussage von Murmelstein schon damals aller Welt bewusst geworden, dass Eichmann sich zum Zwecke der Verteidigung zwar als einfacher Erfüllungsgehilfe von Befehlen und als Rad in einer Maschine verstanden wissen wollte, dass er aber – wie Tzvetan Todorov formulierte[5] – »nicht weniger

---

3 Vgl. Hannah Arendt, Eichmann in Jerusalem. Ein Bericht von der Banalität des Bösen. Mit einem einl. Essay und einem Nachwort zur aktuellen Ausgabe v. H. Mommsen, München/Zürich: Piper 2011.

4 Spätestens seit der Zugänglichkeit von Tondokumenten aus Buenos Aires (1998) ist die Legende von Eichmann als bloßem »Organisator« unhaltbar geworden; vgl. Bettina Stangneth, Eichmann vor Jerusalem. Das unbehelligte Leben eines Massenmörders, Zürich: Arche Verlag 2011. – Dass Benjamin Murmelstein möglicherweise die Rolle von Adolf Eichmann (und vielleicht auch die eigene Rolle) falsch einschätzte, spricht eher für die Berechtigung der von uns geäußerten Vermutung.

5 Angesichts des Äußersten. Aus dem Französischen v. W. Heuer/A. Knop, München: Fink Verlag 1993, S. 226.

Spaß daran (fand), über das Leben von Millionen von Menschen zu verfügen«.

Nicht zuletzt blieb durch die Entscheidung, Benjamin Murmelstein 1961 nicht nach Jerusalem zu laden, auch die Geschichte jener Jahre unerzählt, die dem bitteren Ende in Theresienstadt vorangegangen waren. Durch die Bemühungen der Israelitischen Kultusgemeinde Wien (IKG), durch die von ihr entwickelte lebensrettende Logistik, war es ab 1938 gelungen, die Flucht von rund 128 500 österreichischen Jüdinnen und Juden zu ermöglichen. Viele von ihnen sollten sichere Häfen erreichen, ihre Nachkommen leben heute auf der ganzen Welt verstreut. Benjamin Murmelstein war 1938 Leiter der »Auswanderungsabteilung« der IKG geworden, und er hatte den ungeheuren Kraftaufwand dieser Rettungsaktion maßgeblich mitgetragen – eine Rettungsaktion, die nur in Wien in dieser Größenordnung realisiert werden konnte. Viele dieser geretteten Leben waren Eichmann persönlich abgerungen worden. »Sein Einsatz für die Auswanderung der österreichischen Juden kann nicht hoch genug eingeschätzt werden. Unermüdlich arbeitete er für die Einhaltung und Steigerung der Quoten, sorgte für den möglichst reibungslosen Ablauf der Auswanderungstransporte (Stichwort Mandschukuo), reagierte brüsk auf die gedankenlose Verschwendung von Auswanderungsmöglichkeiten (Professor Weinberg), unterhielt ein eigenes Büro in Berlin (Robert Prochnik), um die Interessen der österreichischen Juden angemessen vertreten zu wissen, war verantwortlich für die ›Aktion Kent Richborough‹ und setzte sich frühzeitig für die Aufnahme jüdischer Kinder in England ein. Immer wieder versuchte er mittels der Enthebungsgesuche, zur Deportation Verurteilte ihrem Schicksal zu entreißen [...]. Ohne seinen Ehrgeiz, die ›Macht der Ohnmacht‹ auszuüben, und seiner persönlichen Befriedigung, die er dabei empfand, wäre die Auswanderung der österreichischen Juden vielleicht nicht so erfolgreich verlaufen«, schrieb Lisa Hauff zusammenfassend.[6]

Dieser »Erfolg« – und die maßgebliche Beteiligung Benjamin Murmelsteins an diesem Erfolg –, die Rettung einer vieltausendfachen Zahl von Menschen vor dem sicheren Tod, dies blieb in Jerusalem unkommentiert – ganz so, als wäre diese Rettung selbstverständlich gewesen. Selbstverständlich war diese Rettung aber nicht. Sie wurde ermöglicht durch den persönlichen Einsatz vieler – aber vor allem durch den Einsatz eines Einzelnen, durch Benjamin Murmelstein.

Es ist also ein historisches Versäumnis, Benjamin Murmelstein 1961 in Jerusalem nicht einvernommen zu haben – und dies ist der besondere Grund, seiner Sicht auf die Geschehnisse in Theresienstadt wenigstens heute die entsprechende Aufmerksamkeit zu verschaffen (zumal Murmelstein das Buch wohl als Ersatz für und aus Trotz gegen seine nicht zustande gekommene Aussage schrieb).

Der zweite unmittelbare Anlass für die vorliegende Edition war das Erscheinen von Claude Lanzmanns Murmelstein-Film »Le Dernier des Injustes – Der Letzte der Ungerechten« (Wien: Dor Film 2013). Der Film rief weltweit Reaktionen hervor.[7] Es ist dieser

---

6 Lisa Hauff, Zur politischen Rolle von Judenräten. Banjamin Murmelstein in Wien 1938–1942, Göttingen: Wallstein Verlag 2014, S. 310 (vgl. ausführlich dazu ebd., S. 99 ff.).

7 Nur beispielsweise sei verwiesen auf Anthony Lane, The Cost of Survival. »The Last of the Unjust«, in: New Yorker, February 10, 2014 (abrufbar unter www.newyorker.com/magazine/2014/02/10/the-cost-of-survival); Marc Zitzmann, Der letzte »Judenälteste« – Retter oder Verräter? In: Neue Zürcher Zeitung, 10. Dezember 2013 (abrufbar unter www.nzz.ch/aktuell/feuilleton/uebersicht/retter-oder-verraeter-1.18200972); Rabbi Benjamin Blech, Nazi Collaborator Or Hero? (abrufbar unter www.virtualjerusalem.com/judaism.php?Itemid=12180); Mark Lilla, The Defense of a Jewish Collaborator, in: The New York Review of Books, December 5, 2013, S. 55 ff. – Für Österreich beispielhaft Otto Friedrich, Um die Schärfung der Perspektiven, in: Die Furche, 31. Oktober 2013, S. 3; Dominik Kamalzadeh, Wie man als Marionette selbst die Fäden zieht, in: Der Standard, 23./24. November 2013, S. 25; Matthias Greuling, Wie Propaganda

Film, der nicht nur seinem Protagonisten zu Aufmerksamkeit und zur längst fälligen Rehabilitierung verhilft, es ist auch dieser Film, der erstmals Auszüge aus dem Buch von Benjamin Murmelstein einem breiten Kreis öffentlich bewusst macht: Es gehört zu den eindrucksvollsten Szenen des Films, wie Claude Lanzmann in blauer Windjacke auf einem Perron des Bahnhofs von Bohušovice steht, um einen Text von Murmelstein über die Ankunft der nach Theresienstadt Deportierten zu verlesen – doch die durch die Station donnernden Güter- und Personenzüge bringen ihn zum Verstummen ... Die Lektüre des vorliegenden Bandes könnte an dieser Stelle einsetzen.

Unsere Edition hat – das sei ausdrücklich betont – ausschließlich dokumentarischen Charakter.[8] Die Herausgeber sind überzeugt, dass ein derartiges dokumentarisches Anliegen seine Berechtigung hat. Aber eine kommentarlose Edition der Memoiren von Benjamin Murmelstein ist dennoch aus mancherlei Gründen problematisch. Nachdrücklich sei deshalb darauf verwiesen, dass, wer sich über das Leben und das Wirken des Rabbiners Dr. Benjamin Murmelstein umfassend informieren will, zumindest die folgende Literatur ergänzend beachten sollte:

- Hauff, Lisa, Zur politischen Rolle von Judenräten. Benjamin Murmelstein in Wien 1938–1942. Göttingen: Wallstein 2014.
- Lanzmann, Claude, Le Dernier des Injustes – Der Letzte der Ungerechten. Wien: Dor Film 2013.

---

nachwirkt, in: Wiener Zeitung, 23./24. November 2013, S. 27; Christoph Huber, Claude Lanzmanns letzter Zeuge, in: Die Presse, 23. November 2013, S. 27.

8 Der frühere Versuch von Anna Hájková, Monika Eck und Wolfgang Wögerbauer, eine kritische Edition des Buches zu veranstalten, scheiterte an der mangelnden Zustimmung von Wolf Murmelstein, des Sohnes von Benjamin Murmelstein. Die vorliegende Edition erfolgt mit dessen ausdrücklicher Zustimmung.

- Moser, Jonny, Dr. Benjamin Murmelstein, der dritte »Judenälteste« von Theresienstadt. In: Institut Theresienstädter Initiative/DÖW (Hg.), Theresienstädter Gedenkbuch. Österreichische Jüdinnen und Juden in Theresienstadt 1942–1945, Prag 2005, S. 147–156.
- Rabinovici, Doron, Instanzen der Ohnmacht. Wien 1938–1945. Der Weg zum Judenrat. Frankfurt/M.: Suhrkamp 2000, v. a. S. 157 ff. und S. 361 ff.
- Loewy, Ronny/Rauschenberg, Katharina (Hg.), Der Letzte der Ungerechten. Der »Judenälteste« Benjamin Murmelstein in Filmen 1942–1975 (Frankfurt a. M./New York: Campus 2011, und darin insbesondere im Beitrag von Anna Hájková die Passage »Murmelsteins Beziehung zu Adolf Eichmann« (ebd., S. 89–99).

Wir teilen mit all diesen Veröffentlichungen die generelle Einschätzung, dass Benjamin Murmelsteins historische Rolle und sein persönliches Verhalten in Wien und Theresienstadt bis heute sehr ungerecht dargestellt worden sind und dass diese Darstellung der Korrektur bedarf.

Wir wollen uns an dieser Stelle einer zusammenfassenden Bewertung des Zeugnisses von Benjamin Murmelstein bewusst enthalten; das wäre nicht Aufgabe dieser Edition und könnte im Rahmen bloß kursorischer Nachbemerkungen der Herausgeber auch nicht geleistet werden. Die Debatte um die moralischen, ethischen und auch juristischen Aspekte des Wirkens von Benjamin Murmelstein wird seit 1945 geführt, sie wird weitergehen. Es ist aber – zumal in Deutschland und Österreich – hoch an der Zeit, Benjamin Murmelsteins Selbstzeugnis gewichtig in diese Debatte miteinzubeziehen. Auch Lisa Hauff endet ihre Monografie über Benjamin Murmelstein mit der rhetorischen Frage von Jonny Moser: »Soll Murmelstein ewig ein Beschuldigter bleiben?« Sie setzt davor aber den auch die Herausgeber dieser Dokumentation leitenden Satz: »Somit bleibt zuletzt das Anliegen, für den ›Letzten der Ungerechten‹ einzutreten.«[9]

Alfred J. Noll, Ruth Pleyer

---

9 A. a. O., S. 316.

ÜBER DEN AUTOR UND DIE ÜBERSETZERIN

Benjamin Murmelstein,
1905 (Lemberg) – 1989 (Rom), österreichischer Rabbiner. Studium der Philosophie und Semitischen Sprachen an der Universität Wien und rabbinische Ausbildung an der Israelisch-Thologischen Lehranstalt, 1927 Promotion. Bis 1938 in der Kultusgemeinde Wien tätig, anschließend in der Auswanderungsabteilung der „Jüdischen Gemeinde Wien", dann Mitglied des Judenrats in Wien, ab 1943 im KZ Theresienstadt, von September 1944 bis Mai 1945 letzter Judenältester. Lebte ab 1947 in Rom.

Karin Fleischanderl,
geboren 1960 in Steyr, studierte Italienisch und Englisch am Dolmetscherinstitut Wien sowie Romanistik an der Universität Wien. Sie arbeitet seit 1983 als freie Übersetzerin von u.a. Antonio Tabucchi, Gabriele d'Annunzio, Natalia Ginzburg, Marcello Mastroianni und Pier Paolo Pasolini. Lehraufträge an der angewandten Wien und an der Universität Klagenfurt; Herausgeberin, Autorin, Jurorin, Trägerin mehrerer Preise. Karin Fleischanderl lebt in Wien.

INDEX

V

W

Z

DER LETZTE DER UNGERECHTEN
EIN FILM VON CLAUDE LANZMANN

Eine Produktion der DOR FILM
www.dor-film.com
Der Film auf 2 DVDs
Best.Nr. FN-70118
edition FILM laden
Vertrieb Hoanzl

1975: Claude Lanzmann filmt Benjamin Murmelstein, den letzten »Judenältesten« des Ghettos Theresienstadt in Rom in einem elfstündigen Interview.
2012: Mit 87 Jahren holt Claude Lanzmann die Gespräche mit Murmelstein aus dem Archiv und inszeniert diese mit neu gedrehtem Material unter anderem im Ghettomuseum Terezín.
Der Film offenbart Benjamin Murmelsteins außergewöhnliche Persönlichkeit – ausgestattet mit faszinierender Intelligenz, unumstößlichem Mut und einem unvergleichlichen Erinnerungsvermögen. Über die drei Epochen hinweg, von Nisko nach Theresienstadt, von Wien nach Rom, beleuchtet der Film die Entstehung der „Endlösung", enthüllt das wahre Gesicht Eichmanns und entschleiert die schwerwiegenden Widersprüche des Judenrats.

»Ein faszinierender, ein bedeutender Film!« *Der Standard*
»Ein Meisterstück.« *profil*
»Ein grandioses Portrait.« *Ray Filmmagazin*
»Ein großes Zeitstück.« *Die Presse*

Erhältlich auf shop.filmladen.at und im gut sortierten Fachhandel

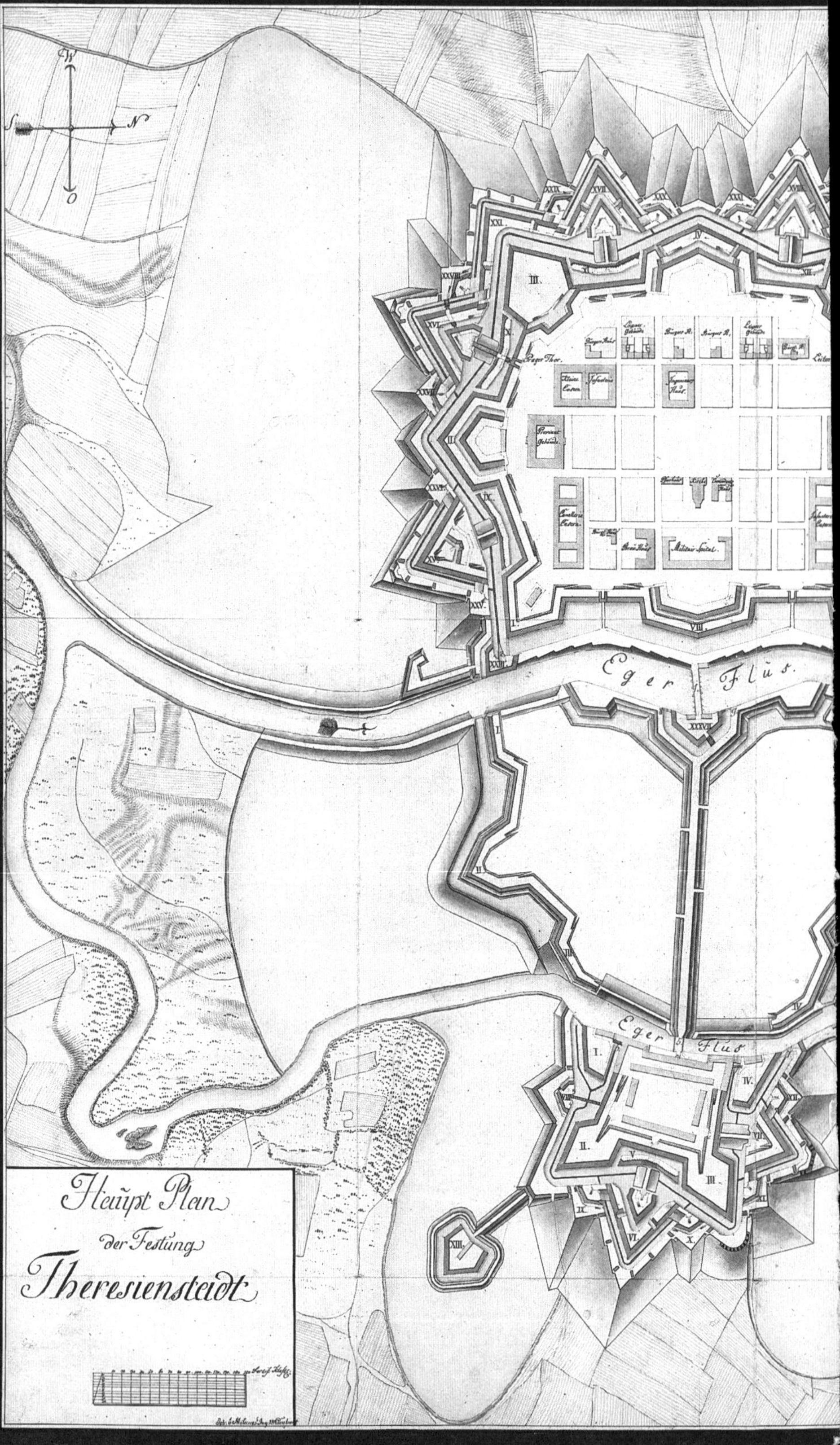
Haupt Plan
der Festung
Theresiensteidt
Eger Flus
Eger Flus